台湾語会話［第二版］

樋口 靖

東方書店

序

　1991年の年末に来日したとき，樋口靖氏から日本人を対象とする台湾語会話のテキストを書いたという話を聞いて，大変嬉しく思った。

　日本人は事に当たって真面目で，学術的水準が高い。もし水準の高い人がより多く台湾語を研究し台湾語を学ぶならば，台湾語の研究と普及にとって大きな励ましと刺激になるであろう。

　現在すでに少なからぬ日本人が台湾語学習の必要性を見出している。日本と台湾語とは古くて深い因縁があるが，かつての日本人は台湾語を学ぶチャンスが非常に少なかった。台湾人と往来するのに，華語ができるか，さもなければ日本語が話せる台湾人に頼れば十分疎通できると考えていたのである。

　台湾人の中で日本語を話せる人の数は年々減少しつつある。戦後，日本語を話せる台湾人は全人口の80％であったが，現在では10％（57歳以上で，多くが社長クラスの重要な役目を担っている）であり，これらの人々もさらに十年後にはほとんどみな引退してしまうので，その後日本語のできる人口は多くて3％以下となる。全人口の中で，日本語が解るから日本製品の愛用者になったり，日本へ観光に出かけたりする人は大幅に減少する。もちろん，言語学習の役割は経済のためだけに限らない。もし，ある民族と往来しようとするなら，互いの言語を学ぶことがどうしても必要であり，その民情，歴史，文化を理解しようとするなら，その言語を研究することがどうしても必要となる。

　日本語と台湾語の間のある種の文化的関係は華語にはないものなので，日本人にとって台湾語の方が北京語よりも学びやすいところがたくさんある。これは少なくとも幾つかの面に分けて論じることができる。第一は発音の面で，たとえば，台湾語のg, ng, bはすべて日本人がよく知っている発音であり，北京語捲舌音zh, ch, sh, rのように発音しにくい声母もなく，また，z, c, sの如く世界の自然言語のなかでもめったに用いられないような音節もない。

　第二は字音の対応で，日本漢字音と台湾の字音は北京語のそれよりもずっ

i

と規則的である。たとえば「一，二，三，四，五」の台湾語の発音は chit, nñg, saⁿ, sì, gō であり，日本人の iti, ni, san, si, go から大変連想しやすい。下の少ない例でも台湾語，日本語，華語の字音の関係を見てとることができよう。

	台湾語	日本語	華語
簡單	kán-tan	kan. tan	jiǎndān
誤解	gō͘-kái	go. kai	wùjiě
發展	hoat-tián	hat. ten	fāzhǎn
新聞	sin-bûn	sin. bun	xīnwén

日本語の音便は内部的音声規則である。そして現代日本語にとっては音声交替以前の発音が原形である。しかし、比較によって、音便化した後こそ、「原形」を留めた、より古い発音である場合（下の例のような）が少なからずあることが容易に理解できる。日本語促音と台湾語の発音の比較を通じて、日本語の促音の来源を理解できるし、また、台湾語の発音もマスターできるのである。

	「原形」		音便	台湾語	華語
結果	ketu+ka	﹥	kek. ka	kiat-kó	jiēguǒ
學校	gaku+kou	﹥	gak. kou	ha̍k-hāu	xuéxiào
合併	gou+hei	﹥	gap. pei	ha̍p-pèng	hébìng
十本	zyuu+hon	﹥	zip. pon	cha̍p/sip pún	shíběn

第三は語彙の面である。日本語と台湾語が共有し、北京語では使っていないものがたくさんある。例えば、「感心，水道，都合，便當，si-a-geh, san-so͘（酸素）」等はみな台湾語の語彙の一部分である。

日本人の使用に合わせて良い言語教科書を編むのは容易なことではない。樋口氏は台湾語学研究の先駆王育徳先生の気に入りの教え子であり、王先生と王夫人が彼の名前を口にするのをしばしば耳にした。樋口氏は中国語言語学に対して堅固な基礎をもち、彼自身日本人として一歩一歩最初から台湾語の学習を始めた経験をもっている。また台湾語の発音システム、文法構造、語彙の歴史に対して体系的で掘り下げた理解をもっている。この

たび，彼がその経験，学識と精力を以てこの台湾語会話テキストを編まれたことは，台湾語教育界にとって誠に大きな仕合わせと言わねばならない。

このテキストにはその特別な対象と効用と用途がある。

目下，日本語の話し手を対象とする台湾語テキストには『台湾語入門』（王育徳，1972，1982）『台湾語初級』（王育徳，1983）の二冊がある。この二冊はすでにいささか台湾語の基礎がある日本の台僑，もしくは台湾語学習のよい環境に恵まれている人が使用するのに相応しい。台湾語会話の題材によって配列してあり，面白くて役に立つ文学的随筆が含まれている。

また，『生活台語日本語版』（謝黄素吟・斎藤齊共編）が，現在印刷中である。これは1990年に私と趙順文，方南強の二人で共編した「生活台語」を改編したものである。私達のこのテキストもまた Taiwanese Survival Course を元にして編集したものである。これはすでに華語の基礎があって，手っ取り早く台湾語の基礎会話を学びたい人に適している。

樋口氏の『台湾語会話』の内容は発音編，基礎編，応用編と分けて按配されているが，これは少なくとも以下の二種類の人が使用するのに適している。

一，華語の基礎がなく，直接台湾語を学習したい人，

二，台湾語の発音，文法，語彙，語用に対する詳しく明確な説明を得，練習をして，台湾語について堅固な基礎を造りたい人。

私は台湾語を学ぼうとしているこのいずれの日本人に対しても本書を極力推薦するものである。あなたが十分な時間を以てこのテキストについて学びさえすれば，成功は疑いないであろう。

最後に，私は樋口氏が賢明にも教会ローマ字を採用されたことに対しておめでとうと申し上げたい。なぜなら，これまで教会ローマ字は唯一百年以上の歴史を有するローマ字書き言葉であり，コンピュータ入力ソフト，十冊あまりの辞典，各種の参考資料，専門の教師を具えている。これに対して，その他のローマ字システムは一人一セットであり，辞典一冊ないのであるから。

1992年7月，東京にて

鄭　良　偉

まえがき

　いまこの本を手にしておられるあなたを台湾語の世界に招待いたします。
　あなたはおそらく台湾の社会，文化，経済，政治などに興味を抱いておられ，もっと台湾のことを理解するために台湾語を勉強したいと思っておられるのではないでしょうか。あるいは，あなたはすでに中国語をマスターしておられるかも知れません。にもかかわらず，台湾を理解するためには中国語の能力だけでは不十分だとお感じになったのではないでしょうか。もしそうならば，あなたの台湾経験は極めて意義深いものであり，あなたの感性は極めて豊かであるに違いないと，わたしは思います。

　台湾語は英語や中国語のような世界の大言語ではありません。それどころか書き言葉さえ未熟な言語であり，中国語の方言のひとつに過ぎないとされています。しかしながら，台湾の一千四百万人以上の人々にとって台湾語は「母の言葉」であります。これに対して中国語は「公用語」ではありますが，かれらにとっては畢竟第二言語でしかありません。公式的な情報，外面的な情報を入手するだけならば中国語の能力で十分かも知れません。しかし，「母の言葉」を通じて語られる台湾の心の奥の奥にまで接近を試みようとするならば，台湾語の知識は不可欠と言えます。

　近年，多くの人が台湾へ観光旅行へ出かけるようになりました。観光に言葉は不要とは言え，現地の人々と直接にコミュニケーションできるのは楽しいものです。もしあなたが台湾へ行かれて，多少なりとも台湾語が理解できたなら，それは思いがけない効用をあなたにもたらすでしょう。あなたは台湾の人々の暖かい心にじかに触れることになり，自分自身の台湾を発見することが出来ます。台湾に中国文化の代用品を見るのではなくて，台湾文化そのものを見出すことになるでしょう。

　台湾でビジネスに携わるビジネスマン諸氏にとって台湾語会話の能力を身につけることは，将来，現実的な要請となるでしょう。台湾の実業界で使われている言葉は実際にはほとんどが台湾語です。この事実は，台湾で

のビジネス経験をおもちの方ならとっくに御存知のはずです。いわんや,現在台湾では台湾語の社会的ステータスがどんどん向上しつつあります。これまで台湾語に見向きもしなかったいわゆる「外省人」のなかにも台湾語をマスターして実業に参画しようとする人が大勢いるほどです。

　台湾の人々は現在に至るまで自分自身の国と言えるものをもったことがありませんでした。五十年もの長きにわたる日本の植民地時代,そしてこれまた五十年になんなんとする国民党政府支配,ともにボスは外来の人であり,その「国語」もボスたちの言語でした。日本時代の「国語」は日本語であり,国民党政府が新たに与えてくれた「国語」は北京語であったのです。下位言語の地位に貶められた台湾語は上位言語たる「国語」(日本語と中国語)の影響を受けざるを得ませんでした。したがって,現在の台湾語は発音,語彙ともに大きな変動の時期にあります。この変動は世代による言語差という形で現れています。すなわち,祖父母の台湾語,父母の台湾語,若者の台湾語,それぞれにけっこう無視できない違いがあります。一般的に,上の世代の言葉は日本語の影響が比較的大きく,若い世代の言葉は中国語の影響が比較的大きいといえるでしょう。若い世代の台湾語には中国語の単語や言い回しがたくさん入って来ています。

　本書は中壮年世代の言い回し,単語を念頭において編集してあります。発音は北部の訛り,なかでも台北市でよく聞かれる訛りを採用しました。したがって,あまり古めかしい表現や優雅な言い回しは避けてあります。すべて,実用性を第一にと考えたためです。世代差,方言差は確かにありますが,本書はあくまでも基礎教本ですから,これをしっかり身につけるようにすれば大丈夫だと思います。ある程度実力がつけば自然にいろいろな言語差に対処できるようになります。安心して本書に取り組んで下さい。

　本書は必ずしも中国語の会話能力のあることを前提として編集されてはおりません。「発音篇」,「基礎篇」はこれまで漢語系言語に接したことのない人でも階梯を追って楽に勉強できるように十分配慮してあります。台湾語を先に学習し,その後で北京語などに挑戦してみるという学習コースもこれからは有り得るのではないでしょうか。「基礎篇」は台湾語会話のために最低限必要と思われる語法項目に沿って,きわめて簡単な会話文が配列

してあります。「応用篇」は、「基礎篇」では取り上げにくい、実践会話中のいろいろな表現をふんだんに盛り込んであります。実際の会話のなかで十分に利用して下さい。

　本書を上梓するに当たって、お世話になった多くの方々に心からお礼申し上げます。つたない原稿に目を通していただき貴重な御意見を賜り、御序文までもお寄せ下さった鄭良偉先生に厚くお礼を申し上げます。1990年度筑波大学大学院の第二学期のわたしの授業において本テキストの原稿を試用しました。その際、授業に出席して、原稿の誤りを指摘し、たくさんの有益な意見を出してくれた、阿部博幸、辛明鎬、村上之伸、王順隆（人文学類、当時）、大嶋広美（研究生、当時）の諸君に感謝します。例文のチェックを王順隆君および我が khan-chhiú 李麗秋にお願いしました。特に李麗秋は怠惰なわたしを励まし、なんとか出版にまで漕ぎつけさせてくれた最大の原動力です。記して深く感謝します。

　東方書店出版部、特に本書の編集を担当していただいた加藤浩志氏にはわがままの言い放題で、なにかと迷惑をおかけしました。心よりお詫びとお礼を申し上げます。

　　1992年7月5日

　　　　　　　　　　　　　　　　　　　　　　　　　　樋口　靖

第二版にあたって

　この教本が刊行されてからすでに7年半もの年月が経過している。その間、使用者の方々から多くの間違いを指摘して戴き、また著者自身もミスに気づくこともままあって、それらは印刷のつど補正してきた。元来かくも不充分なものを上梓すること自体畏れ多いのであるが、学習者の方々の温かい励ましに意を強くして、今回、直し切れていなかった間違いを正し、内容の一部に改訂を加えて再版とすることとした。

　この7年半の間に台湾の社会とそれを取り巻く国際社会の環境には大きな変化があった。昨年の大地震のように必ずしも良いことばかりではな

かったが，台湾は台湾人持ち前の奮闘精神と楽観精神を以って豊かで住みよい国造りに邁進している。民主化の進展は必然的に台湾人としてのアイデンティティの確立を促し，従って台湾人の自らの母語に対する観念にも変化が現れてきている。とりわけ初等教育において母語教育が必修となったことの意義は大きい。これはなんといっても国の政策であって，母語復興への途は寛く大きく開かれたことになると信じたい。

民主国家としての台湾の国力，そして国民の高い文明度は徐々にではあるが日本人の間にも知れ渡り，我々にとって最も親しみのある国家の一つとして，かの地に行われる母語を知ることの意味もますます重要になってきている。このような雰囲気を微妙に反映してか，台湾語を学び身につけたいと思う若い人々がこの数年加速度的に増えている。ビジネスはもちろんのこと，近い将来は，台湾の文化，文芸，社会，政治経済等々を理解するために台湾語の知識と運用能力が不可欠とされるに違いない。

もともとこのような状況の変化を十分に反映した新しい教本に改編したいと考えていたのであるが，著者自身の力量と時間不足のため，今回は部分的な改訂に止めざるを得なかった。ご期待を寄せて戴いた多くの方々にはまことに申し訳ないことである。今後も台湾語普及のため微力を尽くしたいと思っているので，皆さんのご教示，ご支援を心からお願いする次第である。

最後に，この数年の間にこの教本を実際に使用してその都度有益なご助言を賜った戸張嘉勝先生，松本丁俊先生，徐金松先生，李麗秋先生に深く感謝したい。おもな改訂はこれらの先生方のお教えを受けてなされている。畏友酒井亨君にはいつも辛辣な批評を忝くし，大先輩後藤尚氏からは慈愛に満ちた励ましの言葉を戴いている。いずれもまことにありがたい事である。

今回も，東方書店出版部の加藤浩志氏にお世話になった。記してお礼としたい。

2000年2月13日

樋口　靖

目 次

序 （鄭良偉） i

まえがき iv

凡例 xii

台湾語の世界　　　　　　　　　　　　　　　　　　　　　　　　1

台湾の言語/泉州腔と漳州腔/台湾語の漢字表記

発音篇　　　　　　　　　　　　　　　　　　　　　　　　　　13

第1課	字母と記号	14
第2課	母音	17
第3課	子音	21
第4課	鼻音化音節	23
第5課	断音	24
第6課	成音節子音	25
第7課	無気音，有気音，有声音	26
第8課	声調	30
第9課	転調	33
第10課	特殊な転調，軽声，連音変化	38

基礎篇　　　　　　　　　　　　　　　　　　　　　　　　　　45

第1課	「これは（あれは）〜です」とその否定	46
第2課	「これは（あれは）〜ですか」という疑問	48
第3課	「これはなんですか」	51
第4課	「わたしの…」「あなたの…」	53
第5課	「〜はAですか，それともBですか」	56

第 6 課	数の言い方	58
第 7 課	量詞の使い方	65
第 8 課	「わたしは〜です」	67
第 9 課	形容詞の基本的な使い方	71
第10課	形容詞を用いた疑問と打消し	75
第11課	複数代名詞の使い方	80
第12課	曜日と日付の尋ね方と答え方	84
第13課	「わたしは〜を持っています」「いま何時?」	88
第14課	「〜に〜があります」	91
第15課	「たくさんある,すこしもない」	94
第16課	「〜は〜にある/いる」	97
第17課	「〜がいる,〜が好きだ」	100
第18課	「知っている」	104
第19課	出身地の尋ね方と答え方	108
第20課	「習う,教える」	111
第21課	「話す」という動詞	115
第22課	「じょうずに〜する」	118
第23課	「来る,行く」	122
第24課	「どこに住んで,なにをしている」	128
第25課	「どうぞ〜して下さい」	132
第26課	禁止の命令「〜するな」	136
第27課	「いつ」	140
第28課	「いつ」	142
第29課	「できる,できない」	145
第30課	「できる,できない」	148
第31課	許可「〜していい」	152
第32課	「〜しなければならない」	155
第33課	「〜しているところです」	159
第34課	「〜するつもり,〜することになっている」	162

第35課	比較の言い方「より〜だ」	165
第36課	比較の言い方「AはBより〜」	168
第37課	比較の言い方の応用「おなじだ」	171
第38課	「一番〜だ」	175
第39課	「のようだ，〜に似ている」	179
第40課	「〜しました」	183
第41課	「〜したことがある」	187
第42課	「〜してやる」	190
第43課	受け身の言い方「〜される」	193
第44課	使役の言い方「〜される」	197
第45課	Bîn-bāng ê chiảh-chhò͘ ［夢のやきもち］	200

応用篇　207

第1課	Chiap lâng ［出迎え］	208
第2課	Khì-hāu ［お天気］	211
第3課	Chá-khí ［朝］	215
第4課	Tiong-tàu ［お昼］	218
第5課	Hông chhiáⁿ ［お呼ばれ］	221
第6課	Cho͘ chhù ［部屋探し］	225
第7課	Bóe mih-kiāⁿ ［買い物］	229
第8課	Tī pêng-iú ê chhù-lāi (1) ［友人の家で］	232
第9課	Tī pêng-iú ê chhù-lāi (2) ［友人の家で］	236
第10課	Tiān-oē ［電話］	239
第11課	Iû-piān-kiỏk ［郵便局］	243
第12課	Gûn-hâng ［銀行］	246
第13課	Tô͘-su-koán ［図書館］	249
第14課	Tiān-iáⁿ ［映画］	252
第15課	Chhài-chhī-á ［市場］	256

第16課	Kôaⁿ--tio̍h	[風邪]	260
第17課	Chhia-thâu	[駅]	264
第18課	Pn̄g-tiàm	[ホテル]	267
第19課	Koan-kong	[観光]	270
第20課	Gōa-kok-oē	[外国語]	278

語句のまとめ　284

練習解答例　301

コラム

台湾語の教会ローマ字　42

台湾語の辞典　55, 66, 70

台湾語の教本　74

台湾人の姓名　99, 107, 121, 135

台湾の歌　204

台湾の童謡　224, 228

台湾の地名　235

台湾の料理　274

台湾語の擬声語，擬態語　282

凡　例

1. 本書の文字表記は，教会ローマ字（白話字）を用いた。これは過去に蓄積された文献の相対的な豊富さに鑑みてのことである。教会ローマ字は単なる発音表記ではなくて，正式の文字体系として扱われているので留意されたい。

2. 「単語」および「補充単語」には該当する漢字を併せて掲げておいた。これはあくまでも学習者の記憶の便を図ってのことである。掲げられた漢字表記が「正しい」漢字であることは少しも保証されていない。訓読も当て字も含まれている。漢字を当てることがどうしてもためらわれる時は"□"で示しておいた。

3. 「補充単語」の項には本文以外のその課に使われた新しい単語がすべて掲げられている。

4. 本文は漢字文がないと不安な学習者のために，漢字表記を併せて示した。漢字を当てることがためらわれる語はローマ字のまま表しておいた。結果として，漢字ローマ字の混ぜ書きとなったが，これはあくまで便宜上のためなので，台湾で行われている「漢羅」とは質的に異なっている。「漢羅」はもっときちんとした書記体系であるので，「漢羅」文による教本は別途に準備さるべきものである。

5. 漢字表記文を利用して，文節の範囲を"/"で示した。"/"の前の音節は原調(本調)に発音し，それ以外はすべて転調する。ただし，ダブルハイフン"--"はその前の音節が原調であり，それ以後の音節がすべて軽声であることを表している。適宜，口頭練習の目安とされたい。

6. 注意 の項は主として，異なる訛りのうち比較的重要なもの，別の言い方などを掲げてある。少し学習が進んだ段階で利用すれば効果的であろう。

7. 適当な辞典が乏しいことを考慮し，巻末に「語彙のまとめ」を付した。原則としてその単語の初出の課が示してあるので，語のおおよその意味を確認しつつ理解できるであろう。

8. 「練習」を設け，その解答例を巻末に付した。ただし，解答例はあくまでも「例」である。

付記：第2版にあたり，CDを作成した。左欄外の数字はCDのナンバーとトラック数である。

台湾語の世界

台湾語の世界

●台湾の言語

　台湾は日本の九州よりやや小さな台湾本島（35760km²）と，澎湖諸島を含む周囲の小さな島嶼から成り立っている狭い地域であるが，それでもおよそ1千9百万の人口を有するから，地球上に数多くある群小国家に比べれば決して小国とは言えないかもしれない。そしてそこに行われている言語は単一言語ではなく，台湾もまた世界の多くの国家と同様に複数の言語が競合する多言語国家の一つである。台湾に行われている言語は，漢人の台湾入植が始まるはるか以前から台湾の島々に住んでいた原住民族の言語と，漢語系の言語の2系統に大別される。

　台湾原住民族は少なくとも10以上の諸部族から成っているが，現在，その人口は極めて少なく，30万人前後に過ぎない。清朝時代，山地および本島周囲の島嶼に住み，漢化されていない部族を「生蕃」と呼び，平地に住んで漢化してしまった部族を「熟蕃」と呼んで区別していた。日本植民地時代には「蕃」の字を避け両者を総称して「高砂族」と呼んだ。第2次大戦後はこれを改名して「高山族」としたが，一般には「山地同胞」，略して「山胞」と呼ぶことが多い。ただし，すべての部族が山地に住むわけではないので，平地，海島に住む人々を「平地山胞」などと区別して呼ぶこともある。また，かつて熟蕃と呼ばれた人達は「平埔蕃」あるいは「平埔族」と呼ばれることも多かった。「埔」は台湾語でpo·と読み，未開墾の平野を意味する。台湾西部の平野は漢人によって開墾される以前は未開の草地に過ぎず，そこに住む先住民をあとから入植した漢人がこのように呼んだのである。漢人の大規模な移住と開墾の過程で，これらの人々は逸早く漢化し，現在では一般の漢族と区別がつかなくなっている。すなわち，固有の文化や言語は失われ，生活習慣は漢族のそれに，言語は多くの場合台湾語（閩南語）にとって代わられてしまっているのである。

　台湾原住民族の言語はすべてオーストロネシア語族（南島語族）に属する。南島語族はフィリピン，インドネシア，ニューギニア，ポリネシアなど広大な地域海域に展開する一大語族であり，台湾の原住民族諸語はその最北端に位置する言語である。それらは南島語族のなかでも，ほかの言語ではすでに失われてしまった古い言語的特色をよく保存している点で言語学上の研究価値が高いらしい。なかでも比較的使用人口の多い言語に，アタヤ

ル語，セディク語，サイシヤット語，ツォウ語，ルカイ語，パイワン語，プユマ語，アミ語，ブヌン語，ヤミ語などがあり，このうちアタヤル語とセディク語で一語群(アタヤル語群)をなし，ツォウ語とルカイ語が近い関係にあり，蘭嶼島のヤミ語はフィリピン諸語に近いという。また，平埔族の諸言語はほとんど消滅しており，わずかな資料が残存するのみである。

　台湾に分布する漢語系の言語は，閩南語と客家語の二系に大別される。このうち，閩南語がすなわち我々のいわゆる台湾語である。閩南語を母語とする人々は総人口のおよそ75％，客家語を母語とする人々はおよそ13％と考えられている。このほかに，第2次大戦後，中国大陸から移住してきた「外省人」とよばれる人々が10％ぐらいおり，かれらは中国大陸の様々な漢語方言を台湾に持ち込んで来ている。

　客家語は中国南部の広い地域に分散的に分布する漢語の大支系である。おもな分布地域は江西南部，福建西部，広東東北部であるが，台湾客家語はそのうち広東系の客家語が圧倒的に多い。なかでも四県話と称される広東省梅県を中心とする客家語が最も優勢で，屏東，新竹，苗栗，桃園といった客家語地区すべてに行われている。ほかに海陸話(広東省海豊陸豊)があり，桃園，新竹，苗栗の一部に行われている。またごく少数ながら饒平話(広東省饒平)も話されている。

　閩南語は漢語方言のうちの閩語といわれる一大支系のなかのさらにまたひとつの分支である。「閩」とは福建省の古名であり，福建省を中心に分布する言語であるから閩語とよばれ，その一方言として福建省南部を中心に行われる言語であるから閩南語と称されるのである。福建省内における閩南語の分布地域は省東南部，すなわち厦門市，泉州市，漳州市およびその周囲のいくつかの県であり，およそ2千万の話し手を有するとされる。同系の閩南語が福建省の外にも広く分布しており，その主なものは潮州語として知られる広東省潮州地区約5百万，海南語として知られる海南省約2百万，といったところである。ほかに浙江省南部と広東省雷州地区にも同系の方言が分布する。浙江南部の閩南語はおもに閩南沿海の漁民の北上によってもたらされたものと見られ，閩南地区の方言とあまり変わらない。潮州語と海南語もやはり閩南人の移動によるものと見られるがその歴史が比較的古く(少なくとも4、5百年以上前)，また地理的にも隔たるために閩南の閩南語とはかなり異なる特徴を備えていて，相互のコミュニケーショ

ンは不可能な程度に至っている。なかでも海南語がもっとも疎遠であり，潮州語は漳州方言に比較的近い。雷州方言はおそらく海南語の一変種である。

閩南の方言は，竜岩，大田のような他方言との中間方言を除けば，厦門方言，泉州方言，漳州方言の3種に下位分類できる。厦門方言はおもに厦門市に行われる方言である。泉州方言は泉州市をはじめ，晋江，同安，安溪，南安，恵安，永春，徳化，金門の各県に分布し，漳州方言は漳州市をはじめ，龍海，長泰，華安，南靖，平和，雲霄，漳浦，詔安，東山の各県に分布する。現在，もっとも権威のあるのは厦門方言で，閩南語の標準語的地位を占める。もともと，閩南で最も開発の早かったのは泉州で，泉州は宋代には世界的貿易港のひとつとして大いに栄えた。しかし，元末から海外貿易の中心は漳州に移り，明末以後はさらに厦門が閩南の中心地域となった。厦門は鄭成功の反清の基地であり，清代には台湾への渡航港であり，阿片戦争後は世界に開かれた貿易港として発展し，福建最大の都市となって現在に至っている。貿易港を中心とする泉州，漳州，厦門の三地域の方言が現代の閩南方言の中核方言を構成しているのである。

さらに東南アジア(シンガポール，マレーシア，フィリピン，インドネシア，タイ等)の華僑は閩南，海南，潮州出身の人々が多く，現在でもかれらの家庭および社会の交際用語として閩南語が使用されていることを忘れてはならない。また，台湾の閩南系住民(広東系の客家人から区別して福佬人と呼ばれることがある)の祖先はかつて泉州府，漳州府からかの地に渡り開発に従事した人々がその大部分を占めるので，現在，台湾の有する1千4百万人にものぼる閩南語使用人口は福建を中心とする閩南語使用人口全体の中でけっして無視できない数字といえる。

台湾の上位言語は中国語(北京語)である。中華民国の公用語であるから「國語」kok-gúと呼ばれている。北京語は1945年日本の敗戦の結果として台湾が中華民国に接収された後，台湾に移植されたものである。日本植民地時代の50年間とそれ以前に，台湾で北京語を操れる人は寥々たるものであった。しかし，大量のいわゆる外省人 gōa-séng-lângの流入とともにもたらされた北京語は，国民党政府の強圧的な言語政策のもとで，おもに学校教育を通じて目を見張るような普及をした。その結果，現在台湾では人口の大部分の人が「国語」と台湾語(閩南語)または客家語等とのバイリンガ

ルとなっている。

　中国大陸から台湾にもたらされた「国語」は，しかし，必ずしも標準的中国語とは限らない。というのも，終戦の初期，政府の「国語推行委員会」は一生懸命に国語普及のための人材の養成をはかったが，学生のほとんどは日本語教育を経て来た人々で，彼らの国語のなかに台湾語や日本語の発音習慣，言い回しが混入するのは避けられなかった。これらの人々が初等教育の教師として田舎で国語教育に当たることが多かったので，教えを受けた生徒もまた一種「なまり」のある国語を話すことが多かった。「台湾国語」として知られる，訛りの強い北京語がそれである。

　外省人の省籍は中国大陸各地にわたっている。彼らの話す中国語が「南腔北調」，極めて不均質であるのも当然のことである。ところが外省人第二世代はおもに台北を中心とする大都市で「国語」教育を受けて育っている。学校教育の中で第一世代が持っていた中国各地の訛りが混合，中和され，極めて短期間に新しい中国語が形成されて行った。この言語は標準「国語」に限りなく近いが，完全に標準国語であるということもまたできない。このような第二世代「国語」の人材は自分たちの言語を標準語とみなし，「台湾国語」をおおいに攻撃排斥した。その結果，同世代の都会派台湾人の「国語」は主に学校現場を通じて変質を被ることとなった。なぜなら第二世代台湾人も外省籍第二世代の話す言語を標準語と見なしてそれを模倣し，ひいては同世代同士の若者として共通の「標準語」形成に参加したからである。かくして，現在ではいわゆる「台湾国語」とは異質の台湾式標準中国語が成立している。この言葉は外省人の多い台北を中心に形成されたので，これを「台湾国語」から区別するために「台北国語」と呼ぶ。

　台湾国語にしても台北国語にしてもいずれ Mandarin Chinese の一変種であることは明らかである。しかし，これらの言語は台湾語の影響を絶えず受ける状況下におかれている。台湾語の影響は発音，語彙，文法のすべての面に及んでいて，発音の面では，たとえば北京語捲舌音は台湾国語ではすべて舌先音に混入して，"開始"は kāisǐ のように，"知道"は zīdào のように発音される。語彙の面でも多くの台湾語語彙が混入して使われる。たとえば，

　　我今年眞衰。（私は今年は本当に<u>ついていない</u>。）　←　soe
　　那個女孩很讚。（あの女の子はとても<u>素敵だ</u>。）　←　chán

また、文法の面でも台湾語直訳的語法がしばしば現れる。

　我先生今天沒有在。(夫は今日はいない。) ← bô tī-leh

　這個不會難吃。(これは不味くない。) ← bōe pháiⁿ-chiảh

反対に現代台湾語も北京語の極めて大きな影響下にある。その最大のものは語彙の交替現象であろう。かつては大量の日本語語彙が用いられていたが、現在では次第に北京語の単語に取って代わられつつある。たとえば、現段階では

　siōng-pan ← 北京語"上班"

　　chhut-khûn ← 日本語「出勤」

　hui-ki ← 北京語"飛機"

　　hui-lêng-ki ← 日本語「飛行機」

　lāu-su ← 北京語"老師"

　　sian-siⁿ ← 日本語「先生」

のように、同義語として共存するが、世代の交替とともに北京語起源の単語に移行していくものと思われる。このように、現在の台湾では「国語」も台湾語も相互に影響しあい浸透しあって変化の過程にあり、次世代の「国語」と台湾語を準備する転換期にさしかかっているのである。

●泉州腔と漳州腔

台湾は移民社会である。現在の台湾語は、過去三、四百年の間に中国大陸から台湾海峡を押し渡って台湾に入植した人々がもたらした言葉の子孫である。移民の大部分は福建南部(閩南)の漳州府、泉州府の各県および厦門を出身地とする人々であった。福建南部の言葉は閩南語といい、漢語方言のひとつとされる。台湾語は、したがって、その閩南語を直接の源とする、一つの変種であるといえる。台湾語と閩南語とはほとんど同一の言語といって構わないほど一致性が高い。台湾と閩南との間には海峡を挟んで絶えず人的交流があったので、両者はそれほど大きく乖離することはなかったからである。にもかかわらず細かな差異はやはり存在するのであって、それは発音、語彙、文法の各面に現れている。この事情はちょうどイギリスの英語とアメリカの英語との関係に似ている。周知のように、移民の国アメリカの英語は、英語には違いがないけれど御本家イギリスの英語とはやはり異なる点がある。同様にして、台湾語もまた閩南語の一種ではある

けれど福建に行われる閩南語と完全には同じでない。

アメリカ英語内部にも方言があるように、台湾語にも方言が形成されている。台湾語各種方言形成のもともとの起因は、福建のどの地区から台湾のどの地域に入植定住したかによるであろう。福建閩南語内部にすでに多種の方言を抱えていたからである。したがって、閩南語の話し手が台湾に移住した当初は、閩南語内部諸方言の話し手の台湾における住み分けそのものが、単純に台湾の方言を形成していたであろうが、世代の交替とともに移動、通婚が活発に行われ、その結果、各方言の混淆現象が起こり、新たな方言が形成し始め、様相が複雑になってきた。そのことを発音について見てみると、台湾語の発音には「泉州腔」と「漳州腔」の違いがあるとよくいわれる。この区別は福建閩南語における「泉州音」と「漳州音」の違いを基本的に受け継いだものである。泉州腔は泉州音に比較的近く、漳州腔は漳州音に比較的近い。言い替えれば、泉州系の人々が多く入植し開発したところは泉州腔が優勢であり、漳州系の人々が多い地方は漳州腔が優勢ということになる。しかし、泉州腔すなわち現代泉州音、漳州腔すなわち現代漳州音、ということには決してならないことにも注意しなければならない。たとえば「魚」は台湾泉州腔では [hu] であるが、福建泉州音では [hɯ] である。「百」は台湾漳州腔では [paʔ] であるが、福建漳州音では [pɛʔ] である。台湾語の発音は「不泉不漳」であるといわれるのは、数世代を経て、泉州腔のなかにも漳州音的特徴が混じっているし、逆に、漳州腔の中にも泉州音的要素が入っているためである。また、入り混じりの程度によって、泉州腔にも漳州腔にも変種が存在する。

本書で北部方言といっているのは、概略泉州腔に相当し、南部方言といっているのは概略漳州腔に相当するが、それも決して厳密なものではない。では、台湾語のこのような「腔」（訛り）はどのような地理的分布をしているのだろうか。この問題は研究が遅れていて、我々は残念ながら正確な情報をもっていない。以下に、おおよその分布と発音の特色を示しておく。

1）泉州腔

泉州腔の主な特色は、第5声の転調先が第3声であること、「豬」を [tɯ] または [tu] と発音すること、「酸」を sng と発音すること、「和尚」を hôe-siūⁿ と発音すること、「日」を lit と発音すること等である。おもな分布は、台北盆地およびその周囲、新竹、および台中県、彰化県、雲林県（すなわち台湾

中西部の海岸より)である。また，澎湖島もすべて泉州腔である。

2) 漳州腔

漳州腔の主な特色は，第5声の転調先が第7声であること，「豬」を ti と発音すること，「酸」を suiⁿ と発音すること，「和尚」を hê-siōⁿ と発音すること，「日」を jit と発音すること等である。おもな分布は，宜蘭県，台北県の東北海岸沿い(金山等)，桃園県，南投県及び台中県東部(すなわち台湾中西部の山岳より)である。

その他，台南，嘉義，高雄，屏東の各県は泉漳腔混合のもっとも複雑な地域であり，発音の台湾化の先進地帯といえる。ただし，台南，高雄などでoを［ə］と発音するのは，漳州的特徴といえるのかも知れない。

台湾語は発音の面での標準化がなされていないので，我々外国人は南部式発音を学ぶほうがよいのか北部式発音を学ぶほうがよいのか判断に困ることがある。しかし，この問題は英語を学ぶときにイギリス式発音がいいかアメリカ式発音がいいか，というのとおなじようなもので，要はどちらの発音にも対処できるようにしておかなければならないのである。実際にはどちらの発音で勉強しても，ある程度の語学力がつきさえすれば，多少の訛りなら自然に聞き取れるようになるのである。したがって，どの発音が「正しい」発音であるかなどということにこだわるのは得策とは言えない。このような困難は，台湾語のような話し言葉中心の言語を学ぶ者の宿命と潔く諦めて，余裕をもってゆったりと勉強しようではないか。

●台湾語の漢字表記

台湾語は漢語方言の一種，閩南語のそのまた一変種である。したがって，他の漢語諸方言と同様，漢字でもって表記することは十分可能である。閩南語の漢字表記にはかなり古いものがある。明代嘉靖年間の戯文(地方演劇の脚本)「荔鏡記」は閩南語(実際には潮州語)で書かれている。ただし，その伝統が現在にまでどのように受け継がれているかは不明である。台湾民衆の間に昔から行われている通俗的口承文学として，koa-á［歌仔］という一種の唄い物がある。それを文字に書き留めて薄い冊子にして出版したものを koa-á-chheh［歌仔冊］と呼ぶ。歌仔冊の漢字表記は極めて乱雑ではあるけれども，たしかに漢字使用の一つの伝統を形成しているのであって，それは日本時代に興った一部インテリの台湾語口語文運動において，ある

いは現代台湾で展開されつつある台湾語文字化運動においてさえ，その文字用法を部分的にではあるが継承している事実からも見てとれる。

歌仔冊などの表記を見ると，台湾語の漢字の用法は中国語のそれよりもむしろ日本語の漢字の使い方と比較した方がわかりやすい。日本語の漢字は，1）音読によるもの，2）訓読によるもの，3）当て字，という複雑な使い方をしているが，台湾語の漢字用法にもこれとまったく平行した現象が存在する。

音読は中国語の伝統的な漢字の読音を継承するもので，これらの読音をもつ語根は中国語として「由緒正しい」ものである。日本語の音読に漢音，呉音の区別があって両者が別個の音体系を形成しているごとく，台湾語にも文言（文語）音，白話（口語）音の区別があってこの両種の発音はそれぞれ独立した音体系を作っている。しかも文言音と白話音のどちらをどのように使うかということは個々の語彙によって習慣的に決まっている。この点も日本語の呉音，漢音の使われ方とそっくりである。たとえば，「黒白」はコクビャクであり，「白墨」はハクボクと決まっていて勝手に読みかえることはできない。なかには揺れている語もあって「白衣」はビャクエでもあり，ハクイでもある。同様に，台湾語の「学ぶ，習う」はòh［學］と読み，したがって「英語を習う」はòh Eng-bûn［學英文］となる。しかし，硬い言葉を使って「英語を学習する」はha̍k-sip Eng-bûn［學習英文］であって，この場合，［學］の字はha̍kと読まなければならない。揺れている例もあって，例えば［大學］はtāi-ha̍k, tōa-òhの両方の読み方がある。（ただし，現代台湾語ではほとんどがtāi-ha̍kと読む。廈門語では現在でもtōa-òhと言っている。台湾大学はTâi-oân tāi-ha̍kだが，廈門大学はĒ-mn̂g tōa-òhというわけだ。）文言音，白話音という名称からは，文言音は文語（すなわち漢文）を読むときの字の発音であり，白話音は口頭語における発音であるという印象を受けやすいが，そしてそれは事実そのとおりなのであるが，話し言葉のなかにも文語からたくさんの語が入ってきているので，どちらの読音を使うかと言うことはその語によって決まるのである。硬い語彙は文言音が用いられやすく，比較的卑近な語彙は白話音が用いられやすいという傾向は確かにあるが，それも絶対ということではない。

台湾語には訓読字がたくさんある。訓読というのは漢語を本来の中国語由来の読音で読むのではなく，漢字にその言語の意味を当ててその言語の

台湾語の世界

言葉として読んでしまう用法である。「山」の字をサンと読めば中国語の語に由来する由緒正しい読み方であるが、これをヤマと読んだときには、「ヤマ」は日本語固有の単語であって中国語とはなんの関係もない。そして漢字の読みとして用いる場合にそれを訓読というのである。台湾語では「肉」のことを bah というがこれは漢語の［肉］とは何の関係もない台湾語の単語なので、もし、［肉］の字を bah という単語に当ててそのように読めば、これすなわち訓読である。「鶏肉」は koe-bah という。koe は「正しい」音読みであり、bah が訓読みであるから、この場合はまさに日本語でいう、いわゆる重箱読みをしていることになる。このての単語は台湾語にはたくさんあり、しかもその多くが極めて基礎的な、卑近な語彙なのである。例えば、beh という助動詞は表すべき適当な漢字が見当たらず、もしこれに［要］の字を当てればこれまた訓読に他ならない。また、足を意味する kha という言葉も、［跤］という本字が存在するにもかかわらず、［脚］の字を当てて訓読されることが多い等々、枚挙に暇がないのである。音読字と訓読字の関係は、なにやら日本語における漢語と大和言葉の関係を連想させないであろうか。

当て字は、意味と関係なくその字の音だけを借りてきて当てる現象である。例えば、án-ne を［按呢］、koh（また）を［擱］と書けば当て字である。台湾語ではこの種の用法はたいして多くないが、俗な使い方をするときには現れやすい。たとえば「タバコをぷかぷかふかす」ことを pok hun というが、［朴薫］と書けばその［朴］は当て字である。食堂で、肉を煮込んだ一種の料理を［空肉］と書いてあるのを見かけることがあるが khòng（ぐつぐつ煮込む意味）を［空］と書けば当て字である。

このように、元来台湾語は「有音無字」といって「正しい」漢字で書き表せない語が多くあり、訓読、当て字を多用せざるをえないのである。しかもやっかいなことに、それらの「有音無字」の言葉は台湾語にとっては極めて基本的、常用的な語彙がほとんどを占めるのである。そのため、台湾語を漢字で表記しようとする人は自分勝手な字を用いて書くことが多くなる。書き言葉の伝統の薄弱な台湾語のような言語では、自分の書いた訓読字や当て字を読者が作者の意志どおりに読んでくれるかどうかは全く保証されていない。勢い、自分の書き方を人に受け入れてもらうために無理をすることになる。なかには語源を考証して、正しい字はこれだからこれ

を使うべきだと人に強要する「学者」も出てくる。現在においても台湾語口語文はなお書き手によって用字法にばらつきが多く,きわめて不安定な状態にあるといってよい。

　現今,台湾では台湾語の書き言葉を確立しようとする,台湾語文字化,標準化運動が展開されている。もし,将来,台湾語が漢字文をその正書法として採用するなら,現在のような甲論乙駁の状態を脱して,訓読字,当て字の統一と固定が図られなければならないであろう。しかし,そのような言語を無理してまで漢字で表記することに拘らないとすれば,日本語のようにカナで書けばよい,韓国語のようにハングルで表せばよい,という考え方も当然出てくる。

　言語学者鄭良偉氏は,新しいアイデアを出した。それは漢字と教会ローマ字の混ぜ書きである。これを「漢羅」という。漢羅によって台湾語を書くには,どのような語は漢字で綴るべきか,どのような語はローマ字で綴るべきかという問題が解決されなければならない。鄭氏によれば,次のような基準が提出されている。

　1）できるだけ漢字で書くべき単語
　　1．漢字の本字が明確な語
　　2．台湾語書き言葉の中で,すでにかなり標準的に漢字が使われている語（ê → 的, ê → 個）
　　3．華語客家語と通用する語（nā → 若, ē → 會）
　　4．漢字の字画の簡単な語
　2）できるだけローマ字で書くべき単語
　　1．漢字の不明確な語（beh, hiah, án-ne）
　　2．台湾語書き言葉の中で,標準的に漢字が使われていない語（ta^n いま, m̄ 否定詞）
　　3．華語客家語と通用されない語（chheh, chhit-thô）
　　4．漢字が煩雑であるか,見慣れない語（mài 助動詞, khǹg 置く, chhōa つれていく）
　　5．漢字が借音の原則によって出来ている語（án-ne, koh, la 助詞）
　　6．一字多音多義で誤解の起きやすい語（siōng, chiū^n, chhiū^n, をすべて［上］と書く）
　　7．一つの単語の中で別の字がローマ字であるときは全体をローマ字

書きにする（gín-á）
 8．外国の人名，地名の音訳語
 9．文法関係を表す語，すなわち機能語（kā, hō·, kap, nā）

現段階ではこれらの基準が完全に守られているとは言えないが，このような路線に沿った書き方が，提唱者の鄭氏をはじめ一部の人々の間で実践に移され，出版物も出されるようになってきた。このような方法は日本語の表記法になれた我々の目からみれば極めて自然で違和感のないものである。要するに，我々の日本語でもよくやっているように（もちろん日本語ではカナであるが），漢字で書けないところはローマ字で書いておくわけである。漢字で書けば誤解を生じそうな部分もローマ字書きすることによって混乱を避けられるように防止策も施されている。「漢羅」は将来の台湾語書き言葉の発展にとって有望な書記システムになることが期待される。

発音篇

発音篇

第1課　　　　　　　　　　　　字母と記号

　本書で採用している台湾語文字は「教会ローマ字」あるいは「白話字」と呼ばれるもので、キリスト教の宣教師によって考案され、すでに百年以上の長きにわたって、主としてキリスト教関係者の間で用いられ、その他の台湾語文字に比べて相対的に使用者数の多い文字体系です。文字としては欠点もありますが、それなりに合理的にできており、この文字で書かれた多くの文献も蓄積されており、充分実用に耐えるシステムです。アメリカ、カナダなど海外の台湾人や外国人が台湾語を学ぶときに利用されるのもほとんどこの教会ローマ字です。したがってこれから台湾語の勉強をお始めになるみなさんも、まずこの文字を習得されるようお勧めします。

　教会ローマ字のシステムはそれ自身れっきとした文字体系ですが、原則として台湾語の発音と1対1に対応しています。つまり、英語やフランス語のようにひとつの字母あるいは綴りが複数の発音を代表するというようなことは少ないわけです（もちろん例外もありますが）。教会ローマ字は綴りのとおりに読むというのが原則ですから、したがって、これを一種の発音記号として用いることもできるわけです。現に、台湾語の漢字表記におけるふりがなならぬ「ふりローマ字？」として使われることもあります。

　教会ローマ字は普通のローマ字字母と幾種類かの音節記号からなっています。以下、簡単に紹介します。

1-01▶ (1) **字母**

大文字	小文字	名称
A	a	[a]
B	b	[bi]
Ch	ch	[tʃi]
Chh	chh	[tʃʻi]
E	e	[e]
G	g	[gi]
H	h	[hi]
I	i	[i]

J	j	[dʒi]
K	k	[kí]
Kh	kh	[kʻi]
L	l	[li]
M	m	[mi]
N	n	[ni]
Ng	ng	[ŋi]
O	o	[o] / [ə]
Ȯ	o˙	[ɔ]
P	p	[pi]
Ph	ph	[pʻi]
S	s	[ʃi]
T	t	[ti]
Th	th	[tʻi]
U	u	[u]

　ch, chh のような子音字の連続も台湾語では単一の字母と見なします。字母の呼称は，母音字はそれらによって表わされる発音そのものですが，子音字はそれらによって表される発音に [i] がついたものです。

(2) 音節記号

　音節記号は，音節のいろいろな特徴を区別して表記するために用いられる記号です。そのうち，音節の声調を表すのが声調記号で，母音のうえに置かれます。声調以外の性質を表す記号(h, ⁿ)は音節の末尾に置かれます。

´ ` ^ ⁻ '	声調記号。
h	その音節が短くて，断音調であることを示す。
ⁿ	その音節が鼻音化されていることを示す。

(3) 音節とハイフン

　ひとつの単語の中で，音節と音節の区切りを表すためにハイフン "-" が用いられます。ダブル・ハイフン "--" は後ろの音節が軽音であることを表すために用いられます。

発音篇

　台湾語は音節と音節の区切りがはっきりしており，しかも原則としてひとつの音節がひとつの意味の単位となっています。漢字表記の場合にはその1音節が漢字1字に相当するのです。複音節の単語(多くの場合複合語)の音節と音節の区切りにハイフン"-"が入れられるのも，ひとつには意味単位を明瞭に示すためだろうと思われます。また，台湾語の音節の組立は，単音の無秩序な配列を許すものではなく，一定した配列パターンに従っています。子音をC，母音をVとすれば，台湾語の音節の内部構造は，次のように定式化できるでしょう。

$$(C_1) + V + (C_2)$$

1) Vは母音で，音節の中核です。単母音，二重母音，三重母音の三とおりがここに現れます。ただし，子音のうちでも鼻音のmとngは母音的な響きがあるのでこのVの位置に現れ，その場合には母音扱いとします。

2) C_1は音節の頭の子音で，b, ch, chh, g, h, j, k, kh, l, m, n, ng, p, ph, s, t, thの17種類の子音字母がこの位置に現れます。英語の *speed* の *sp*- とか *black* の *bl*- のような子音字母の連続(二重子音)は許されません。C_1が欠けているとき，その音節は母音始まりの音節ということです。

3) C_2は子音ですが，この位置に現れる子音はC_1ほど多くなく，m, n, ng, p, t, kの6種類の子音字母に限定されます。英語の *rank* [ræŋk] の [-ŋk] とか *stamp* [stæmp] の [-mp] のような子音連続は許されません。C_2がないとき，その音節は母音終わりの開音節になります。

　以上のように，台湾語の音節は非常にきっちりした構造をもっているので，発音の学習の最初は，音節を区切ってはっきり発音する練習から入るのがよいと思います。

【練習】

1-02▶

次の字母を読んでみましょう。

a	b	ch	chh	e	g	h	i
j	k	kh	l	m	n	ng	o
o·	p	ph	s	t	th	u	

第2課　　　　　　　　　　　　　　　　母音

(1) 単母音

a [a]　i [i]　u [u]　e [e]　o [o]/[ə]　o· [ɔ]　ng [ŋ]　m [m]

1) a, i, eはそれぞれ日本語のア，イ，エのように発音して構いません。
2) uは日本語のウに似ていますが，もっと唇を円めて突き出して発音します。
3) oは，日本語のオをいくらかウに近づけた音ですが，舌と唇を日本語のオよりももっと緊張させます。唇にはかなり円めがあります。ただし，南部方言のoは唇の円めがとれ舌が中央寄りになります。英語の *earth* の *ea* に似た [ə] の発音です。
4) o·は日本語のオをいくらかアに近づけた音ですが，舌と唇をもっと緊張させます。やはり唇に円めがありますので注意して下さい。
5) ngとmは鼻音子音ですが，単母音とおなじ扱いをします。ngは舌の奥を上顎に当て息を鼻へ抜いて「ング」と発音します。日本語のいわゆる鼻濁音「が」[ŋa]の前半の発音です。mは唇を閉じて息を鼻から抜いた「ム」です。ng, mともに後ろに母音をつけてはいけません。

(2) 二重母音

単母音の組み合わせで次のような二重母音となります。二重母音と三重母音にo·は現れません。

	a	i	u	e	o
a	／	ai [ai]	au [au]		
i	ia [ia]	／	iu [iu]		io [io]
u		ui [ui]	／		
o	oa [oa]			oe [oe]	／

発音篇

1-
05▶ **(3) 三重母音**

三重母音は次の2つだけです。

oai [oai]　　　　iau [iau]

06▶ **(4) 母音と鼻子音の組み合わせ**

母音と音節末尾鼻子音 m, n, ng の組み合わせで、複雑な発音を構成します。

	a	i	u	e	o	ia	oa	io
m	am [am]	im [im]				iam [iam]		
n	an [an]	in [in]	un [un]			ian [iɛn]	oan [oan]	
ng	ang [aŋ]			eng [Iŋ] [iəŋ]	ong [ɔŋ]	iang [iaŋ]		iong [iɔŋ]

1) m, n, ng の音は互いによく似ていますから、注意深く練習して下さい。m は唇を閉じて息を鼻へ抜きます。n は舌の先を上の歯の付け根あたりに当てて息を鼻へ抜きます。ng は舌の奥の面を上顎に当てて息を鼻へ抜きます。それぞれ日本語のム、ヌ、ングに似ていますが、みな子音ですから母音ウを添えて発音しないように注意して下さい。むしろ英語の、*sim* [sim], *sin* [sin], *sing* [siŋ] の *-m*, *-n*, *-ng* の発音に近いのです。

2) ian の実際の発音は [ian] ではなくて、[iɛn] (イエヌ)、あるいは [i] が弱化脱落して [ɛn] (エヌ) のようになります。綴りどおりに読みませんから、注意して下さい。

3) eng の実際の発音はなかなか複雑で、訛りによっておよそ二とおりの発音があります。ひとつは [Iŋ] です。この [I] は「イ」の緩んだ音で、「エ」に近い「イ」です。日本語の東北方言の「イ」に近いかも知れません。もうひとつは [iəŋ] で、[i] と [ŋ] のあいだに中舌曖昧母音の [ə] がわずかに入り、一種の二重母音となります。台北の発音は前者が比較的多く、南部の発音は後者が比較的多いと思われます。

4) ong と iong の o は o [o] ではなく，o‧ [ɔ] の音です。口を広めに開けて発音するようにして下さい。

(5) 母音と子音の組み合わせ

母音と音節末尾子音 p, t, k の組み合わせで，複雑な発音を構成します。

	a	i	u	e	o	ia	oa	io
p	ap [ap]	ip [ip]				iap [iap]		
t	at [at]	it [it]	ut [ut]			iat [iɛt]	oat [oat]	
k	ak [ak]			ek [ɪk]/ [iək]	ok [ɔk]	iak [iak]		iok [iɔk]

1) 音節末尾子音 p, t, k はそれぞれの調音点(p は唇，t は舌先，k は奥舌面)で閉鎖しますが，閉鎖の後，破裂させてはいけません。日本語の「いっぺん」[ippeN]，「いったい」[ittai]，「やっかい」[yakkai」というとき，促音「ッ」で止めてしまえば，それぞれ台湾語の ip, it, iak に似た音が出ます。

2) iat の実際の発音は [iat] ではなくて，[iɛt]（イエッ），あるいは [i] が弱化脱落して [ɛt]（エッ）のようになります。綴りどおりに読みませんから，注意して下さい。これは ian を [iɛn] あるいは [ɛn] と読むのと同じ現象です。

3) ek の発音は [ɪk] あるいは [iək] で，後者なら二重母音です。これは eng の読み方が [ɪŋ] あるいは [iəŋ] であるのと並行した現象です。

4) ok と iok の o は o [o] ではなく，o‧ [ɔ] の音です。口を広めに開けて発音するようにして下さい。

発音篇

【練習】

繰り返し読んでみましょう。

1-
08▶ (1) u　u　u　u　u

09▶ (2) o　o˙　o　o˙　o　o˙　o　o˙　o　o˙

10▶ (3) m　ng　m　ng　m　ng　m　ng　m　ng

11▶ (4) a　i　u　e　o　ai　au　ia　iu　io　ui　oa　oe　oai　iau

12▶ (5) iu　iu　iu　iu　iu　io　io　io　io　io　ui　ui　ui　ui　ui

13▶ (6) ian　iat　ian　iat　ian　iat　ian　iat　ian　iat

14▶ (7) eng　ek　eng　ek　eng　ek　eng　ek　eng　ek

15▶ (8) ong　ok　iong　iok　ong　ok　iong　iok　ong　ok　iong　iok　ong　ok　iong　iok　ong　ok　iong　iok

16▶ (9) am　ap　an　at　ang　ak　iam　iap　ian　iat　iang　iak　im　ip　in　it　eng　ek

17▶ (10) am　ap　im　ip　iam　iap　an　at　in　it　un　ut　ian　iat　oan　oat　ang　ak　eng　ek　ong　ok　iang　iak　iong　iok

第3課　子音

	無声無気音	無声有気音	有声音	鼻音	摩擦音
両唇	p [p]	ph [pʻ]	b [b]	m [m]	
舌先	t [t]	th [tʻ]	l [l]([d])	n [n]	
奥舌	k [k]	kh [kʻ]	g [g]	ng [ŋ]	
歯茎	ch [ts] [tʃ]	chh [tsʻ] [tʃʻ]	j [dz] [dʒ]		s [s] [ʃ]
声門					h [h]

1）ここでいう子音とは音節の最初に来る子音のことです。

2）lの発音はやかましく言えば [l] と [d] の中間の音（やや破裂が加わった [l] の音）ですが、[l] で代用してかまいません。

3）歯茎音は後ろの母音次第で2種類の読み方をします。すなわち、後ろの母音が-i-あるいは-eng(-ek)ならば、

　　ch [tʃ]
　　chh [tʃʻ]
　　j [dʒ]
　　s [ʃ]

と読み、それ以外の母音ならば

　　ch [ts]
　　chh [tsʻ]
　　j [dz]
　　s [s]

と読みます。

発音篇

【練習】

読んでみましょう。

pi	pa	phi	pha	bi	ba	mi	ma
ti	ta	thi	tha	li	la	ni	na
ki	ka	khi	kha	gi	ga	ngi	nga
chi	cha	chhi	chha	ji	ju	si	sa
hi	ha						

第4課　　　　　　　　　　　　　　　　　鼻音化音節

　台湾語には鼻にかけて発音する音節があります。右肩の小文字の ^{n} はその音節が鼻音化音節であることを示します。

1-20▶ a^n [ã]　i^n [ĩ]　e^n [ẽ]　o·^{n} [ɔ̃]　ai^n [ãĩ]　au^n [ãũ]　ia^n [ĩã]
iau^n [ĩãũ]　iu^n [ĩũ]　ui^n [ũĩ]　oa^n [õã]　oai^n [õãĩ]

1）鼻音化されるのは実際には母音の部分だけですが，音節全体を鼻音化するようなつもりで，音節の立ち上がりから強く鼻にかけて発音します。
2）台湾語では子音が鼻音 m, n, ng のとき，後ろの母音は自動的に鼻音化されるので，鼻音化記号 ^{n} は省略します。たとえば，

21▶ moa [mõã]
　　nai [nãĩ]
　　ngiau [ŋĩãũ]

【練習】
繰り返し読んでみましょう。

22▶ (1) a　a^n　i　i^n　e　e^n　o·　o·^{n}　ai　ai^n　au
au^n　ia　ia^n　iau　iau^n　iu　iu^n　ui　ui^n　oa
oa^n　oai　oai^n

23▶ (2) sa　sa^n　si　si^n　sia　sia^n　siu　siu^n　soa　soa^n
he　he^n　ho·　ho·^{n}　hai　hai^n　hau　hau^n　hoai
hoai^n

24▶ (3) ma　mi　me　mo·　mai　mau　mia　mui　moa
moai　na　ni　ne　nai　nau　nia　niau　niu
noa　nga　ngi　ngo·　ngai　ngau　ngia　ngiau

発音篇

第5課　　　　　　　　　　　　　　　　　断音

　断音とは音節を短かめに，そして音節の終わりで息を断ち切るように発音するもの(すなわち，スタッカート)を言います。音節の末尾にhをつけて表します。

1-25▶ ah [a ʔ]　ih [i ʔ]　uh [u ʔ]　eh [e ʔ]　oh [o ʔ]　o·h [ɔ ʔ]
aih [ai ʔ]　auh [au ʔ]　iah [ia ʔ]　iuh [iu ʔ]　ioh [io ʔ]
iauh [iau ʔ]　uih [ui ʔ]　oah [oa ʔ]　oeh [oe ʔ]　oaih [oai ʔ]

　鼻音化音節も断音になることがあります。その時は鼻音化記号nは断音記号hの右肩につけます。たとえば，

26▶ ahⁿ [ã ʔ]　ehⁿ [ẽ ʔ]　aihⁿ [ãĩ ʔ]　iahⁿ [ĩã ʔ]　iauhⁿ [ĩãũ ʔ]
oaihⁿ [õãĩ ʔ]

【練習】
繰り返し読みましょう。

27▶ (1) a　ah　ahⁿ　i　ih　u　uh　e　eh　ehⁿ　o
oh　o·　o·h
ai　aih　aihⁿ　au　auh　ia　iah　iahⁿ　iu　iuh
io　ioh
iau　iauh　iauhⁿ　ui　uih　oa　oah　oe　oeh
oai　oaih　oaihⁿ

28▶ (2) sah　sih　suh　seh　siah　sioh　soah　soeh
hah　hiah　hiauh　huih　hioh　hoah　hoeh　sahⁿ
hiahⁿ
meh　mo·h　nih　ngeh　ngauh　ngiauh　ngoeh

第 6 課　　　　　　　　　　　　成音節子音

m と ng は単独で，あるいは子音とともに音節を作ることができます。

1-29 ▶ m [m̩]　　hm [hm̩]
ng [ŋ̍]　　chng [tsŋ̍]　　chhng [tsʻŋ̍]　　hng [hŋ̍]　　kng [kŋ̍]
khng [kʻŋ̍]　mng [mŋ̍]　nng [nŋ̍]　png [pŋ̍]　phng [pʻŋ̍]
sng [sŋ̍]　tng [tŋ̍]　thng [tʻŋ̍]

これらの音節が断音となることもあります。ただし，まれにしか用いられません。

30 ▶ 　　hmh [hm̩ ˧˩]
　　sngh [sʻŋ̍ ˧˩]

【練習】

31 ▶ 繰り返し読みましょう。
m　　hm　　hmh　　ng　　hng　　mng　　nng　　sng　　sngh

発音篇

第7課　　無気音, 有気音, 有声音

　台湾語の子音のうち, 破裂音と破擦音には有声音と無声音の区別があり, 無声音にはさらに有気音と無気音に分かれます。

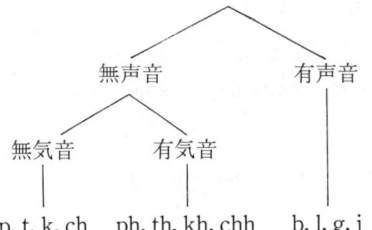

```
              無声音            有声音
           ┌────┴────┐
         無気音     有気音
```

1-32▶　p, t, k, ch　ph, th, kh, chh　　b, l, g, j

1）有声音とは声(声帯の振動)がある音のことで, 俗に濁音といわれるものです。無声音は発音時に声帯の振動を伴わない, 俗に清音といわれるものです。無声音のうち有気音はかなり激しい息の流出を伴いますが, それに対して無気音は息の流出を押さえ気味に弱く発音します。日本語でパパという場合に前のパの子音は有気音に, 後ろのパの子音はは無気音に聞こえます。英語の *peak* の p は有気音で, *speak* の p は無気音だといわれています。ただし, 台湾語の有気音は日本語や英語のそれに比べてもっと強い息の音が聞かれます。

2）有声音は日本語の濁音のように発音すればいいでしょう, ただし, l は舌先を歯茎に接触させた一般的な側面音 [l] でかまいません。無理に [d] のように発音する必要はないでしょう。また, 鼻音 m, n, ng も本当は有声音の一種ですが, 息が鼻へ抜ける点が普通の有声音と異なります。

3）j の音を全然使わない人も多くいます。そのような人は, 大部分の j を l で(一部分は g で)代替して発音しています。

第 7 課

【練習】

有気音と無気音を区別できるようになるまで繰り返し読みましょう。

(1)
pa	pha	ba
pe	phe	be
pu	phu	bu
po	pho	bo
po·	pho·	bo·
pi^n	phi^n	mi
pia^n	phia^n	mia
poa^n	phoa^n	moa
pau	phau	bau
pang	phang	bang
peng	pheng	beng
pian	phian	bian
pin	phin	bin
poan	phoan	boan
poe	phoe	boe
pong	phong	bong
pun	phun	bun
png	phng	mng

(2)
tah	thah	lah
tih	thih	lih
te	the	le
to	tho	lo
to·	tho·	lo·
tai	thai	lai
tian	thian	lian
tiam	thiam	liam
tiong	thiong	liong
tio	thio	lio
tin	thin	lin

toe	thoe	loe
toan	thoan	loan
tui	thui	lui
tun	thun	lun
tia^n	thia^n	nia
tiu^n	thiu^n	niu
toa^n	thoa^n	noa
tng	thng	nng

(3)

ka	kha	ga
kau	khau	gau
kan	khan	gan
kiau	khiau	giau
kim	khim	gim
kin	khin	gin
keh	kheh	geh
ko·	kho·	go·
koan	khoan	goan
kong	khong	gong
keng	kheng	geng
ka^n	kha^n	nga
kia^n	khia^n	ngia
kng	khng	

(4)

chi	chhi	ji
chiah	chhiah	jiah
chiau	chhiau	jiau
chiam	chhiam	jiam
chian	chhian	jian
chim	chhim	jim
chin	chhin	jin
chio	chhio	jio

chiong	chhiong	jiong
chiu	chhiu	jiu
cheng	chheng	jeng
choa	chhoa	joa
choan	chhoan	joan
choe	chhoe	joe
chu	chhu	ju
chui	chhui	jui
chun	chhun	jun
chi^n	chhi^n	ji^n
chiu^n	chhiu^n	
che^n	chhe^n	
chai^n	chhai^n	
choa^n	chhoa^n	
chng	chhng	

発音篇

第8課　　　　　　　　　　　　　　　　　　声調

　台湾語の個々の音節には声調と呼ばれる音調上の特徴があります。声調はちょうど日本語のアクセントのような役割をもっていますが，日本語のアクセントが音節と音節におけるピッチの相対的な高低パターンとして現れるのに対して，台湾語の声調は一個の音節そのものが一定のピッチ，あるいはピッチ・カーブをもっているという点に違いがあります。そのため台湾語ではたとい単音節語であってもその音節がどの種類の声調に属するかということが重要になります。たとえば，代名詞「かれ」はiで，名詞「椅子」はíですが，このふたつの単語の違いは声調の違いによってのみ区別されています。

1-37▶　台湾語の声調は以下の7種類です。

	名称	記号	調音方法
a	第1声	無し	高く平らに
á	第2声	´	高いところから急激に下降
à	第3声	`	低く下降気味に
ah	第4声	無し	中間の高さで短促に
â	第5声	^	中間の高さから緩やかに上昇
ā	第7声	–	中間の高さで平に
a̍h	第8声	ǀ	高く短促に

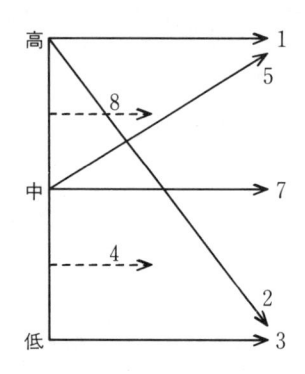

第8課

> **注意**

1）第6声は伝統的に欠番になっています。なぜ第6声が存在しないかという疑問に対する学問的な理由はありますが，実用の上では気にしなくてかまいません。また，声調の種類を表す際，声調記号のほかにこの数字による呼称を使うこともありますので必ず合わせて記憶して下さい。

2）中間の高さと言ったのは，話す時の自分の声の平均的な高さ（人によって異なる）のことです。「高」はそれよりもできるだけ（不自然にならない程度に）高く，「低」はそれよりもできるだけ低く出します。

3）第1，2，3，5，7声と第4，8声では実は音節の質が異なります。前者は一般の音節ですが，後者の第4声と第8声は，音節末尾に子音 p, t, k をもつ音節，および記号 h のついた断音音節にのみ現れます。また，この種の音節は第4声か第8声のいずれかの声調しかもちません。そのため，一般の声調よりも短くてつまるような感じの断音調となります。

4）第1声と第4声はともに声調記号をつけず無印で表しますが，それでもこの両者は紛れることなく区別できます。すなわち，音節末尾に p, t, k, h のいずれかがあれば，それは第4声であり，それ以外はすべて第1声です。

5）声調記号は音節上のどの位置に付ければよいのでしょうか。それには習慣上つぎのような原則があります。

1．母音の上につける。例：chéng
2．母音がなければ鼻音の上につける。例：m̄, hñg
3．複母音の場合は，音節の終わりから2字目の上につける。例：góa, goán
4．i を含む複母音の場合は，i の隣の母音字の上につける。例：kiû, kùi, koāi

発音篇

【練習】

声調に慣れるまで繰り返し読んで下さい。

(1) a　　e　　i　　o　　o·　　u
　　á　　é　　í　　ó　　ó·　　ú
　　à　　è　　ì　　ò　　ò·　　ù
　　ah　 eh　 ih　 oh　 ok　　uh
　　â　　ê　　î　　ô　　ô·　　û
　　ā　　ē　　ī　　ō　　ō·　　ū
　　a̍h　 e̍h　 i̍h　 o̍h　 o̍k　 u̍h

(2) 1) ho　　kho　　saⁿ　　thiaⁿ　　koaⁿ　　chhia　　lam　　khin
　　　lim　　khang　　hong　　peng

　　2) té　　chhiú　　káu　　chóa　　chiáu　　siá　　bóe　　piáⁿ
　　　lán　　kún　　ióng　　ńg

　　3) khì　　sàu　　phòa　　kùi　　chhùi　　tiò　　khòaⁿ
　　　tiàm　　khùn　　siòng　　chhèng　　sǹg

　　4) bah　　phah　　khah　　koah　　khoah　　thih　　sip
　　　kip　　chhut　　bat　　sak　　phak

　　5) lâi　　pûi　　gû　　nî　　miâ　　kiô　　thâu　　chhân
　　　lâm　　hîm　　iâm　　tn̂g

　　6) kāu　　khiā　　kū　　chhē　　chōe　　chhī　　niū　　tāng
　　　bīn　　chhēng　　mn̄g　　pn̄g

　　7) ta̍h　　the̍h　　joa̍h　　lia̍h　　tio̍h　　poa̍h　　thia̍p　　lia̍p
　　　ji̍t　　cha̍t　　tha̍k　　chha̍k

第9課　　　　　　　　　　　　　　　　　　　　転調

1) これまで練習してきたのは一つの音節の読み方でしたが，この課では音節と音節が繋がる時の読み方を練習します。音節の連続には多音節語(複合語を含む)とフレーズの2種類があります。多音節語は音節と音節の間にハイフンを入れて示します。フレーズは単語と単語の間にブランクが入ります。例えば，

　　gín-á　　　　　　(子供)
　　Tâi-oân　　　　　(台湾)
　　Tâi-oân-ōe　　　 (台湾語)

以上，単語。

　　chia̍h pn̄g　　　　(御飯を食べる)
　　khì Tâi-oân　　　 (台湾に行く)
　　kóng Tâi-oân-ōe　(台湾語を話す)

以上，フレーズ。

2) 台湾語の多音節語あるいはフレーズは，その最後の音節を除く全ての音節の声調がほかの種類の声調に変わります。ひとつの声調が別の声調に転ずるので転調(あるいは変調)などと呼ばれます。そして転調する前の本来の声調は本調(あるいは原調)と呼ばれます。台湾語の転調のしかたはきわめて規則的です。下に二音節語を例として転調の規則を示します。すべて前の音節が転調，後ろの音節が本調となります。ふつう転調は表記されませんが，練習のために特にこれを指示するときは，転調した音節の右肩に数字で転調を付記します。その場合，声調記号はその音節の本調です。

転調規則

第1声→第7声
　　sian^7-si^n(先生)，chin^7 chōe(とても多い)

第2声→第1声
　　gín^1-á(子供)，siá^1 phoe(手紙を書く)

第3声→第2声
　　chhiù^{n2} koa(歌を歌う)，pò^2-chóa(新聞)

発音篇

第4声(p, t, k)→第8声
chhit⁸-thô(遊ぶ), kok⁸-ka(国家)

第4声(h)→第2声
khe(h)²-thiaⁿ(応接間), sio(h)² kiáⁿ(子供を可愛がる)

第5声→第3声
Tâi³-oân(台湾), jîn³-khì(人気)

第7声→第3声
gōa³-kok(外国), tāi³-chì(出来事)

第8声(p, t, k)→第4声
tha̍k⁴-chu(勉強する), li̍p⁴-hoat(立法)

第8声(h)→第3声
chia̍(h)³ pn̄g(御飯を食べる), pe̍(h)³-chhài(白菜)

1-42▶ 3) 3音節以上の音節連続体の場合も，最後尾の音節を除くすべての音節が転調規則に従って転調します。たとえば，

lo̍k⁴-iáⁿ¹-tōa	ビデオ
khòaⁿ² lo̍k⁴-iáⁿ¹-tōa	ビデオを見る
ài² khòaⁿ² lo̍k⁴-iáⁿ¹-tōa	ビデオを見るのを好む

43▶ 注意

1) 北部方言と南部方言では第5声の転調先が異なります。台北を中心とした北部方言の話し手の多くは上のように，

第5声→第3声
Tâi³-oân(台湾), jîn³-khì(人気), kiâⁿ³ lō·(道を歩く)

と転調します。
これに対して台南に代表される南部方言では，

第5声→第7声
Tâi⁷-oân(台湾), jîn⁷-khì(人気), kiâⁿ⁷ lō·(道を歩く)

のようになります。どちらの方式で発音してもかまいませんが，本書では北部の転調を採用しています。

2) 第4声と第8声は，その音節が断音(-h)であるか，あるいは，-p, -t, -k のいずれかを音節末尾にもつものであるかによって，転調の仕方が異なり

ます。
(1) -h
　　第4声→第2声
　　第8声→第3声
と転調し，しかも -h がとれて普通の音節となります(そのことを上例では (h) で表してあります)。
(2) -p, -t, -k
　　第4声→第8声
　　第8声→第4声
となります。

台湾語転調図

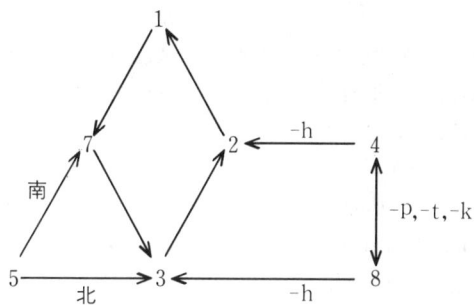

```
            1
           ↗↖
          ↗  ↘
         7    2  ←-h  4
      南 ↑    ↑        ↕ -p,-t,-k
         ↓    ↓
         5 →  3  ←      8
           北        -h
```

【練習】

1 転調に注意して繰り返し読みましょう。

(1) 1 → 7

khui⁷ hoe	花が咲く	seng⁷-lí	商売
chhia⁷-phiò	切符	o·⁷-sek	黒色
kiaⁿ⁷ lâng	びっくりする	hiaⁿ⁷-tī	兄弟
tong⁷-tit	当直		

(2) 2 → 1

sé¹ saⁿ	洗濯する	chá¹-khí	朝
hó¹-ì	好意	kín¹-kip	緊急の
kái¹-liông	改良する	chú¹-pn̄g	炊事する
pún¹-jit	本日		

発音篇

1-
46▶ (3) 3 → 2

chhiǔ^{n2} koa	歌を歌う	chhìn²-chhái	気にしない
thâi²-thâi	奥さん	khòa^{n2}-hoat	見方
chhâi²-thâu	だいこん	khì²-hāu	気候
kàu²-io̍k	教育		

47▶ (4) 4 (-p, -t, -k) → 8

kok⁸-ka	国家	kiat⁸-kó·	結果
hok⁸-khì	しあわせ	chhut⁸-hoat	出発する
that⁸ kiû	ボールを蹴る	pak⁸-pō·	北部
sit⁸-gia̍p	失業する		

48▶ (5) 4 (-h) → 2

toh²-kun	テーブルクロス	thih²-bé	自転車
kheh²-khì	遠慮する	cheh²-thoah	粗末にする
phah² kiû	球を打つ	chhiah²-lī	赤痢
khioh²-ka̍k	救い難い		

49▶ (6) 5 → 3 (北部の転調)

gû³-leng	牛乳	tê³-kó·	薬缶
sûn³-chhùi	純粋な	lâng³-kheh	お客
gâu³-lâng	偉い人	kiâ^{n3} lō·	道を歩く
lông³-le̍k	農暦(旧暦)		

50▶ 5 → 7 (南部の転調)

gû⁷-leng	牛乳	tê⁷-kó·	薬缶
sûn⁷-chhùi	純粋な	lâng⁷-kheh	お客
gâu⁷-lâng	偉い人	kiâ^{n7} lō·	道を歩く
lông⁷-le̍k	農暦(旧暦)		

51▶ (7) 7 → 3

chē³ chhia	車に乗る	kāng³-khoán	同じ
tāi³-chì	事	gōa³-kok	外国
chū³-iû	自由	lāi³-bīn	なか
m̄³ tio̍h	間違っている		

第9課

(8) 8 (-p, -t, -k) → 4

thȧk⁴-chu	勉強する	bȧk⁴-chúi	インク
chȧp⁴-chì	雑誌	hȧp⁴-chok	協力する
jit⁴-thâu	太陽	hȧk⁴-hāu	学校
tȧk⁴-jit	毎日		

(9) 8 (-h) → 3

joȧh³-thi^n	夏	loėh³-á	笠
chiȧh³ chhài	菜食する	lȧh³-chek	蠟燭
tiȯh³ chî^n	金がかかる	chiȯh³-bō	碾き臼
liȧh³ chhȧt	泥棒を捕まえる		

2 多音節語の転調を練習しましょう。

Jit⁴-pún	日本	tāi³-hȧk	大学
Jit⁴-pún¹-lâng	日本人	tāi³-hȧk⁴-seng	大学生
chhit⁸-thô	遊ぶ	tiān³-iá^n	映画
chhit⁸-thô³-mih	おもちゃ	tiān³-iá^{n1}-koán	映画館
lȯk⁴-im	録音する		
lȯk⁴-im⁷-ki	テープレコーダー		

loān³-loān³-chhau⁷-chhau	取り散らかっている
chheng⁷-khì²-tam⁷-tam	ピカピカと磨きあげて清潔である
lâi³-lâi³-óng¹-óng	大勢の人が行き来する
pah²-hè²-kong⁷-si	デパート
khong⁷-tiong⁷-sió¹-chiá	スチュワーデス

発音篇

第10課 特殊な転調, 軽声, 連音変化

(1) 特殊な転調

台湾語では単音節の形容詞(および一部の動詞)を3つ重ねて意味を強調することがよくあります。このとき, 形容詞は特別な転調をします。その原則は,

(1) 最後の音節は転調しない。
(2) 第2音節は一般の転調規則に従う。
(3) 第1音節は, 本調が第1, 5, 7, 8声では第5声をさらに急上昇させた調子で強く発音する(ここでは仮に5で表してある)。本調が第2, 3, 4声の場合は転調規則に従うが, ただし, 強いストレスをかけて発音する。また, 第3声はさらに強調されて第1声になることがある。

第1声 → 5 + 7 + 1
   kng⁵-kng⁷-kng   とっても明るい
   sin⁵-sin⁷-sin   真新しい

第2声 → 1 + 1 + 2
   té¹-té¹-té   とっても短かい
   léng¹-léng¹-léng   とっても冷たい

第3声 → 2(1) + 2 + 3
   chhàu²-chhàu²-chhàu   とっても臭い
   tùi¹-tùi²-tùi   とってもよく合っている

第4声 → 8/2 + 8/2 + 4
   oh²-oh²-oh   とっても難しい
   kip⁸-kip⁸-kip   気がとっても急

第5声 → 5 + 3 + 5
   âng⁵-âng³-âng   真っ赤
   koân⁵-koân³-koân   とっても高い

第7声 → 5 + 3 + 7
   tōa⁵-tōa³-tōa   でっかい
   kū⁵-kū³-kū   とっても古い

第8声 → 5+4／3+8

  peh⁵-peh³-peh   真っ白
  tit⁵-tit⁴-tit   まっすぐ

(2) 軽声

連続した音節(おもに複合語，フレーズ)において，前の音節が本調を保持することがあります。このとき，後ろの音節は低降りの短い調子(第3声を軽く短く発音したような調子)で発音されます。この調子は「軽声」と呼ばれています。もし，ある単語に軽声が含まれるとき，その軽声の前にダブル・ハイフンを置いて，それ以降の音節が軽声であることを指示します。もちろん，単語の中でなければハイフンは使われませんから，単語以外の音節連続では軽声は指示できません。本書では発音練習のために，特に軽声を指示するときは0で表すことにします。

例：

āu--jit⁰   明後日 (cf. āu³-jit 後日)
kiaⁿ--sí⁰   びっくりする (cf. kiaⁿ⁷-sí 臆病な)
chhut--khì⁰   出ていく
cháu--chhut⁰-khì⁰ 走り出ていく
khòaⁿ chit⁰-ē⁰ ちょっと見る

このほか，文末の助詞もしばしば軽声で現れます。文末の助詞の大部分は軽声以外で現れることがありませんから，それらの本調がなにであるかは決定できません。

例：

Ū a⁰! あるさ。
Bô la⁰! ないよ。

(3) 連音変化

音節と音節が緊密に結びついたとき，ある音(特に後ろの音節の頭子音)が前後の音の影響で別の音に転化することがあります(日本語のいわゆる連濁もその一種と考えられる)。これを連音変化といいます。台湾語の連音変化は細かく観察すればかなり複雑なものがありますが，それらは実際の勉強の中でおいおい会得していただくとして，ここではきわめて重要なも

発音篇

のをひとつだけ紹介しておきます。

すなわち，前の音節が-t で終わり，しかも，後ろの音節が母音で始まるとき，その母音の前に l-が加わります。

例：

poa̍t-á	→	poa̍t-lá	グアヴァ
chit-ê	→	chit-lê	この
pa̍t-ūi	→	pa̍t-lūi	よそ

【練習】

1-58▶ 1　転調に注意して繰り返し読みましょう。

(1) koai-koai-koai　　　　　とってもおとなしい
　　sio-sio-sio　　　　　　とっても熱い
　　chheng-chheng-chheng　とっても澄んでいる
　　sin-sin-sin　　　　　　とっても新しい
　　kng-kng-kng　　　　　とっても明るい
(2) kôaⁿ-kôaⁿ-kôaⁿ　　　　とっても寒い
　　koân-koân-koân　　　とっても高い
　　pîⁿ-pîⁿ-pîⁿ　　　　　まっ平らだ
　　n̂g-n̂g-n̂g　　　　　まっ黄色だ
　　âng-âng-âng　　　　真っ赤だ
(3) kāu-kāu-kāu　　　　　とっても厚い
　　gōa-gōa-gōa　　　　ずっと外の方だ
　　lāu-lāu-lāu　　　　　とっても年老いている
　　kū-kū-kū　　　　　　とっても古い
　　tōa-tōa-tōa　　　　　でっかい
(4) oa̍h-oa̍h-oa̍h　　　　　生き生きしている
　　ti̍t-ti̍t-ti̍t　　　　　　まっすぐだ
　　ba̍t-ba̍t-ba̍t　　　　　ぴったりと隙間がない
　　ku̍t-ku̍t-ku̍t　　　　　すべすべしている
　　pe̍h-pe̍h-pe̍h　　　　　真っ白だ
(5) té-té-té　　　　　　　とっても短い
　　léng-léng-léng　　　　とっても冷たい

第 10 課

chéng-chéng-chéng	腫れ上がっている
(6) chhàu-chhàu-chhàu	とっても臭い
chiāⁿ-chiāⁿ-chiāⁿ	まったく正しい
tùi-tùi-tùi	とってもよく合っている
(7) oh-oh-oh	とっても難しい
kip-kip-kip	とっても焦っている
hoat-hoat-hoat	ふっくらしている

2 軽声に注意して繰り返し読んでみましょう。

au--jit	明後日	āu-jit	後日
au--nî	再来年	āu-nî	他年
bô--khì	亡くなった	bô³ khì	行かなかった
hó--khì	好くなった	hó¹ khì	行くのによい
khòaⁿ--tio̍h	見た	khòaⁿ-tio̍h	見たところでは
kòe--khì	過ぎる	kòe-khì	過去
Bóe bô͘?	買ったか？	bóe-bô	買えない
jit--sî	昼間		
mî--sî	夜		
phah--khui	開く		
jip--lâi	入ってくる		
khiā--khí-lâi	立ち上がる		
lo̍h--khì	降りて行く		
tih--lo̍h-lâi	滴り落ちてくる		

3 連音変化に注意しながら読んでみましょう。

chhat-á	掛け軸	ku̍t-á	つるはし
chha̍t-á	泥棒	poa̍t-á	グアヴァ
tit-á	甥	chit-sut-á	ほんのちょっと
chit-ê	この	hit-ê	あの
chit-ē	ちょっと	pa̍t-ūi	よその

コラム

㋙㋶㋰ 台湾語の教会ローマ字

　1842年，阿片戦争に敗れた結果，清国は南京条約によって「五口」（上海，寧波，福州，厦門，広州）を開くこととなった。これを契機にキリスト教の伝導が活発になり，大勢の宣教師達が中国各地に入っていった。宣教師達の重大な関心の一つは聖書の普及であった。聖書を翻訳して中国の大衆に与えなければならないが，かれらが各地で見出したのは読み書きの出来ない巨大な文盲の群れであった。聖書は各地の話し言葉に翻訳されなければならない。しかし，一つには方言には漢字で書き表せない語がたくさんあり，従って漢字文による翻訳が困難であること，また一つにはたとい翻訳できたとしても民衆の識字能力が極めて低くて普及が望めないこと，この二つの理由から，ローマ字を用いた方言語文をもって翻訳するにしくはないと考えられた。かくして，厦門，汕頭，海南，興化，福州，上海，客家，台州，温州，官話等の方言ローマ字が陸続と考案され聖書をはじめとする教会関係の文書の翻訳，叙述に用いられた。これらのローマ字システムを統称して教会ローマ字と呼ぶ。

　教会ローマ字が最も早く行われたのは厦門で，牧師 Talmage の考案になる厦門音ローマ字法はこの地域におおいに普及した。しかし，教会ローマ字の淵源は実はもっと古く，1837年出版の Medhurst 編になる閩南語字典，A dictionary of Hokkëen dialect であると思われる。これは福建省漳浦の発音に基づく漳州方言の字典である。そのローマ字システムは後の教会ローマ字とかなり様相を異にするが，教会ローマ字の骨幹はメダーストのこのシステムを継承していることは間違いない。

　台湾において教会ローマ字をもって口語文を表すことを唱えた嚆矢は1865年に台湾にやってきたイギリス人宣教師 James Maxwell であるが，教会ローマ字普及の最大の功労者は少し遅く1874年に台南に渡り，60年もの間台湾での布教活動に従事した Thomas Barclay である。バークレーは台南において「台湾府城教会報」というローマ字新聞を発行し，ローマ字文普及のためにおおいに力を尽くした。教会ローマ字新旧約聖書はバークレーが厦門で中国人牧師と一緒に翻訳したもので，1932年に出版され，現在に至ってなお行われている。かれは長年の経験を概括して，「台湾の教区ではローマ字をすでに60年使っているが，なんの困難もない。少なくとも

漢字を使うより困難はずっと少ない。九千人ほどの信者をもつある教会のなかで、漢字の読者は1280人、ローマ字の読者は7400人であるが、ローマ字の読者は増加の趨勢にある。なぜなら、日曜学校では子供達は教会ローマ字で勉強しているからである」と述べた。

教会ローマ字は教会関係の文章のみならず、中国古典の注解、歴史書、地理書といった一般的な教養書に使われることも多かったし、ローマ字で手紙を書くことも行われた。したがって、教会という言葉を避けて、pėh-ōe-jī（白話字）とも言う。かつて台湾語、閩南語で書かれたものの中ではこの白話字による文献がもっとも多いのではないかと思われる。

辛亥革命以後、中国では教会ローマ字の勢力は急速に衰えた。その主な原因は、ローマ字システムが教会の枠を超えて外に広がるのがなかなか困難であったことと、中国の国語統一運動の勃興期に遭遇したことにある。国語運動は一種の民族的政治的運動であり、その求心的傾向は方言ローマ字のもつ地方分散的雰囲気と相容れないからである。

1930年代に入ると台湾では日本語による初等教育が徹底し、一般人の読み書きはほとんど日本語で行われるようになった。上位言語としての日本語の位置が確立したのである。このような状況下では教会ローマ字が教会から出て、一般社会に浸透することなど及びもつかないことであった。この時代、台湾語口語文の成立を目指す文学運動が一部の台湾人インテリの間に起こったが、それはインテリの微々たる抵抗運動に過ぎず、やがて日華事変の勃発とともに統督府の弾圧を受け挫折してしまった。終戦後は、中国の国語たる北京語が「国語」とされ、台湾語そのものが軽視、無視あるいは蔑視される40数年であったので、ローマ字表記の社会的影響力はますます式微した。

現在、台湾において教会ローマ字が普及しない原因はいくつか考えられる。教会ローマ字は教会内部のものという観念があること、漢字を用いる「国語」が公用文として確立しているので、そもそも台湾語で文章を書くという姿勢がないこと、漢字崇拝の中華意識、大一統主義からなかなか脱却出来ないことなどが考えられるが、もっと重要なことは、今台湾では学校教育の普及によって文盲率はほとんどゼロに近く、漢字を習得してしまった人々が同系の言語をわざわざローマ字で読み書きする煩に耐えられないのであろう、ということである。

コラム

 しかしながら，教会ローマ字には一定の利点がある。それは，見かけ上の煩雑さにもかかわらず，習得が極めて容易であり，日本語の仮名のように，文字としても表音の手段として(振りがな)も利用できる。語を表す適当な漢字が見当たらないときには，ローマ字でもって埋めておくことも可能である。また，多少工夫すれば各地の方言音を表記することもできる，等々。

 将来，台湾語の正書法がどのようになるかは誰も予測できないが，たとい正書法として完全な漢字表記が採用されたとしても，漢字には表音が必要なわけであり，このローマ字システムあるいはその改良システムが需要性を失うことはまずないであろう。

基 礎 篇

基礎篇

第1課

「これは(あれは)〜です」という言い方と，その否定の言い方を覚えましょう。

A: Che sī chu.

B: Che m̄-sī phō·-á.

A: Che sī toh-á.

B: Che m̄-sī í-á.

A: He sī bîn-chhn̂g.

B: He m̄-sī toh-á.

A: He sī goân-chú-pit.

B: He m̄-sī iân-pit.

■単語■

che [□]	これ(は)
he [□]	あれ(は)
sī [是]	…です
m̄-sī [唔是]	…ではない
chu [書]	本
phō·-á [簿仔]	ノート
iân-pit [鉛筆]	鉛筆
goân-chú-pit [原子筆]	ボールペン
toh-á [卓仔]	机，テーブル
í-á [椅仔]	椅子
bîn-chhn̂g [眠床]	ベッド

A: Che/是書。　　　　　　これは本です。
B: Che/唔是簿仔。　　　　これはノートではありません。
A: Che/是卓仔。　　　　　これは机です。

B: Che/唔是椅仔。 これは椅子ではありません。

A: He/是眠床。 あれはベッドです。
B: He/唔是卓仔。 あれはテーブルではありません。
A: He/是原子筆。 あれはボールペンです。
B: He/唔是鉛筆。 あれは鉛筆ではありません。

[解説]

① 台湾語の指示代名詞には日本語の「それ」に当たる特別な言い方はありません。che は英語の *this* に，he は英語の *that* に当たり，場合に応じて使い分けます。

② sī は日本語の「〜です」や英語の *be* に当たるものです。m̄ は否定を表す言葉で，これを sī の前に付けた m̄-sī で，「〜ではない」という否定の言い方となります。

■補充単語■

pit［筆］　　　　　　　　　　ペン，筆
kiû［球］　　　　　　　　　　ボール
bō-á［帽仔］　　　　　　　　帽子

注意

1) chu「本」には chheh［冊］という別の形式があって，同じようによく使われます。
2) 指示代名詞 che, he が主語となるときは，一般に，変調せず本調で発音されます。

【練習】

空所に下の単語を入れて，練習しなさい。

Che sī ＿＿＿＿＿＿．
Che m̄-sī ＿＿＿＿＿＿．
He sī ＿＿＿＿＿＿．
He m̄-si ＿＿＿＿＿＿．

(1)ペン　　(2)本　　(3)帽子　　(4)椅子　　(5)ボール

基礎篇

第2課

「これは(あれは)〜ですか」という疑問の言い方と，その答え方を覚えましょう。

A: Che sī chu ah m̄-sī?
B: Sī, che sī chu.
A: Che iā sī chu sī--bô?
B: Sī, he iā sī chu.

A: He sī o͘-pang ah m̄-sī?
B: Sī, he sī o͘-pang.
A: He mā sī o͘-pang sī--bô?
B: M̄-sī, he m̄-sī o͘-pang, sī toh-á.

■単語■

ah [抑]	あるいは，または
sī--bô [是無]	〜ですか？，〜でしょう？
iā [也]	もまた
mā [□]	もまた
o͘-pang [烏枋]	黒板

A: Che/是書/抑唔是？	これは本ですか？
B: 是，che/是書。	はい，これは本です。
A: Che/也是書/是--無？	これも本でしょう？
B: 是，he/也是書。	はい，それも本です。
A: He/是烏枋/抑唔是？	あれは黒板ですか？
B: 是，he/是烏枋。	はい，あれは黒板です。
A: He/mā 是烏枋/是--無？	あれも黒板でしょう？
B: 唔是，he/唔是烏枋，是卓仔。	いいえ，あれは黒板ではなくて，机です。

[解説]

[1] sī は肯定の答え *Yes* として,m̄-sī は否定の答え *No* として用いられます。

[2] 疑問の言い方は二とおりあります。ひとつは ah m̄-sī を後ろに付けるもので,この方式は実は,肯定の表現と否定の表現を並列して,「～であるか,それとも,～でないか」というように選択を迫る尋ね方です。否定の目的語「～」は普通省略されます。

　　Che　　sī　　iân-pit　　/ah　　m̄-sī　(iân-pit)?
　　これは鉛筆です　　　　　/**あるいは　でない（鉛筆）**

　もうひとつは sī--bô を後ろに付けるもので,英語の付加疑問のように「～ですか,そうですか」と確かめるような聞き方になります。

　　Che　　sī　　iân-pit　　/sī--bô?
　　これは鉛筆です　　　　　/**そうでしょう？**

[3] 台湾語は英語の *it* のように先に話題に上がったものを受ける言葉がありません。「それ」は che と he を適当に使い分けます。

[4] iā と mā は「～もまた」を表す同義の副詞です。ただ,mā には「これだって～だ」というように,反発の感情が多少含まれます。なお,台湾語の副詞は原則として動詞の前に置かれてその動詞を修飾します。

[5] 主語は,話し手が互いに了解済みの場合は省略可能です。

■補充単語■

chóa ［紙］　　　　　　　　　　　紙
cha̍p-chì ［雑誌］　　　　　　　　雑誌

注意

1) ah＝iah

2) sī--bô はまた sī--m̄［是唔］という言い方をする人もいます。本書は多く sī--bô を使います。sī--bô あるいは sī--m̄ の bô と m̄ はいわゆる軽声で発音されます。実際の発音は,

　　　$sī^7$--$bô^3$　　　　$sī^7$--$m̄^3$

の要領でやればいいでしょう。

【練習】

1 例に習い，名詞を入れ換えて言ってみましょう。

例 Che sī chu.
  (ah m̄-sī ?) → Che sī chu ah m̄-sī?
  (Sī)   → Sī, che sī chu.
  (M̄-sī)   → M̄-sī, che m̄-sī chu.

(1) o·-pang (2) kiû (3) bō-á (4) goân-chú-pit (5) í-á

2 例に習い，名詞を入れ換えて言ってみましょう。

例 He sī chu.
  (sī--bô ?) → He sī chu sī--bô?
  (Sī)   → Sī, he sī chu.
  (M̄-sī)   → M̄-sī, he m̄-sī chu.

(1) phō·-á (2) bîn-chhn̂g (3) chóa (4) cha̍p-chì (5) toh-á

3 例に習い，名詞を入れ換えて言ってみましょう。

例 He sī toh-á.
  (ah m̄-sī ?) → He sī toh-á ah m̄-sī?
  (Sī)   → Sī, he sī toh-á.
  (che, iā ?) → Che iā sī toh-á sī--bô?
  (M̄-sī)   → M̄-sī, che m̄-sī toh-á, sī í-á.

(1) chu, phō·-á (2) iân-pit, goân-chú-pit (3) bîn-chhn̂g, o·-pang
(4) cha̍p-chì, chu (5) chóa, pit

4 上の3で，iā のかわりに mā を使って練習してみましょう。

第3課

「これはなんですか」という尋ね方とその答え方を覚えましょう。

A: He sī nāi-chi.

B: Che iā sī nāi-chi sī--bô?

A: M̄-sī, che m̄-sī nāi-chi.

B: Che sī sím-mih?

A: Che sī gêng-géng.

A: Che sī sím-mih?

B: Che sī pió-á.

A: He mā sī pió-á sī--bô?

B: M̄-sī, he m̄-sī pió-á.

A: Bô, he sī sím-mih?

B: He sī sî-cheng.

■単語■

sím-mih [啥物]	なに
bô [無]	それじゃあ、では
nāi-chi [荔枝]	荔枝(レイシ)
gêng-géng [龍眼]	龍眼(リュウガン)
pió-á [錶仔]	腕時計,懐中時計
sî-cheng [時鐘]	置き時計,掛け時計

A: He/是荔枝。	あれは荔枝です。
B: Che/也是荔枝/是--無?	これも荔枝ですか?
A: 唔是,che/唔是荔枝。	いいえ、それは荔枝ではありません。
B: Che/是啥物?	これはなんですか?

基礎篇

A: Che/是龍眼。　　　　　　　それは龍眼です。

A: Che/是啥物？　　　　　　　これはなんですか？
B: Che/是錶仔。　　　　　　　これは腕時計です。
A: He/mā 是錶仔/是--無？　　　あれも腕時計でしょう？
B: 唔是，he/唔是錶仔。　　　　いいえ，あれは腕時計ではありません。
A: 無，he/是啥物？　　　　　　では，あれはなんですか？
B: He/是時鐘。　　　　　　　　あれは置き時計です。

[解説]

　台湾語で「なに？」を尋ねる疑問文(あるいは，一般に疑問詞を用いる疑問文)の語順は，英語のように疑問詞を文頭に操り上げる必要などないので，難しくないと思います。

■補充単語■

poa̍t-á ［□仔］　　　　グワヴァ
kam-á ［柑仔］　　　　ミカン
keng-chio ［芎蕉］　　　バナナ

注意

1）sím-mih は sáⁿ-mih, siáⁿ, siám 等のように，いろいろな言い方があります。本書はできるだけ sín-mih で通すようにしていますが，実際には多様な言い方が聞かれるでしょう。
2）gêng-géng＝lêng-géng
3）keng-chio＝kin-chio

【練習】

　(1)(2)の質問に(　)の言葉で答えてみましょう。
(1) Che sī sím-mih？
(2) He sī sím-mih？

　（nāi-chi）　（gêng-géng）　（poa̍t-á）
　（kam-á）　（keng-chio）

第4課

「わたしの……」「あなたの……」という言い方を覚えましょう。

A: Che sī sím-mih?
B: Che sī cha̍p-chì.
A: Che sī sím-mih lâng ê cha̍p-chì?
B: Che sī góa ê.

A: He sī lí ê phê-pau-á sī--bô?
B: M̄-sī, he m̄-sī góa ê, sī i ê.
A: Che sī góa ê chu-pau sī--bô?
B: M̄-sī, che m̄-sī lí ê, sī góa ê.

■単語■

góa [我]	わたくし
lí [汝]	あなた
i [伊]	彼, 彼女
ê [的]	～の
lâng [人]	人
sím-mih lâng [啥物人]	だれ
phê-pau-á [皮包仔]	バッグ, 鞄
chu-pau [書包]	学生鞄, 書類入れ鞄

A: Che/是啥物?	これはなんですか?
B: Che/是雜誌。	これは雑誌です。
A: Che/是啥物人/的雜誌?	これはだれの雑誌ですか?
B: Che/是我的。	これはわたしのです。
A: He/是汝的皮包仔/是--無?	それはあなたのバッグですか?

基礎篇

B: 唔是，he/唔是我的，是伊的。　　いいえ、それはわたしのではありません、彼女のです。
A: Che/是我的書包/是--無？　　これはわたしの鞄ですか？
B: 唔是，che/唔是汝的，是我的。　　いいえ、これはあなたのではありません、わたしのです。

[解説]

1

　　góa　　　ê　　　chu
　　わたし　　の　　本

は，chu を省略して，

　　góa　　　ê
　　わたし　　の

とすれば，「わたしのもの」という意味になります。

2 疑問詞 sím-mih「なに」と，lâng「ひと」が直接結びついた sím-mih lâng は，「だれ」という意味になります。ただし，sím-mih lâng には融合形式がいくつかあって，どれもよく使われます。 注意 を参考にして下さい。また，sím-mih は一般の名詞と比較的自由に結合します。たとえば，

Che sī sím-mih chu?　　これはなんの本ですか？
——Che sī siáu-soat.　　これは小説です。
He sī sím-mih pit?　　それはどういうペンですか？
——He sī bān-liân-pit.　　それは万年筆です。

■補充単語■

siáu-soat [小説]　　　　　　小説
bān-liân-pit [萬年筆]　　　　万年筆
siu-im-ki [收音機]　　　　　ラジオ
lòk-im-ki [錄音機]　　　　　テープレコーダー

注意

1) sím-mih lâng＝siáng, siá^n-lâng, siám
2) phê-pau-á＝phôe-pau-á

第 4 課

3) chu-pau＝chheh-pau ［册包］
4) siu-im-ki＝la-jí-o·h ［□□□］
5) bān-liân-pit＝kǹg-pit ［鋼筆］
6) siáu-soat＝sió-soat

【練習】

例に習い，（ ）の語を使って言ってみましょう。

〔例〕 Che sī chu.
　　　(sī--bô?)　　　→ Che sī lí ê chu sī--bô?
　　　(Sī)　　　　　→ Sī, sī góa ê.
　　　(M̄-sī)　　　→ M̄-sī, m̄-sī góa ê, sī i ê.

(1) bān-liân-pit (2) siáu-soat (3) siu-im-ki (4) lo̍k-im-ki (5) phō·-á

◇ラ◇ム◆台湾語の辞典(1)

　台湾語のための辞典は，兄弟方言の閩南方言辞典を含めて50種以上あるのではないか。しかしそのほとんどは内容が杜撰なため我々の使用に耐えないであろう。ほかに，学術研究のための資料的価値が高いものが何冊か存在するが，実用語学として台湾語を勉強しようとする人にはあまり適さない。現段階で我々の台湾語学習にもっとも役に立ちそうな辞典は，村上嘉英編，天理大学出版部『現代閩南語辞典』1981年，であろう。この辞典は「閩南語辞典」と銘打ってあるが実際の中身は台湾語である。表記には教会ローマ字を用いているので馴染みやすいし，南部式発音からも北部式発音からも引くことができるようになっている。また，日本語索引が完備しているので簡便な日台辞典としても使える。この際，手元に一冊置いて常時参照されるようお勧めする。なお，同編者による台湾語辞典が，東方書店より近日刊行の予定である。

　以下，参考のために学術価値の高く，現在でも比較的入手しやすい辞典を何冊か紹介してみよう。
　　　　　　　　　　　　　　　　　　　　　　　　　　（☞ P.66）

基礎篇

第 5 課

「〜は A ですか, それとも B ですか」という言い方を覚えましょう。

A: Che sī iân-pit ah sī goân-chú-pit?
B: Che sī iân-pit.
A: Sī lí ê iân-pit ah sī i ê iân-pit?
B: Sī góa ê iân-pit.

A: Che sī sím-mih lâng ê mih-kiāⁿ?
B: Che sī góa ê.
A: Án-ne, he sī lí ê ah sī góa ê?
B: He sī lí ê.

■単語■

mih-kiāⁿ［物件］	もの, 荷物
án-ne［按呢］	それでは

A: Che/是鉛筆/抑是原子筆?	これは鉛筆ですか, それともボールペンですか?
B: Che/是鉛筆。	それは鉛筆です。
A: 是汝的鉛筆/抑是伊的鉛筆?	あなたの鉛筆ですか, それとも彼の鉛筆ですか?
B: 是我的鉛筆。	わたしの鉛筆です。
A: Che/是啥物人/的物件?	これはだれの物ですか?
B: Che/是我的。	これはわたしの物です。
A: 按呢, he/是汝的/抑是我的?	では, それはあなたのですか, それとも私のですか?
B: He/是汝的。	それはあなたのです。

[解説]

A *or* B の疑問文は,

 sī A ah sī B?

の形式で, A であるか B であるかを尋ねます。ah は第2課の ah m̄-si の ah とおなじ接続詞です。

■補充単語■

pò-chóa [報紙]   新聞

注意

1) mi̍h-kiāⁿ＝mn̍gh-kiāⁿ
2) án-ne＝án-ni （第3課の bô [無] と同義）

【練習】

1 下線部に(1)〜(3)の単語を入れて言ってみましょう。

 Che sī _____ ah sī _____?

 Che sī _____.

 (1) cha̍p-chì, pò-chóa (2) pió-á, sî-cheng (3) gêng-géng, nāi-chi

2 だれのものか答えてみましょう。

 He sī _____ ê mi̍h-kiāⁿ ah sī _____ ê mi̍h-kiāⁿ?

 He sī _____ ê.

基礎篇

第6課　数の言い方を覚えましょう。

　この課では数の言い方を勉強します。転調の練習にもなりますので面倒がらずに操り返し読んで下さい。転調の要領は，万を表す bān と千を表す chheng および最終音節以外はすべて転調で読むことです。例えば，

329,814（sa^{n7}-chȧp^4-jī^3-bān/káu^1-chheng/poeh^2-pah^2 it^8-chȧp^4-sì）

のようになります。

1）個数について言うときの数

1	chit	11	chȧp-it
2	nn̄g	12	chȧp-jī
3	sa^n	13	chȧp-sa^n
4	sì	14	chȧp-sì
5	gō·	15	chȧp-gō·
6	lȧk	16	chȧp-lȧk
7	chhit	17	chȧp-chhit
8	poeh	18	chȧp-poeh
9	káu	19	chȧp-káu
10	chȧp	20	jī- chȧp
		21	jī- chȧp-it
20	jī-chȧp	22	jī- chȧp-jī
30	sa^n-chȧp	23	jī- chȧp-sa^n
40	sì-chȧp	24	jī- chȧp-sì
50	gō·-chȧp	25	jī- chȧp-gō·
60	lȧk-chȧp	26	jī- chȧp-lȧk
70	chhit-chȧp	27	jī- chȧp-chhit
80	poeh-chȧp	28	jī- chȧp-poeh
90	káu-chȧp	29	jī- chȧp-káu
		30	sa^n-chȧp

100	chit-pah	1000	chit-chheng
200	nn̄g-pah	2000	nn̄g-chheng
300	saⁿ-pah	3000	saⁿ-chheng
400	sì-pah	4000	sì-chheng
500	gō·-pah	5000	gō·-chheng
600	la̍k-pah	6000	la̍k-chheng
700	chhit-pah	7000	chhit-chheng
800	poeh-pah	8000	poeh-chheng
900	káu-pah	9000	káu-chheng

10000	chit-bān
20000	nn̄g-bān
30000	saⁿ-bān
40000	sì-bān
50000	gō·-bān
60000	la̍k-bān
70000	chhit-bān
80000	poeh-bān
90000	káu-bān

[解説]

① 1と2の使い方には特色があるので注意を要します。「ひとつ，ふたつ，みっつ，……」と指折り数える時は，chit, nn̄g を使いますが，「十一，十二」は cha̍p-it, cha̍p-jī と言います。「二十」は jī-cha̍p です。「十，十一」もそれぞれ it-cha̍p [一十], it-cha̍p-it [一十一] となるはずですが，cha̍p の前の it は省略されるのが普通です。ただし，さらに百以上の位があるときは，たとえば chit-chheng chit-pah it-cha̍p it「1千1百1十1」という言い方をしてもかまいません。

基礎篇

1-78▶

11	chȧp-it	12	chȧp-jī	20	jī-chȧp
21	jī-chȧp-it	22	jī-chȧp-jī		
31	saⁿ-chȧp-it	32	saⁿ-chȧp-jī		
41	sì-chȧp-it	42	sì-chȧp-jī		
51	gō·-chȧp-it	52	gō·-chȧp-jī		
61	lȧk-chȧp-it	62	lȧk-chȧp-jī		
71	chhit-chȧp-it	72	chhit-chȧp-jī		
81	poeh-chȧp-it	82	poeh-chȧp-jī		
91	káu-chȧp-it	92	káu-chȧp-jī		

これに対して,「百,千,万」を数えるときには,やはり,chit, nn̄g を使います。

79▶

100	chit-pah	200	nn̄g-pah
1000	chit-chheng	2000	nn̄g-chheng
10000	chit-bān	20000	nn̄g-bān

したがって,たとえば,111, 112, 120, 121, 122, 211などは,

80▶

111	chit-pah (it)-chȧp-it
112	chit-pah (it)-chȧp-jī
120	chit-pah jī-chȧp
121	chit-pah jī-chȧp-it
122	chit-pah jī-chȧp-jī
211	nn̄g-pah (it)-chȧp-it
212	nn̄g-pah (it)-chȧp-jī
220	nn̄g-pah jī-chȧp
221	nn̄g-pah jī-chȧp-it
222	nn̄g-pah jī-chȧp-jī
1200	chit-chheng nn̄g-pah
11111	chit-bān chit-chheng chit-pah (it)-chȧp-it
22222	nn̄g-bān nn̄g-chheng nn̄g-pah jī-chȧp-jī

のように，万，千，百の桁に chit, nn̄g を使い，十と一の桁に it, jī を使って，それを組み合わせます。chit と nn̄g は実は単なる数でなくて分量・数量を表すので，「ふたつの百→ nn̄g×pah，ひとつの千→ chit×chheng」のように言うのです。

② 百以上の数で空位のあるときは，khòng（あるいは lêng）を空位に入れて数えます。日本語の「飛んで」とか「飛び」に当たる言い方です。

101	chit-pah khòng it
102	chit-pah khòng jī
201	nn̄g-pah khòng it
202	nn̄g-pah khòng jī
1030	chit-chheng khòng sa^n-cha̍p
2005	nn̄g-chheng khòng gō·
60200	la̍k-bān khòng nn̄g-pah
90701	káu-bān khòng chhit-pah khòng it

③「千，百，十」等の桁の下にもう数がない場合は，その桁を省略することができます。

550	gō·-(p)ah gō· ［五百五］
5500	gō·-chheng gō· ［五千五］
55000	gō·-bān gō· ［五萬五］

このとき，1と2については it と jī を使うので注意して下さい。

110	chit-pah it	220	nn̄g-pah jī
1100	chit-chheng it	2200	nn̄g-chheng jī
11000	chit-bān it	22000	nn̄g-bān jī

④「一個，二個」のように個別の物を数える場合，数えられる名詞にふさわ

基礎篇

しい量詞(助数詞,助名詞,分類詞などともいう)を後ろにつけて言います。一個の「個」や人間をひとりふたりと数えるための量詞 ê をつけて練習してみて下さい。

1-84▶

chit-ê	一個	chit-pah ê	百個
nn̄g-ê	二個	nn̄g-pah saⁿ-chȧp-jī ê	二百三十二個
saⁿ-ê	三個	lȧk-chheng gō͘-pah ê	六千五百個
sì-ê	四個	káu-bān chit-chheng ê	九万一千個

どのような名詞にどのような量詞を使ったらよいかは,第7課で練習します。

⑤ 21から99までの数(30, 40, 50……等を除く)は,chȧp [十] を省いて唱えることができます。ただし,量詞をつける場合は chȧp を省いてはいけません。もし chȧp を省略すれば saⁿ-sì ê は「三,四個」,chhit-poeh ê は「七,八個」の意味になります。

85▶

21	jī-it	32	saⁿ-jī	48	sì-poeh	56	gō͘-lȧk
69	lȧk-káu	73	chhit-saⁿ	81	poeh-it	94	káu-sì

⑥ このうち20(二十)と40(四十)には縮約形式 jih, siap があります。

86▶

21	jih-it		41	siap-it
22	jih-jī		42	siap-jī
23	jih-saⁿ		43	siap-saⁿ
24	jih-sì		44	siap-sì
25	jih-gō͘		45	siap-gō͘
26	jih-lȧk		46	siap-lȧk
27	jih-chhit		47	siap-chhit
28	jih-poeh		48	siap-poeh
29	jih-káu		49	siap-káu

221　　nn̄g-pah jih-it　　　　　442　　sì-pah siap-jī

これらは縮約形式であって，chap [十] の省略ではないので，

jih-it ê	21個（人）
jih-jī ê	22個（人）
siap-gō· ê	45個（人）
siap-káu ê	49個（人）

のように使うこともできます。

7 「百，千，万」の前の chit [一] は省略可能です。

pah-it	[百一] 110	pah-jī	[百二] 120
chheng-it	[千一] 1100	chheng-saⁿ	[千三] 1300
bān-it	[萬一] 11000	bān-sì	[萬四] 14000

ただし，100 [百]，1000 [千]，10000 [萬] そのものは，chit を省略できません。

chit-pah	一百
chit-chheng	一千
chit-bān	一萬

8 「十万，百万，一千万」はそれぞれ

chap bān	十萬
chit-pah bān	一百萬
chit-chheng bān	一千萬

2) 第一番目，第二番目のようないわゆる序数は，数詞に接頭辞 tē [第] を付加して表します。「一」と「二」はそれぞれ it と jī を用いるので注意し

基礎篇

て下さい。

tē-it	第一	tē-sì	第四
tē-jī	第二	tē-gō·	第五
tē-saⁿ	第三	tē-la̍k	第六

3）年と電話番号は，一桁の数字をひとつひとつつぶ読みにします。たとえば，日本語で，

1990年→イチ　キュウ　キュウ　ゼロ　年
4162番→ヨン　イチ　ロク　ニ　番

と言うのと同じことです。このような場合に使われる数詞は特別のものです。

it	1
jī	2
sam	3
sù	4
ngó·	5
lio̍k	6
chhit	7
pat	8
kiú	9
khòng (lêng)	0

このうち，1・2・7・0は一般の数詞と共通です。

例：1990　it kiú kiú khòng (it kiú kiú lêng)
　　4162　sù it lio̍k jī

4桁の数の場合，第二桁目と第四桁目を本調で読みます。例えば，

1992　it⁸ kiú/kiú¹ jī

のようになります。

このほか［十］にもsipという読み方があり，sip-choân［十全］，sip-jī-kè［十字架］のように用いられます。

第7課

量詞の使い方を覚えましょう。

　台湾語は数詞と名詞を直接結び付けることはできず，間に量詞というものを置かなければなりません。どのような量詞を用いるかは名詞の類によって決まることです。数詞に添えるという意味から「助数詞」と呼んだり，名詞に添えるという意味から「助名詞」と呼んだり，あるいは名詞を類に分けるということから「類別詞」など，様々に呼ばれています。ここでは代表的なものを二，三紹介するに止めます。名詞を覚える際に，それにふさわしい量詞もあわせて覚えるよう心掛けて下さい。

(1) ê [個]：もっともよく使われる量詞。内容のあまり明確にできないようなものごと，丸い形のもの，人間などに使われる。

　　chit ê mih-kiāⁿ (一つの物)
　　nn̄g ê sî-cheng (二つの置き時計)
　　saⁿ ê pió-á (三つの腕時計)
　　sì ê lâng (四人の人)

(2) ki [枝]：棒状の細長い物。

　　chit ki iân-pit (一本の鉛筆)
　　nn̄g ki goân-chú-pit (二本のボールペン)

(3) pún [本]：冊子状の物。

　　chit pún chu (一冊の本)
　　nn̄g pún phō·-á (二冊のノート)
　　saⁿ pún siáu-soat (三冊の小説)

(4) tiuⁿ [張]：紙など。

　　chit tiuⁿ chóa (一枚の紙)
　　nn̄g tiuⁿ pò-chóa (二枚の新聞)

(5) kha [脚]：籠や荷物など。

　　chit kha phê-pau-á (一つのバッグ)
　　nn̄g kha chu-pau (二つの鞄)

基礎篇

(6) tè［塊］：塊状のもの，あるいは机，椅子など。

　　chit tè toh-á（一脚の机）

　　nn̄g tè í-á（一脚の椅子）

　　saⁿ tè o·-pang（三面の黒板）

(7) téng［頂］：帽子，寝台など。

　　chit téng bîn-chhn̂g（一台のベッド）

　　nn̄g téng bō-á（二つの帽子）

(8) liạp［粒］：球状の物。

　　chit liạp kiû（一つのボール）

　　nn̄g liạp kam-á（二つのミカン）

(9) tâi［臺］：機器類。

　　chit tâi la-jí-o·h（一台のラジオ）

　　nn̄g tâi lȯk-im-ki（二台のテープレコーダー）

◇コラム◇ 台湾語の辞典(2)

★ Douglas & Barclay, "Amoy dictionary and supplement", 1873年初版，1923年補遺。

　ダグラスの辞典とバークレーの補遺を一冊に合わせたものである。ダグラスの部分は教会ローマ字表記のみで漢字注記がない。バークレーの補遺部分には見出し語にのみ漢字表記も付されている。収録されているのは，19世紀中葉の廈門方言と泉州府，漳州府各県の地方音である。台湾総督府編『日台大辞典』の下敷きになったと思われる，極めて価値の高い辞典である。しかし，いかんせん現代語辞典としては古すぎる。たとえば，hȧk-hāu［學校］という単語が収録されていない。というのも当時この単語はまだ存在していなかったからである。あるいはこれは日本で作られた言葉で，植民地台湾で台湾語読みされた可能性が大きい。ところがこの語はバークレーの「補遺」には登録されている。「補遺」はダグラス辞典から50年後に台湾で編集されたものであり，当時台湾ではすでにこの単語が一般的であったからである。ダグラスの当時，廈門では学校（もちろん旧式の）ことをȯh-tn̂g［學堂］と呼んでいたのである。面白いことに現在でも廈門では学校のことをȯh-tn̂gと呼んでいるのである。もちろん hȧk-hāu という言い方もあるが，これは日本語→北京語経由で閩南語に入ったと推測される。現代台湾で学校のことをȯh-tn̂g という人はおそらく皆無ではないか。

（☞ P.70）

第8課

「わたしは～です」という言い方を覚えましょう。

A: Chit-ūi sī Tân sian-si^n. I sī góa ê pêng-iú.
   Chit-ūi sī Lîm sió-chiá. I sī góa ê chhù-pi^n.

B: Lîm sió-chiá, lí hó!

C: Tân sian-si^n, lí hó!

B: Lí sī ha̍k-seng sī--bô?

C: Sī, góa sī tāi-ha̍k-seng.

A: I sī lí ê sím-mih lâng?

B: I sī góa ê lāu-pē.

A: I sī lí ê lāu-bú ah m̄-sī?

B: Sī, i sī góa ê lāu-bú.

■単語■

chit [□]	この
ūi [位]	人間に用いる量詞
chit-ūi [□位]	この方
hó [好]	良い
sian-si^n [先生]	～さん(Mr.), 先生, 夫
sió-chiá [小姐]	～嬢(Miss)
pêng-iú [朋友]	ともだち
chhù-pi^n [厝邊]	隣り, 近所
ha̍k-seng [學生]	学生
tāi-ha̍k-seng [大學生]	大学生
lāu-pē [老父]	父
lāu-bú [老母]	母
Tân [陳]	姓

基礎篇

Lîm [林]	姓

A: Chit 位/是陳/--先生。伊是我的朋友。 ・こちらは陳さんです。彼はわたしの友達です。
　Chit 位/是林小姐。伊是我的厝邊。 こちらは林さんです。彼女はわたしのお隣さんです。
B: 林小姐，汝好！ 林さん，こんにちは。
C: 陳/--先生，汝好！ 陳さん，こんにちは。
B: 汝是學生/是--無？ あなたは学生ですか？
C: 是，我是大學生。 はい，わたしは大学生です。

A: 伊是汝的啥物人？ 彼はあなたのだれですか？
B: 伊是我的老父。 彼はわたしの父です。
B: 伊是汝的老母/抑唔是？ 彼女はあなたのお母さんですか？
B: 是，伊是我的老母。 はい，彼女はわたしの母です。

[解説]

1 台湾語の人称代名詞はいわゆる「格」をもちません。「所有格」を表すには原則として助詞の ê を後に添えます。

2 Lí hó! は「あなた＋よい」で，「こんにちわ」の挨拶に使っています。中国語からの借用表現です。

3 指示代名詞 chit は，che と違って，後ろに必ず量詞を従えなくてはなりません。量詞 ūi は，ê と同じく人間に用いますが，敬語表現です。

　　che　　:　　chit ê lâng　　/ chit ūi sian-si^n
　　（これ）　　（このひと）　　（このかた）
　　he　　:　　hit ê lâng　　/ hit ūi sian-si^n
　　（あれ）　　（あのひと）　　（あのかた）

4 親族について「わたしの父」というような言い方には別の表現法があります。それは複数代名詞 gún（われわれ），lín（あなたがた），in（彼ら）を直接に親族名称の前に添えるものです。

　　gún lāu-bú　　（わたしの母）
　　lín sian-si^n　　（あなたの旦那様）
　　in a-chí　　（彼の姉さん）

第8課

■補充単語■

hit [□]	あの
gún [阮]	われわれ
lín [□]	あなたがた
in [□]	彼ら
thài-thài [太太]	妻，奥さん (Mrs.)
a-hia^n [阿兄]	兄
sió-tī [小弟]	弟
a-chí [阿姉]	姉
sió-mōe [小妹]	妹
seng-lí-lâng [生理人]	ビジネスマン，商売人
Lí [李]	姓
Tiu^n [張]	姓

注意

1) lāu-bú＝lāu-bó
2) a-chí＝a-ché
3) sió-mōe＝sió-bē, sió-moāi
4) sian-si^n＝sian-se^n, sin-se^n

　姓の後に添えて「〜さん」と言う場合のsian-si^{n}は，軽声で発音されます。すなわち，3声の調子を弱めに発音してかまいません。したがって，姓そのものは転調せず本来の声調を保ちます。

　　Tân^5 sian^o-si^{no}（＝Tân^5 sian^3-si^{n3}）　　Mr. 陳
cf. Tân^7 thài^2-thài^3　　Mrs. 陳
cf. Tân^7 sió^1-chiá^2　　Miss 陳

5) 親兄弟の呼称には以下のような中国語からの借用形もよく使われています。

父	pa-pa	姉	che-che
母	ma-ma	弟	ti-ti, tih-tih
兄	ko-ko	妹	me-me

6) gún（われわれ）にはgoánという語形もあって，同じくらいよく使われます。

基礎篇

【練習】

1 下線部に人称代名詞といろいろな家族の呼び方を入れて言ってみましょう。

(1) I sī ＿＿＿＿＿ ê ＿＿＿＿＿.（I sī góa ê lāu-pē）

(2) I sī ＿＿＿＿＿ ＿＿＿＿＿.（I sī gún lāu-pē）

2 友人あるいは隣の人のつもりで，李さん（既婚女性）と張さん（男性）を紹介してみましょう。

◇コ×ラ×ム◇ 台湾語の辞典(3)

★ Campbell, "A dictionary of the Amoy vernacular", 1913.

漢字の読み方とその用法を調べるなら，現在でも極めて有用である。字解もすべて台湾語で書かれているので，活用するためには台湾語の十分な語学力が必要である。表記は教会ローマ字。

★ 台湾総督府編『日台大辞典』1907年，台湾総督府編『台日大辞典』1931年

日本植民地時代における日本人の台湾語研究のレベルがいかに高いものであったかをよく示す記念碑的二巨冊。今から見れば死語になってしまったものもたくさん収録されているが，知りたいことは漏らすことなく記述されている。ただ，発音表記が片カナ表記なので我々には扱いにくい面がある。しかし，このカナ表記システムはたいへん合理的にできたシステムなので，余裕のある方はマスターする価値がある。

★ 王育徳編『台湾語常用語彙』1957年

台南方言辞典。語の意味と用法が言語学的に分析されており，専門的研究を志す方は必携の辞典である。ローマ字表記が編者独自のものである点と，現在では入手が難しいことが難点である。

★ 厦門大学編『普通話閩南方言詞典』1982年

漢字の見出しのもとに北京語の単語を挙げてそれに対応する閩南語の語を示してある。1000頁以上の大冊であるが，そのほとんどが北京語語彙の閩南音による読み替えにすぎない。書き言葉の意味を調べるには役立つかも知れない。表記は中国で決めた「閩南方言拼音方案」によるローマ字表記。

★ 陳修編『台湾語大詞典』1991年

大見出しは漢字で，その漢字を第一字とする単語を配列する。表記は教会ローマ字。2000数頁にも及ぶ大辞典である。引例として諺，民謡など，多く含む。この辞典は難しい言葉に重点を置いているためか，基本語彙の重要な単語，あるいは日常よく使うありふれた言葉が抜け落ちていることがあるので注意を要する。

第9課

形容詞の基本的な使い方を覚えましょう。

A: Hit tâi chhia chin tōa. Sī lí ê sī-m̄?
B: M̄-sī, he m̄-sī góa ê, sī gún thâu-ke ê.
A: Chit tâi sin ê chhia sī siáng ê?
B: Che sī góa ê.
A: Chit tâi khah sòe, m̄-koh chin súi.

A: Chit chiah sī góa ê káu.
B: Lí ê káu sī lāu-káu ah sī káu-á-kiáⁿ?
A: Che iáu sī káu-á-kiáⁿ.
B: Chit chiah káu-á-kiáⁿ si̍t-chāi chin kó·-chui.

■単語■

tâi [臺]	車に添える量詞
chiah [隻]	動物に添える量詞
chin [眞]	とても
khah [較]	比較的, わりに
iáu [猶]	まだ, なお
si̍t-chāi [實在]	まったく, 本当に, 実際
tōa [大]	大きい
sòe [細]	小さい
sin [新]	新しい
súi [□]	美しい, きれいだ
lāu [老]	年老いた
kó·-chui [□□]	可愛らしい
siáng [誰]	だれ
chhia [車]	車

基礎篇

thâu-ke［頭家］	親方，主人
káu［狗］	犬
lāu-káu［老狗］	老犬
káu-á-kiáⁿ［狗仔囝］	子犬
m̄-koh［唔□］	しかし

A: Hit 臺車/眞大。是汝的/是--無？
その車は大きいですね。あなたのですか？

B: 唔，he/唔是我的，是阮頭家的。
いいえ，それはわたしのではありません。わたしのボスのです。

A: Chit 臺新的車/是誰/的？
この新しい車は誰のですか？

B: Che/是我的。
これはわたしのです。

A: Chit 臺/較細，唔 koh/眞 súi。
これは小さいけれど，とても素敵です。

A: Chit 隻/是我的狗。
これはわたしの犬です。

B: 汝的狗/是老狗/抑是狗仔囝？
あなたの犬は親犬ですか，それとも子犬ですか？

A: Che/猶是狗仔囝。
これはまだ子犬です。

B: Chit 隻狗仔囝/實在/眞 kó·-chui。
この子犬，本当に可愛らしいこと。

［解説］

① 形容詞を述語として使う場合，英語の be 動詞のようなものは不要ですが，程度を示す副詞 chin「とても」，khah「わりに」などを添えるのが普通です。

Lí	chin	súi.
あなた	とても	美しい

② 形容詞を連体修飾として使う場合は，その後ろに助詞 ê を付けて体言句を作ります。

sin	ê	chhia
新しい	の	車

助詞 ê を添えないで sin-chhia とすれば，これは一個の複合名詞です。

第 9 課

3 「指示代名詞＋量詞＋名詞」の名詞は省くことができます。

chit	chiah	káu		
この	匹	犬	→	この犬
chit	chiah			
この	匹		→	これ(＝この犬)

この場合，名詞を省略した chit chiah は代名詞 che に当たりますが，

　　× 　che káu(この犬)

としてはいけません。

■補充単語■

niá [領]	衣服に添える量詞
kū [舊]	古い
siàu-liân [少年]	若い
hip-siòng-ki [□相機]	カメラ
kha-tàh-chhia [脚踏車]	自転車
niau [貓]	猫
gín-á [囝仔]	子供
sa^n [衫]	服

注意

1) iáu＝iá, á
2) sòe＝sè
3) m̄-koh＝m̄-kú
4) siáng＝siâng （これらは sím-mih lâng が融合した形だと思われます）

【練習】

1　下線部に「新しい，古い」を入れて言ってみましょう。
　　Chit tâi ＿＿＿＿ sī ＿＿＿＿ ê.(カメラ，古い)
　　Hit tâi ＿＿＿＿ sī ＿＿＿＿ ê.(自転車，新しい)
2　下線部に「大きい，小さい」を入れて言ってみましょう。
　　Chit chiah ＿＿＿＿ chin ＿＿＿＿.(犬，大きい)

基礎篇

　　Hit chiah _____ . ____ chin _____.(猫, 小さい)
3　下線部に「若い，年取っている」を入れて言ってみましょう。
　　Chit ê _____ iáu _____.(学生, 若い)
　　Hit ê _____ khah _____.(ひと, 年取っている)
4　súi と kó·-chui を使ってほめてみましょう。
　(1)あなた　(2)彼女　(3)この子　(4)あの猫　(5)あなたの服　(6)この服

◇コ◇ラ◇ム◇ 台湾語の教本

　台湾で現在出版されている教本類はあまり多くない。鄭良偉等編『生活台語』（1990年）は良質で，しかも比較的入手しやすい。ただし，これは基本的には北京語を話すが，台湾語の能力は充分ではない台湾の人たちのために編集された教本である。

　台湾の教会で編纂されたテキスト，アメリカ，カナダで編集されたテキストは多い。対象は欧米人あるいは台湾語を話せない台僑の子弟である。これらのテキストにおける表記は例外なく教会ローマ字である。

　日本植民地時代には，日本人が台湾語を勉強するための教本が何種類も出版されている。中には語学書としてたいへん質の高いものが含まれている。杉房之助編『日台会話大全』（1902年），岩崎敬太郎編『新撰日台言語集』（1913年），熊谷良正編『台湾語の研究』（1931年）等々。ただし，すべて縦書き，漢字表記，カナ発音表記であり，しかも表現，語彙が古めかしく，現代の学習者に適するとは言い難い。しかし，これらの教本はいずれも極めて適切な文法的解説が施されているので，大いに参考になる。まれに，古書店に出ることがあるので入手しておくのも一つの手であろう。

　本書をアゲた後，ぜひとも取り組んでいただきたいのが，王育徳著『台湾語初級』（1983年，日中出版）である。該書は，会話，歌謡，散文，諺の各編からなる。工夫と熱意に溢れる，語学書としては出色のものである。特に散文の部分を読むことによって，台湾語書き言葉にもおおいに可能性があることが理解できる。なかでも「タパニー紀行」を読めば，著者王育徳先生の人柄とその台湾および台湾語に対する深い愛情を感じとることができ，台湾語学習の励みになることは間違いない。

第10課

形容詞を用いた疑問と打消しの言い方を覚えましょう。

A: Tâi-oân ê kôa^n-thi^n ē kôa^n bōe?
B: Tâi-oân ê kôa^n-thi^n bōe kôa^n.
A: Tâi-pak ê mih-kiā^n ū sio̍k bô?
B: Tâi-pak ê mih-kiā^n bô siá^n sio̍k.

A: Lí sian-si^n, lí hó bô?
B: Bōe-bái lah. Ǹg sian-si^n, lí leh?
A: Chin hó, to-siā! Chit-má lí ká^n chin bô-êng hō·^{n}?
B: Bōe, góa bōe siá^n bô-êng.

■単語■

ē [會]	〜だ
bōe [□]	〜ではない
ū [有]	確認の助動詞
bô [無]	〜ではない
siá^n [甚]	たいして
ká^n [敢]	おそらく、たぶん〜らしい
kôa^n [寒]	寒い
bái [□]	悪い、醜い
bōe-bái [□□]	悪くない、まあまあだ
sio̍k [俗]	安い
bô-êng [無閑]	忙しい
chit-má [□□]	いま
kôa^n-thi^n [寒天]	冬
leh [□]	〜は(いかがですか)?
hō·^{n} [□]	〜ね、〜な

基礎篇

to-siā［多謝］	ありがとう
N̂g［黃］	姓
Tâi-oân［臺灣］	地名
Tâi-pak［臺北］	地名

A: 臺灣/的寒天/會寒/--bōe？　　台湾の冬は寒いですか？
B: 臺灣/的寒天/bōe 寒。　　台湾の冬は寒くありません。
A: 臺北/的物件/有俗/--無？　　台北の品物は安いですか？
B: 臺北/的物件/無啥俗。　　台北の品物はあまり安くありません。

A: 李/--先生，汝好/--無？　　李さん，お元気ですか？
B: Bōe-bái/啦。黃/--先生，汝/leh？　　まあまあです。黃さん，あなたは？
A: 眞好，多謝！Chit-má/汝敢眞無閑/hō͘ⁿ？　　大変元気です，ありがとう。今あなたはお忙しいんでしょう？
B: Bōe，我 bōe 啥無閑。　　いや，わたしはたいして忙しくありません。

[解説]

1 形容詞の後ろに疑問の語気を表す bô あるいは m̄ を添えれば疑問文になります。

　　Hó bô？　（良いですか？）
　　Hó m̄？　（良いですか？）

後ろに否定形を置いて A-*or-not* A 式の疑問文を作ることもできます。

　　Hó　 ah　　 m̄ hó？　（良いですか？）
　　良い　あるいは　良くない

接続詞 ah を省略した形もあります。

　　Hó m̄ hó？　（良いですか）

2 形容詞の前に助動詞 ē(ōe) を添えて，心理的,感覚的に不愉快でマイナスの価値をもつ事柄を表すことがあります。その打ち消しには助動詞 bōe (bē) を用います。疑問文は ē と bōe を用いた A-*or-not* A 式になります。

　　Lí ē kôaⁿ bōe？　（あなた寒いですか？）

Góa bōe kôaⁿ.　　　（わたしは寒くありません。）

3 形容詞の前に，性質・状態の存在を確認する助動詞 ū が添えられることがあります。その打ち消しは bô を用います。疑問文は ū と bô を用いた A-*or-not* A 式になります。

　　　I ū súi bô?　　　（彼女は美しいですか？）
　　　I ū súi.　　　（彼女は美しい。）
　　　I bô súi.　　　（彼女は美しくない。）
　　　I ū chin súi.　　　（彼女はとても美しい。）
　　　I bô siáⁿ súi.　　　（彼女はたいして美しくない。）

4 したがって，形容詞の打ち消しは，二とおりあります。一般には bô (あるいは m̄) を添えるのですが，心理的にマイナスの価値を持つ形容詞は bōe で打消します。

　　　Chit-má bô sio-joa̍h.　　　　　　　　（いまは暖かくない。）
　　　Chit-má bōe joa̍h.　　　　　　　　　（いまは暑くない。）
　　　Chit tè tiám-sim bô hó-chia̍h.　　　（この菓子はおいしくない。）
　　　Chit tè tiám-sim bōe pháiⁿ-chia̍h.　（この菓子はまずくない。）

マイナスの価値を持つ形容詞でも「そんなに〜でない」のような場合は，

　　　I bô siáⁿ bái.　　　（彼女はそんなに醜くはない。）
　　　I bōe siáⁿ bái.　　　（彼女はそんなに醜くはない。）

のように bô, bōe ともに可能ですが，この場合，bô が打ち消しているのは bái ではなくて，siáⁿ bái 全体だからです。

5 副詞 káⁿ は「たぶん〜みたい」という推測を表します。助詞 hōⁿ は相手に同意を求めるような気持ちを表します。

6 助詞 leh は名詞の後ろに置いて，「〜はどうなんですか？」という時の「〜は？」という言い方に当たります。

■補充単語■

joa̍h［熱］	暑い
sio-joa̍h［燒熱］	暖かい
chhiu-chhìn［秋凊］	風があって涼しい
liâng［涼］	空気がひんやりとして涼しい
kùi［貴］	値がたかい

基礎篇

ū-êng［有閑］	暇だ
hó-chia̍h［好食］	おいしい
pháiⁿ-chia̍h［□食］	まずい
hó-khòaⁿ［好看］	見やすい，読みやすい，きれいだ，見て面白い
joa̍h-thiⁿ［熱天］	夏
chhun-thiⁿ［春天］	春
chhiu-thiⁿ［秋天］	秋
tiám-sim［點心］	お菓子
Tang-kiaⁿ［東京］	地名

注意

1）文の後ろに添えて疑問文を作る bô と bōe は，軽声に発音されます。実際には bô³，bōe³のように3声を短めに読めばよいでしょう。

2）ē＝ōe

3）bōe＝bē
　　bōe-bái＝bē-bái

4）chit-má＝chím-á

5）joa̍h＝loa̍h
　　sio-joa̍h＝sio-loa̍h
　　joa̍h-thiⁿ＝loa̍h-thiⁿ

6）chhiu-chhìn＝chhio-chhìn

7）pháiⁿ-chia̍h＝phái-chia̍h

【練習】

1 「台湾の＿＿は＿＿ですか？」と質問して，「台湾の＿＿は＿＿ではありません。」，「台湾の＿＿はたいして＿＿ではありません。」と答えてみましょう。

　　春　　暑い
　　夏　　寒い
　　秋　　暖かい
　　冬　　涼しい

第10課

2 káⁿを使って「〜は〜でしょう？」と言ってみましょう。

(1) Lí káⁿ chin _____ hō·ⁿ?
　　　忙しい
　　　暇だ

(2) Chit pún siáo-soat káⁿ chin _____ hō·ⁿ?
　　　面白い
　　　面白くない

(3) Chit tè tiám-sim káⁿ chin _____ hō·ⁿ?
　　　おいしい
　　　まずい
　　　まずくない

(4) Hit ki iân-pit káⁿ chin _____ hō·ⁿ?
　　　高い
　　　高くない
　　　安い

3 leh を使って「〜は？」と言ってみましょう。

(1) Hit pún chin hó-khòaⁿ. _____ leh?　これは？
(2) Chit ê chin kùi. _____ leh?　あれは？
(3) Tâi-pak chin joa̍h. _____ leh?　東京は？
(4) Goá chin bô-êng. _____ leh?　あなたは？
(5) Lí sió-chiá chin súi. _____ leh?　黄さん(Miss)は？

基礎篇

第11課 複数代名詞の使い方を覚えましょう。

A: Lîm sian-siⁿ, lí sī tó-ūi ê lâng?

B: Góa sī Tâi-oân-lâng.

A: Lín thài-thài iā sī Tâi-oân-lâng sī--m̄?

B: Sī, Gún thài-thài iā sī Tâi-oân-lâng. Gún lóng sī Tâi-oân-lâng.

A: Góa mā sī Tâi-oân-lâng.

B: Án-ne, lán lóng sī Tâi-oân-lâng lo·h.

A: Chiah--ê lóng sī lí-ê sī--bô?

B: M̄-sī, chiah--ê lóng m̄-sī góa-ê.

A: Lí-ê sī tó-chit-ê?

B: Góa-ê sī chit-ê.

A: Hiah--ê sī siáⁿ-lâng-ê?

B: Hiah--ê lóng sī in-ê.

■単語■

lán [咱]	わたしたち
chiah--ê [□□]	これら
hiah--ê [□□]	あれら
tó [何]	どれ
tó-ūi [何位]	どこ
tó-chit-ê [何一個]	どの
lóng [攏]	みな，すべて
lo·h [□]	〜だよ，断定を表す
Tâi-oân-lâng [臺灣人]	台湾人

第 11 課

A: 林/--先生，汝是何位的人？	林さん，あなたはどちらの方ですか？
B: 我是臺灣人。	わたしは台湾人です。
A: Lín 太太/也是臺灣人/是--唔？	あなたの奥様も台湾人ですか？
B: 是，阮太太/也是臺灣人。阮攏是臺灣人。	ええ，わたしの家内も台湾人です。わたしどもは二人とも台湾人です。
A: 我 mā 是臺灣人。	わたしも台湾人なんです。
B: 按呢，咱攏是臺灣人/loh。	じゃあ，わたしたちはみな台湾人ですね。
A: Chiah--ê/攏是汝的/是--唔？	これらはあなたのですか？
B: 唔是，chiah--ê/攏唔是我的。	いいえ，これらはわたしのではありません。
A: 汝的/是何一個？	あなたのはどれですか？
B: 我的/是 chit 個。	わたしのはこれです。
A: Hiah--ê/是啥人的。	あれらは誰のですか？
B: Hiah--ê/攏是 in 的。	あれらはみな彼らのです。

[解説]

1 台湾語の人称代名詞

	単数	複数
1人称	góa	gún(=goán), lán
2人称	lí	lín
3人称	i	in

　台湾語の「わたしたち」には2つの形があって，厳密に使い分けられますので，注意を要します。gún は，現に話している相手を除いた「我々の側」と言う意味で，lán は，自分と話し相手を含めた「わたしたち」を意味します。

　　Lín sī cha-bó˙, gún sī cha-po˙, chóng-sī lán pîⁿ-pîⁿ sī lâng.（あなた方は女で，我々は男ですが，しかしわたしたちは同じ人間です。）

2 指示代名詞複数の「これら，あれら」は，

　　chiah--ê　　これら（のもの）　　hiah--ê　　あれら（のもの）
　　chiah--ê lâng　これらの人々　　hiah--ê lâng　あれらの人々

のように，直接に名詞の前に置きます。いろいろな量詞で区別する必要は

基礎篇

ありません。

3「どれ」は量詞を用いて,

tó-chit ê lâng	どの人
tó-chit ki iân-pit	どの鉛筆
tó-chit lia̍p kiû	どのボール
tó-chit pún chu	どの本

のようにしますが,tó-chit-ê がもっとも多く用いられます。

2-12▶ ■補充単語■

chóng-sī [總是]	しかしながら,要するに
kap [□]	～と
pîⁿ-pîⁿ [平平]	同じく,同様に
cha-po͘ [□□]	男
cha-bó͘ [□□]	女
tông-ha̍k [同學]	クラスメート,同級生
Ji̍t-pún [日本]	日本
Ji̍t-pún-lâng [日本人]	日本人
Ji̍t-pún-cha-po͘ [日本□□]	日本男性
Ji̍t-pún-cha-bó͘ [日本□□]	日本女性

注意

1) pîⁿ-pîⁿ＝pêⁿ-pêⁿ
2) cha-po͘＝ta-po͘
3) kap＝kah

【練習】

1　空所に下の単語を入れて練習しなさい。

Chiah--ê lóng sī _____.
Chiah--ê lóng m̄-sī _____.
Hiah--ê lóng sī _____.
Hiah--ê lóng m̄-sī _____.

(1)僕たち　(2)君たち　(3)彼ら

2 空所に下の単語をいれて練習しなさい。

Lín sī ＿＿＿＿＿＿, gún sī ＿＿＿＿＿＿, lán lóng sī ＿＿＿＿＿＿.

(1) 日本男性，日本女性，日本人　(2) 台湾人，日本人，友人

3 次の文章を読んでみましょう。

I sī ha̍k-seng, góa iā sī ha̍k-seng, gún lóng sī ha̍k-seng, i kap góa sī tông-ha̍k. Lí mā sī ha̍k-seng hō·ⁿ? Án-ne, lán lóng sī ha̍k-seng.

基礎篇

第12課   曜日と日付の尋ね方と答え方を覚えましょう。

A: Kin-á-jit tang-sî?
B: Kin-á-jit la̍k-ge̍h saⁿ-cha̍p.
A: Cha-hng la̍k-ge̍h tang-sî?
B: Cha-hng la̍k-ge̍h jī-cha̍p-káu.
A: Bîn-á-chài kúi-ge̍h chhoe-kúi?
B: Bîn-á-chài chhit-ge̍h chhoe-it.

A: Kin-á-jit kám m̄-sī pài-jī?
B: M̄-sī, kin-á-jit m̄-sī pài-jī.
A: Bô, pài-kúi?
B: Pài-it.
A: Ū-iáⁿ? Kin-á-jit ū-iáⁿ sī pài-it sī--bô?
B: Sī lah! Cha-hng sī lé-pài-jit.

■単語■

kám(m̄-sī) [敢]	まさか……では？
ū-iáⁿ [有影]	本当に
tang-sî [當時]	いつ
kin-á-jit [今仔日]	きょう
cha-hng [昨昏]	きのう
bîn-á-chài [明仔再]	あす
pài-kúi [拜幾]	何曜日
lé-pài-jit [禮拜日]	日曜日
pài-it [拜一]	月曜日
pài-jī [拜二]	火曜日

第 12 課

geh [月]	月
kúi-geh [幾月]	何月
la̍k-geh [六月]	六月
chhit-geh [七月]	七月
chhoe-it [初一]	ついたち
chhoe-kúi [初幾]	何日

A: 今仔日/當時？　　　　　　　　今日は何日ですか？
B: 今仔日/六月/三十。　　　　　　今日は6月30日です。
A: 昨昏/六月/當時？　　　　　　　昨日は6月何日でしたか？
B: 昨昏/六月/二十九。　　　　　　昨日は6月29日でした。
A: 明仔再/幾月/初幾？　　　　　　明日は何月何日ですか？
B: 明仔再/七月/初一。　　　　　　明日は7月1日です。

A: 今仔日/敢唔是拜二？　　　　　今日は火曜日かしら？
B: 唔是，今仔日/唔是拜二。　　　いいえ，今日は火曜日ではありません。
A: 無，拜幾？　　　　　　　　　　では，何曜日ですか？
B: 拜一。　　　　　　　　　　　　月曜日です。
A: 有影？今仔日/有影是拜一/是--　ほんとう？　今日は本当に月曜日なの？
　無？
B: 是/啦！昨昏/是禮拜日。　　　　そうですとも。昨日は日曜日だったんですもの。

■補充単語■

pài-sa^n [拜三]	水曜日
pài-sì [拜四]	木曜日
pài-gō· [拜五]	金曜日
pài-la̍k [拜六]	土曜日
it-geh [一月]	一月
jī-geh [二月]	二月
sa^n-geh [三月]	三月
sì-geh [四月]	四月

gō·-geh [五月]	五月
poeh-geh [八月]	八月
káu-geh [九月]	九月
chap-geh [十月]	十月
chap-it-geh [十一月]	十一月
chap-jī-geh [十二月]	十二月
chhoe-jī [初二]	二日
chhoe-saⁿ [初三]	三日
chhoe-sì [初四]	四日
chhoe-gō· [初五]	五日
chhoe-lak [初六]	六日
chhoe-chhit [初七]	七日
chhoe-poeh [初八]	八日
chhoe-káu [初九]	九日
chhoe-chap [初十]	十日
nî [年]	年

[解説]

1 日曜日以外の曜日は pài- のあとに一(月)から六(土)の数字をつけて表します。従って、「何曜日？」は kúi(いくつ？)と言う尋ね方をします。ひにちも一日から十日までは chhoe- のあとの一から十までの数字で表すので、「何日？」と問う場合もやはり kúi を用います。十一日から三十一日までは数字だけで表します。これらの日を予想して「何日？」と聞きたいときも chhoe-kúi? を使ってかまいません。

pài-kúi?	何曜日？
chhoe-kúi?	何日？
kúi-geh?	何月？
kúi-nî?	何年？

2 「何月何日」と限定せず、漠然と日付を聞くときは tang-sî(いつ？)を使うのが普通です。

3 kám m̄-sī……? は、「～じゃあないかしら」と訳せますが、「まさか～ではないでしょうね？」という反詰の感じで使われます。

第12課

> 注意

1）tang-sî には tī-sî［底時］という語形もあって，どちらも同じようによく使われます。

2）-jit = -lit
　　kin-á-jit = kin-á-lit
　　lé-pài-jit = lé-pài-lit

3）cha-hng = chang
　　chang は cha-hng の縮まった形だと思われます。

4）jī = lī
　　pài-jī = pài-lī
　　chhoe-jī = chhoe-lī

5）-ge̍h = -go̍eh
　　it-ge̍h = it-go̍eh

6）chhoe- = chhe-
　　chhoe-it = chhe-it

7）poeh = peh
　　chhoe-poeh = chhe-peh

【練習】

1　台湾語で次の質問をし，今日が日曜日だとして答えてみましょう。
(1) 今日は日曜日ですか？
(2) 今日は土曜日ですか？
(3) 今日は金曜日じゃなかったかしら？
(4) 明日は何曜日ですか？
(5) 昨日は何曜日でしたか？

2　台湾語で次の質問をし，今日が12月31日だとして答えてみましょう。
(1) 今日は何日ですか？
(2) 今日は12月何日ですか？
(3) 今日は12月30日じゃなかったかしら？
(4) 明日は何日ですか？
(5) 昨日は何日でしたか？

基礎篇

第13課

「わたしは〜を持っています」という言い方を覚えましょう。あわせて「いま何時？」の言い方も覚えて下さい。

A: Lí ū pió-á bô?

B: Ū, góa ū pió-á.

A: Chit-chūn kúi-tiám?

B: Chit-chūn nn̄g-tiám-pòa^n.

A: Lín lāu-pē ū chhia bô?

B: Ū, gún lāu-pē ū chit tâi chhia.

A: Lín lāu-bú kám iā ū chhia?

B: Bô, gún lāu-bú bô chhia.

■単語■

ū [有]	持っている，有る
bô [無]	持っていない，無い
kám [敢]	〜かしらん，まさか〜だろうか。kám m̄-sī…の kám と同じ。（第12課参照）
chit-chūn [□陣]	いま
tiám [點]	〜時
kúi-tiám [幾點]	何時
pòa^n [半]	半

A: 汝有錶仔/--無？	あなた時計持っていますか？
B: 有，我有錶仔。	ええ，わたし時計持っていますよ。
A: Chit 陣/幾點？	いま何時ですか？
B: Chit 陣/兩點半。	いま二時半です。

第13課

A: Lín 老父/有車/--無? あなたのお父さんは車を持っていますか?

B: 有, 阮老父/有一臺車。 ええ, 父は一台車を持っています。

A: Lín 老母/敢也有車? あなたのお母さんも車を持っているかしら?

B: 無, 阮老母/無車。 いいえ, 母は車を持っていません。

[解説]

1 「~は持っている」の最も基本的な形は,

Lí ū ~ bô? あなたは~を持っているか?
Góa ū ~. わたしは~を持っている。
Góa bô ~. わたしは~を持っていない。

なお,「はい」「いいえ」という時の Yes は ū, No は bô ですから注意して下さい。

2 時間の言い方

chit-tiám	1時
nn̄g-tiám	2時
saⁿ-tiám	3時
sì-tiám	4時
cha̍p-it-tiám	11時
cha̍p-jī-tiám	12時

「半」は後ろに pòaⁿ を添えて,

cha̍p-tiám-pòaⁿ　10時半

「分」は hun,

gō·-hun	5分
cha̍p-hun	10分
cha̍p-gō·-hun	15分
saⁿ-cha̍p-hun	30分
sì-cha̍p-gō·-hun	45分

基礎篇

■補充単語■

hun［分］　　　　　　　　　　　分
nāu-cheng［鬧鐘］　　　　　　　目覚まし時計

|注意|

chit-chūn は chit-má の同義語。

【練習】

1　下の(1)～(6)の人が(a)～(f)のものを持っているかどうか尋ねて，それに Yes/No で答えてみましょう。

(1)あなた　(2)かれ(かの女)　(3)お父さん
(4)お母さん　(5)お兄さん　(6)お姉さん

(a)腕時計　(b)目覚まし時計　(c)自動車
(d)自転車　(e)カメラ　(f)テープレコーダ

2　いま何時か尋ねて，それに答えてみましょう。

(1)10時半　(2)12時20分　(3) 1 時50分　(4) 5 時30分　(5) 9 時15分

第14課

「~に~があります」の言い方を覚えましょう。

A: Toh-á téng ū siá^n hè?
B: Tī Toh-á ê téng-koân ū chit pún chu.
A: Toh-á ê ē-kha iā ū chu sī--bô?
B: Bô, bô chu. Tī toh-á ê ē-kha ū chit liap kiû.

A: Lín chhù ū kúi keng pâng-keng?
B: Gún chhù ū sì keng pâng-keng.
A: Tó chit keng sī lí ê?
B: Chit keng sī góa ê.
A: Tī pâng--nih ū siá^n khoán ka-khū?
B: Tī pâng-keng ê lāi-té ū toh-á, í-á, bîn-chhn̂g kap kiā^n-tâi.

■単語■

tī [□]	~に
téng [頂]	上に、上で
téng-koân [頂懸]	上
ē-kha [下脚]	下
--nih [裏]	~中に、中で
lāi-té [內底]	中、奥
khoán [款]	種類を表すのに用いる量詞
keng [間]	家、部屋に用いる量詞
hè [貨]	もの、品物
chhù [厝]	家
pâng [房]	部屋

基礎篇

pâng-keng［房間］	部屋
ka-khū［家具］	家具
kiaⁿ-tâi［鏡臺］	鏡台

A: 卓仔頂/有啥貨？ テーブルの上になにがありますか？
B: Tī 卓仔的/頂懸/有一本書。 テーブルの上には本が一冊あります。
A: 卓仔的/下脚/也有書/是--無？ テーブルの下にも本があるでしょう？
B: 無,無書。Tī 卓仔的/下脚/有一 いいえ，本はありません。テーブルの下
　粒球。 にはボールが一個あります。

A: Lín 厝/有幾間房間？ あなたの家はいくつ部屋がありますか？
B: 阮厝/有四間房間。 わたしの家は 4 つ部屋があります。
A: 何一間/是汝的？ どの部屋があなたのですか？
B: Chit 間/是我的。 これがわたしのです。
A: Tī 房裏/有啥款家具？ 部屋にはどんな家具がありますか？
B: Tī 房間的/內底/有卓仔,椅仔, 部屋には机，椅子，ベッド，鏡臺があり
　眠床/kap 鏡臺。 ます。

[解説]

1「～がある/ない」も ū/bô を用います。語順は，
　　場所 ＋ ū/bô ＋ もの
です。場所を表すには，名詞の前に前置詞 tī (～に，で) を添え，後ろに場所名詞/接尾辞 (うえ，した，なか etc…) を付けます。前置詞は省かれることもあります。
　　(tī)　toh-á téng　　(テーブルの上に，で)
　　(tī)　toh-á ê téng-koân (テーブルの上に，で)
téng「上に」は接尾辞，téng-koân「上」は名詞です。したがって，
　　Tī téng-koân ū sím-mih？　（上になにがありますか？）
　　× Tī téng ū sím-mih？

2 量詞 khoán は「種類」の意味ですが，これを使って，
　　chit khoán ＋ （名詞）　　この種類の　→このような
　　hit khoán ＋ （名詞）　　あの種類の　→あのような

第 14 課

　　　sím-mih khoán ＋ （名詞）　　なんの種類の→どのような

ということができます。

■補充単語■

chia [□]	ここ(に)
hia [□]	あそこ(に)
nâ-á [籃仔]	バスケット，かご
koa-kó [瓜果]	リンゴ

注意

1) hè＝hòe
2) --nih＝--lìn, --lih
3) lāi-té＝lāi-tóe
4) kap＝kah
5) ka-khū＝ka-kū

【練習】

1　下にあげた場所に何があるかを尋ねる文とその答えを言ってみましょう。

　場所(椅子，ベッド，鏡台，家，かご)の(上，下，中)

　もの(1個のボール，2本の鉛筆，3つの部屋，4冊のノート，5個の林檎)

2　つぎの会話をしてみましょう。

　A: あなたはどのような車をもっていますか？

　B: わたしはこのような車をもっています。

　A: あなたはあのような車をもっていますか？

　B: いいえ，わたしはあのような車はもっていません。

3　chia/hia ū/bô……「ここに/あそこに～がある/ない」を使って言ってみましょう。

　(1) なにがある？

　(2) リンゴがいくつある？

　(3) リンゴが2個ある。

　(4) リンゴがない。

基礎篇

第15課
「たくさんある，すこしもない」の言い方を覚えましょう。

A: Kin-á-jit téng-po· lín ū khò bô?
B: Bô, téng-po· gún bô khò, ē-po· chiah ū.

A: Lín ū kúi chiat khò?
B: Gún ū chin chōe khò, lóng-chóng ū saⁿ chiat khò.

A: Lín ū kúi ê gín-á?
B: Gún ū chit ê cha-po·-kiáⁿ, nn̄g ê cha-bó·-kiáⁿ, lóng-chóng ū saⁿ ê gín-á.

A: In kám ū gín-á?
B: Bô, in bô gín-á, chit ê gín-á to bô.

■単語■

téng-po· [頂晡]	午前
ē-po· [下晡]	午後
chiah [□]	～こそ
to [都]	少しも，さっぱり
lóng-chóng [攏總]	全部で，あわせて
chōe [多]	多い
khò [課]	授業
chiat [節]	授業を数える量詞

A: 今仔日頂晡/lín 有課/--無？　　今日午前中あなた方は授業がありますか？
B: 無，頂晡/阮無課，下晡/chiah 有。　　いいえ，午前中はありませんが，午後にはあります。
A: Lín 有幾節課。　　なん時間あるのですか？

94

第 15 課

B: 阮有眞多課,攏總/有三節課。　　たくさんあります。全部で三時間もあります。

A: Lín 有幾個囝仔？　　あなた方はお子さんはなん人ですか？
B: 阮有一個 cha-po͘ 囝,兩個 cha-bó͘ 囝,攏總/有三個囝仔。　　わたしどもは男の子ひとり,女の子二人で,あわせて三人です。
A: In 敢有囝仔？　　彼らは子供がいるのかしら？
B: 無, in 無囝仔, 一個囝仔/都無。　　いいえ,いません。彼らは子供は一人もいません。

[解説]
① 「たくさん/すこしある」は
　　ū chin chōe＋(名詞)
　　ū sió-khóa＋(名詞)
② 「すこしもない」は副詞 to を使って,……to bô といいます。
　　Chit ê to bô.　　ひとりもいない。
　　Chit tiuⁿ to bô.　　一枚もない。
　　Chit ki to bô.　　一本もない。
③ 副詞 chiah は「〜こそ〜だ」という強調の意味に使います。
　　Án-ne chiah hó.　　それでこそ良いのだ。

■補充単語■

sió-khóa [小許]	すこし
jōa-chōe [若多]	いくつ
jōa-chōe-chîⁿ [若多錢]	いくら
chîⁿ [錢]	お金
kho͘ [箍]	円
chheng [千]	千
tau [兜]	家,家庭
lāi-bīn [內面]	なか(lāi-té の同義語)
gōa-kháu [外口]	そと

基礎篇

> 注意

1) chōe＝chē
2) jōa-chōe＝gōa/lōa-chōe/chē

【練習】

1 質問に答えてみましょう。

Chit-chūn lí ū chî^n bô？

　たくさんある

　すこしある

Chit-chūn lí ū jōa-chōe chî^n？

　千円ある

　一円もない

2 下線部に適当な言葉を入れて下さい。

(1) Góa bô, ＿＿＿＿ chiah ū.

(2) Kin-á-jit bô, ＿＿＿＿ chiah ū.

(3) Téng-po· bô, ＿＿＿＿ chiah ū.

(4) Gún tau bô, ＿＿＿＿ chiah ū.

(5) Lāi-bīn bô, ＿＿＿＿ chiah ū.

(6) Chia bô, ＿＿＿＿ chiah ū.

3 あなたの家族構成について「どんなひと，なんにん」等を報告してみましょう。

第16課

「〜は〜にある/いる」の言い方を覚えましょう。

A: Góa ê pit tī tó-ūi?

B: Tī hia.

A: Tī sím-mih só·-chāi? Tī kheh-thiaⁿ sī--bô?

B: M̄-sī, bô tī kheh-thiaⁿ, tī pān-kong-sek.

A: Lîm sian-siⁿ ū tī--leh bô?

B: Bô, i bô tī--leh.

A: Án-ne, i chit-má tī tó-ūi?

B: I chit-má tī kong-si.

■単語■

tī [□]	〜にある，いる
tī--leh [□□]	在宅している，おる
só·-chāi [所在]	場所，ところ
kheh-thiaⁿ [客廳]	応接室，客間
pān-kong-sek [辦公室]	事務室
kong-si [公司]	会社

A: 我的筆/tī 何位？　　　　　　わたしのペンはどこにありますか？
B: Tī hia。　　　　　　　　　　あそこにあります。
A: Tī 啥物所在？ Tī 客廳/是--　どこですか？　応接室ですか？
　　無？
B: 唔是，無 tī 客廳，tī 辦公室。　いいえ，応接室ではなくて，事務室にあります。

A: 林/--先生/有 tī--leh/--無？　林さんはいらっしゃいますか？

基礎篇

B: 無，伊無 tī--leh。	いえ，彼はいません。
A: 按呢，伊 chit-má/tī 何位？	では，いまどちらにいらっしゃるのですか？
B: 伊 chit-má/tī 公司。	彼はいま会社にいるのです。

[解説]

1 「A は B にいる/ある」の言い方は，

　　A tī B

です。たとえば，

I tī tó-ūi？	彼女はどこにいるか？
——I tī hia.	彼女はそこにいる。
I ū tī hia bô？	彼女はそこにいるか？
——I ū tī hia.	彼女はそこにいる。
——I bô tī hia.	彼女はそこにいない。

2 「どこ？」は

　　tó-ūi

のほかに，同義語

　　sím-mih sò͘-chāi　　　　なに＋ところ → どこ

があって，よく使われます。また，ūi を省略した tó という形式もあります。

3 在(宅)，不在については，

I ū tī--leh bô？	彼はいるか？
I ū tī--leh.	彼はいる。
I bô tī--leh.	彼はいない。

がもっぱら使われます。

2-27▶ ■補充単語■

ha̍k-hāu［學校］	学校
thoah-á［□仔］	引き出し

注意

tī--leh は tī--teh の訛ったものだと思われます。

【練習】

答えてみましょう。

(1) Tiuⁿ sian-siⁿ ū tī-leh bô?

　　いる

　　いない

(2) Tiuⁿ sian-siⁿ tī tó-ūi (sím-mih só·-chāi)?

　　家

　　会社

　　学校

(3) Lí ê kiû tī toh-á-téng bô?

　　テーブルの上

　　椅子の下

　　引き出しの中

ヨラム 台湾人の姓名(1)

　漢族系台湾人はその祖先をたどれば大部分が中国福建省南部および広東省北部から数世代前に台湾に移住してきた人々であって、なかでも福建系が総人口の¾以上を占めると見られる。かれらの姓も福建の姓氏を受け継いでいるため、その多寡にかなりの偏りがある。そのことを台湾では俗に Tân, Lîm, Lí, Khó·, Chhòa, thian-hā chiàm chi̍t-pòaⁿ. [陳林李許蔡、天下佔一半] という。もっとオーバーな言い方に、Tân, Lîm pòaⁿ thian-hā, So·, Gô· chiàm chi̍t-pòaⁿ. [陳林半天下、蘇呉佔一半] などというのもある。鄭成功が台湾を占領したとき、率いて来た兵士のなかで陳と林を姓とする者が過半数を占めていたともいわれている。

　台湾人の大姓を挙げれば、概略その多い順に "Tân [陳], Lîm [林], N̂g [黄], Tiuⁿ [張], Lí [李], Ông [王], Gô· [呉], Chhòa [蔡], Lâu [劉], Iûⁿ [楊], Khó· [許], Tīⁿ [鄭], Siā [謝], Keh [郭], Lōa [頼], Chan [曾], Âng [洪], Khu [邱], Chiu [周], Ia̍p [葉], Liāu [廖], Chhî [徐], Chng [莊], So· [蘇]" といったところであろうか（ただし、順番は資料によって若干の違いがある）。あなたの知人の台湾人は、あるいはこれらの姓のうちのいずれかであるかも知れない。

(☞ P.107)

基礎篇

第17課

ài を使って「〜がいる，〜が好きだ」という言い方を覚えましょう。

A: Lín chia ū bīn-kun bô?
B: Ū, lí ài sím-mih khoán ê?
A: Góa ài khah tōa-tiâu ê.
B: Lí ài kúi tiâu?
A: Góa ài nn̄g tiâu.
B: Iáu ài sím-mih bô?
A: Ài, góa ài chi̍t ki khí-bín.
B: Hó, to-siā!

A: Lí ài chia̍h bah ah bô ài?
B: Bô ài, góa bô ài chia̍h bah, khah ài chia̍h hî.
A: Lí ài lim sím-mih?
B: Góa ài lim kó-chiap.
A: Lí bô ài lim gû-leng sī--bô?
B: M̄-sī, góa mā chin ài lim gû-leng.

■単語■

ài [愛]	いる，好きだ
iáu [猶]	ほかに，なお
chia̍h [食]	食べる
lim [飲]	飲む
tiâu [條]	細長いものに添える量詞
bīn-kun [面巾]	タオル
khí-bín [齒□]	歯ブラシ
bah [肉]	肉

第 17 課

hî［魚］	魚
kó-chiap［果汁］	ジュース
gû-leng［牛□］	牛乳

A: Lin chia/有面巾/--無？　　おたくはタオルがありますか？
B: 有,汝愛啥物款/--的？　　ございます。どのようなのがご入り用ですか？
A: 我愛較大條/--的。　　大きめのが欲しいのです。
B: 汝愛幾條？　　なん本ご入り用ですか？
A: 我愛兩條。　　2枚欲しいです。
B: 猶愛啥物/--無？　　ほかに何かご入り用のものは？
A: 愛, 我愛一枝齒 bín。　　ええ, 歯ブラシを1本。
B: 好, 多謝！　　承知しました。ありがとうございます。

A: 汝愛食肉/抑無愛？　　あなたは肉が好きですか？
B: 無愛, 我無愛食肉, 較愛食魚。　　いいえ, わたしは肉は好きではありません。魚が好きです。
A: 汝愛飲啥物？　　あなたはなにを飲むのが好きですか？
B: 我愛飲果汁。　　わたしはジュースが好きです。
A: 汝無愛飲牛 leng/是--無？　　あなたは牛乳は好きではないのですね？
B: 唔是, 我 mā 眞愛飲牛 leng。　　いいえ, わたしは牛乳もとても好きです。

[解説]

① ài は動詞として「～が必要である」の意味に使われます。
　Góa ài sat-bûn.　　わたしは石鹸がいる。
　Góa bô ài sat-bûn.　　わたしは石鹸はいらない。
　Lí (ū) ài sat-bûn (ah) bô (ài)？あなたは石鹸がいらないか？

② ài は他の動詞の前に置いて助動詞として使うこともできます。意味は「～をすることが好きである」です。
　Góa ài khòaⁿ tiān-sī.　　わたしはテレビを見るのが好きです。
　Góa bô ài khòaⁿ tiān-sī.　　わたしはテレビを見るは好きではない。
　Lí (ū) ài khòaⁿ tiān-sī (ah) bô (ài)？　あなたはテレビを見るのが好き

基礎篇

か？

3 ài の打ち消しは bô ài ですが、これに対応する肯定形として ū ài が使われることがよくあります。特に肯定の答えをする時はそのようになります。

Lí (ū) ài khòa^n tiān-iá^n bô?	あなたは映画を見るのが好きですか？
Ū, góa ū chin ài khòa^n tiān-iá^n.	はい、わたしは映画を見るのがとても好きです。
Bô, góa bô chin ài khòa^n tiān-iá^n.	いいえ、わたしは映画を見るのはたいして好きではありません。

4「わたしのところ」は gún（われわれ）+chia（ここ）で表します。

gún chia	わたしのところ
lín chia	おたく
lín hia	あなたのところ（電話などで）
in hia	彼のところ

2-30▶ ■補充単語■

khòa^n [看]	見る、読む
thia^n [聽]	聞く
sat-bûn [雪文]	石鹸
loa̍h-á [□仔]	くし
tiān-sī [電視]	テレビ
tiān-iá^n [電影]	映画
im-ga̍k [音樂]	音楽

注意

bīn-kun＝bīn-kin

【練習】

1 言い替えてみましょう。

(1) Góa ài loȧh-á.
  (ほしいか)
  (ほしい)
  (ほしくない)

(2) Góa ài thiaⁿ im-gȧk.
  (好きか)
  (好きだ)
  (好きではない)

2 答えて下さい。

(1) Lí ài gōa-chōe chîⁿ?
(2) Lí ài chîⁿ ah bô ài?
(3) Lí ài khòaⁿ sím-mih?
(4) Lí ài thiaⁿ sím-mih?
(5) Lí ài khòaⁿ tiān-iáⁿ ah bô ài?
(6) Lí ài thiaⁿ siu-im-ki ah bô ài?

基礎篇

第18課   「知っている」表現を覚えましょう。

A: Lí bat hit ūi sian-si^n bô?
B: Góa bat. I sī gún lāu-su.
A: Lí chai-iá^n i sì^n sím-mih?
B: Chai-iá^n, i sì^n Ông, Ông lāu-su.

A: Góa m̄ bat Tâi-oân-ōe. Lí bat bô?
B: Góa mā m̄ bat Tâi-oân-ōe.
A: Lí chai-iá^n i ē-hiáu kóng Tâi-oân-ōe ah bōe?
B: Góa m̄ chai-iá^n.

■単語■

bat [□]	知っている
chai-iá^n [知影]	知っている
sì^n [姓]	姓を～という
lāu-su [老師]	先生
ē-hiáu [會曉]	できる

A: 汝 bat hit 位先生/--無？　　　　　あなたはあの人を知っていますか。
B: 我 bat。伊是阮老師。　　　　　　知っています。彼はわたしどもの先生です。
A: 汝知影伊姓啥物？　　　　　　　　姓をなんというか知っていますか。
B: 知影, 伊姓王, 王老師。　　　　　知っています。姓は王です。王先生です。

A: 我唔 bat 臺灣話。汝 bat/--無？　わたしは台湾語はわからないんですが、
　　　　　　　　　　　　　　　　　　あなたはわかりますか？
B: 我 mā 唔 bat 臺灣話。　　　　　　わたしも台湾語は知らないんです。
A: 汝知影伊會曉講臺灣話/抑 bōe？　彼が台湾語がわかるかどうか、あなた知
　　　　　　　　　　　　　　　　　　っていますか？

B: 我唔知影。　　　　　　　　　　　わたしは知りません。

[解説]

① chai-iá^n と bat は同義語「知っている」ですが、ニュアンスに微妙な違いがあります。chai-iá^n は単に「事実として知っている」ですが、bat は(1)人や場所を見知っている、見分けられる、(2)経験を積んで知識として持っている、というニュアンスです。

　　Góa bat i.　　　　　わたしは彼を知っている。
　　Góa bat Eng-gú.　　わたしは英語がわかる。
　　Góa bat jī.　　　　わたしは字を知っている。

打ち消しは通常 m̄ を使います。

　　Góa m̄ chai-iá^n.
　　Góa m̄ bat.

したがって、疑問文は、

　　Lí chai-iá^n m̄?
　　Lí bat m̄?

ですが、bô を使った、

　　Lí chai-iá^n bô?
　　Lí bat bô?

もよく使われます。

② chai-iá^n あるいは bat はともに後ろに(名詞)句、節、文を自由に従えることができます。

　　Góa bat hit ūi.　　　　　　　　　　　わたしはあの方を知っている
　　Góa chai-iá^n hit ūi sī sím-mih lâng.　わたしはあの方がだれかを知っている。

③ sì^n は「姓を〜をいう」という意味の動詞です。

　　Góa sì^n Chhòa.　　　　わたしは蔡と申します。
　　I sì^n sím-mih?　　　　彼女の姓はなんですか？

ただし、相手の姓をたずねるときは

　　Lí kùi-sì^n?〔汝貴姓？〕　　お名前は？

という丁寧な表現を用いるのが普通です。

基礎篇

2-33▶ ■補充単語■

chai [知]	知っている
kùi-sìⁿ [貴姓]	姓はなんと申されますか？
hāng [項]	事柄に添える量詞, 件
tāi-chì [事誌]	事柄, 出来事, 用事
jī [字]	字
Eng-gú [英語]	英語
Jit-pún-ōe [日本話]	日本語
Chhòa [蔡]	姓

注意

1) chai-iáⁿ には単音節語の chai という形もあってよく使われます。
2) sìⁿ＝sèⁿ
3) jī＝lī
4) Eng-gú＝Eng-gí

【練習】

1　言い替えてみましょう。

(1) Góa bat hit ūi sió-chiá.
　　（知っているか）
　　（知らない）

(2) Góa chai-iáⁿ hit ūi sió-chiá sī sím-mih lâng.
　　（知っているか）
　　（知らない）

(3) Góa chai-iáⁿ chit hāng tāi-chì.
　　（知っているか）
　　（知らない）

(4) Góa chai-iáⁿ in chhù tī tó-ūi.
　　（知っているか）
　　（知らない）

2　台湾語で質問をして, 答えてみましょう。

(1) あなたは字をいくつ知っているか？

(2) あなたはこれがなにか知っているか？

(3) あなたは彼が何を食べるのが好きか知っているか？

(4) あなたは彼らがどこの人か知っているか？

(5) あなたは日本語を知っているか？

3 姓を尋ねてみましょう。また，答えてみましょう。

Lí kùi-sî^n？

Góa sî^n_____.

ヨラム 台湾人の姓名(2)

姓に用いられる漢字に「白話音」（口語音）と「文言音」（文語音）の二通り読み方がある場合，白話音が用いられることが多い。例えば，「陳，黄，張，蔡，劉」という字の白話音はそれぞれ tân, n̂g, tiu^n, chhòa, lâu であるが，文言音はそれぞれ tîn, hông, tiong, chhài, liû といった具合である。後者の読み方は姓としては用いられない。ただし，例外もあって，例えば「林」の lîm は文言音であり，その白話音は nâ であるが，この姓の読み方は文言音の lîm である。これに対して，名前の方は文言音を用いる。例えば，「献堂」は Hiàn-tông と読まれ，Hiàn-tn̂g とは読まれない。「天賜」は Thian-sù と読まれ，Thi^n-sù とは読まれない。

台湾人の名前の付け方は，必ずというわけでもないが，中国的伝統に則ったある種の原則がある。すなわち，二字の名前を付けることが多く，その第一字目は兄弟すべて同じ字を用いる。大きな家族では従兄兄弟みんな同一の字を用いることもある。例えば，一字目に「良」の字を用いるとすると，その兄弟は「良光，良明，良正，良大」であったりするわけである。そして第二字目を取り，その前に「阿」の字を付けて愛称とすることがよくある。例えば，A-Kong［阿光］，A-Bêng［阿明］のように呼ぶのである。

(☞ P.121)

基礎篇

第19課 出身地の尋ね方と答え方を勉強しましょう。

A: Chhiá^n-mn̄g, lí sī Gô· sian-si^n ê pêng-iú sī--bô?

B: Sī, góa sī i ê pêng-iú, sì^n Lîm, góa sī Lîm Bûn-hiông.

A: Lîm sian-si^n, kiú-gióng-tāi-bêng! Sió-sì^n Khó·, miâ Iú-sit.

B: Khó· sian-si^n, lí hó!

A: Lí sī tó-chit-kok ê lâng?

B: Góa sī Jit-pún-lâng. Lí sī tó-ūi ê lâng?

A: Góa sī Tâi-oân-lâng.

B: Í-āu to-to chí-kàu.

A: Chài-chián!

B: Chài-chián!

■単語■

chhiá^n-mn̄g [請問]	おうかがいいたします
miâ [名]	名前を〜という
sió-sì^n [小姓]	わたしの姓は〜という
tó-chit-kok [何一國]	どの国
í-aū [以後]	以後
to-to [多多]	たくさん，おおいに
chí-kàu [指教]	指導する
Gô· [吳]	姓
Khó· [許]	姓
Bûn-hiông [文雄]	名

第 19 課

Iú-sit ［有實］	名
kiú-gióng-tāi-bêng ［久仰大名］	かねがねお名前をうかがっておりました
chài-chiàn ［再見］	さようなら，中国語からの借用語

A: 請問，汝是吳/--先生/的朋友/是--無？　　先礼ですが，あなたは呉さんのお友達ではありませんか？

B: 是，我是伊的朋友，姓林，我是林文雄。　　ええ，わたしは彼の友達で，姓は林，文雄です。

A: 林/--先生，久仰/大名！小姓/許，名有實。　　林さん，お名前はかねがね。わたしは姓を許，名を有實と申します。

B: 許/--先生，汝好！　　許さん，こんにちは。

A: 汝是何一國/的人？　　あなたはどこの国の方ですか？

B: 我是日本人。汝是何位/的人？　　わたしは日本人です。あなたはどちらの方ですか？

A: 我是臺灣人。　　わたしは台湾人です。

B: 以後/多多指教。　　以後，どうぞよろしく。

A: 再見！　　さようなら。

B: 再見！　　さようなら。

[解説]

1 出身地の尋ね方は，ふつうは

　　Lí sī tó-ūi (ê) lâng?

でかまいませんが，特に国籍をたずねようとする場合は，

　　Lí sī tó-chit-kok ê lâng?

と言えばよいでしょう。

2 sió-sìⁿ は自分の姓をへりくだって名乗る言い方です。

　　Sió-sìⁿ Lí.　　わたしは李と申します。

　miâ は「名前を～という」という意味の動詞です。

　　Góa sìⁿ Lí, miâ Lē-hôa.　　わたしは姓は李，名は麗華です。

台湾の習慣では、このようにまず姓を名乗りそれから名前を名乗るか、あるいはまず姓を名乗り，それからフルネームを名乗るかします。

　　Góa sìⁿ Lí, góa sī Lí Lē-hôa.　　わたしは李，李麗華です。

基礎篇

3 以下は決まりきった言い方ですから、そのまま覚えて下さい。

(1) chhiáⁿ-mn̄g

　ひとにものをたずねる時にかける言葉。chioh-mn̄g とも言う。

(2) kiú-gióng tāi-bêng

　初対面の時に、お名前はかねがねうかがっておりました、という言葉。

(3) to-to chí-kàu

　どうぞよろしく、と言う言葉。大いにご指導願います、という意味。

2-36▶ ■補充単語■

Lē-hôa［麗華］		名
piān-só͘［便所］		トイレ
chioh-mn̄g［借問］		おうかがいいたします

|注意|

kiú-gióng tāi-bêng＝kiú-gióng tōa-miâ

【練習】

1　台湾語で言ってみましょう。

(1) あなたはどこの出身ですか？

(2) わたしは日本の出身です。

(3) 日本のどこですか？

(4) 東京です。

2　chhiáⁿ-mn̄g を使って尋ねてみましょう。また、それに答えてみましょう。

(1) お名前は？

(2) お国は？

(3) トイレはどこ？

第20課

「習う，教える」の言い方を覚えましょう。

A: Lí beh o̍h Tâi-oân-ōe sī--bô?
B: Sī, góa beh o̍h Tâi-oân-ōe.
A: Góa kā lí kà Tâi-oân-ōe hó bô?
B: Hó, góa chin ài kap lí o̍h Tâi-oân-ōe.

A: O̍h Tâi-oân-ōe ū chhù-bī bô?
B: Ū, o̍h Tâi-oân-ōe chin chhù-bī.
A: Lí ta̍k-kang lóng o̍h jōa-kú?
B: Góa ta̍k-kang chha-put-to o̍h nn̄g tiám-cheng.

■単語■

beh [□]	～したい
kā [□]	～に…してやる
kap [□]	～と
o̍h [學]	習う，学ぶ
kà [教]	教える
chhù-bī [趣味]	面白い，興味深い
ta̍k-kang [逐工]	毎日
jōa-kú [若久]	どのぐらいの時間？
chha-put-to [差不多]	およそ，だいたい
tiám-cheng [點鐘]	～時間

A: 汝 beh 學臺灣話/是--唔？　あなたは台湾語が習いたいのですか。
B: 是，我 beh 學臺灣話。　ええ，わたしは台湾語が習いたいのです。
A: 我 kā 汝教臺灣話/好--無？　わたしがあなたに教えてあげましょうか？

基礎篇

B: 好！我真愛 kap 汝學臺灣話。　　それはそれは。わたしはとてもあなたに習いたいです。

A: 學臺灣話/有趣味/--無？　　台湾語の勉強は面白いですか？
B: 有，學臺灣話/真趣味。　　ええ，台湾語の勉強はとても面白いです。
A: 汝逐工/攏學若久？　　あなたは毎日どのぐらい学びますか？
B: 我逐工/差不多學兩點鐘。　　わたしは毎日およそ2時間ぐらい学びます。

[解説]

① beh は意志のあることを表す助動詞で，「～したい，するつもりだ」の意味。ài の同義語。

　Lí beh lim tê bô?　　あなたはお茶が飲みたいですか？
　Góa beh lim tê.　　わたしはお茶が飲みたい。
　Góa bô beh lim tê.　　わたしはお茶が飲みたくない。

② 前置詞 kā は，(1)「～に(～してやる)」，(2)「～に対して(～する)」，(3)「～から(～する)」を表します。

　(1) Góa kā i siá jī.　　わたしは彼にかわって字を書いてやる。
　(2) Góa kā i kóng chi̍t hāng tāi-chì.　　わたしは彼に一つのことを話す。
　(3) Góa kā i bóe chi̍t tâi chhia.　　わたしは彼から車を一台買う。

③ 前置詞 kap は，行為がある人と共同で行われること，あるいは行為がある人に従って行われることを表します。

　Góa kap i khì.　　わたしは彼と行く。
　Góa kap lí o̍h Tâi-oân-ōe.　　わたしはあなたに台湾語を習う(あなたについて台湾語を勉強する)。

④ 文の構造に注意して下さい。

　O̍h Tâi-oân-ōe | chin chhù-bī.

o̍h Tâi-oân-ōe という動詞句がこの文の主語です。

⑤「どれほど」のように程度や時間の長さを言うとき，量を表す言葉は動詞の後ろに置きます。

　Góa o̍h chi̍t-nî Tâi-oân-ōe.　　わたしは台湾語を1年勉強する。

第20課

6 「〜時間，〜分間」は「時，分」の後ろに cheng を添えます。

 chi̍t tiám cheng   1時間
 chi̍t tiám pòa^n 1時間半
 cha̍p hun cheng   10分間

「〜時間」はまた sió-sî を用いて，

 nn̄g sió-sî   2時間

でもかまいません。

「〜日間」は，

  chi̍t kang   1日
  nn̄g kang   2日
  sa^n kang   3日

「〜ヶ月間」は，

  chi̍t ge̍h-ji̍t   1ヶ月
  nn̄g ge̍h-ji̍t   2ヶ月
  sa^n ge̍h-ji̍t   3ヶ月

「〜年間」は，

  chi̍t nî   1年
  nn̄g nî   2年
  sa^n nî   3年

です。

7 文の後に hó bô?（bô は軽声）を添えて「〜はどうか，〜しましょうか」などを表すことができます。

 Lán khòa^n tiān-sī hó bô?   わたしたちテレビを見ませんか？
 Góa kā lí chia̍h hó bô?   食べてあげましょうか？

8 lim tê は chia̍h（食べる）を使って chia̍h tê としてもかまいません。

■補充単語■

kóng ［講］	いう，はなす
khì ［去］	行く
siá ［寫］	書く
bóe ［買］	買う

基礎篇

bóe-mih［買物］	買い物する
tê［茶］	お茶
chiú［酒］	酒
sió-sî［小時］	～時間
kang［工］	日を数える量詞
ge̍h-ji̍t［月日］	～ヶ月

注意

1) beh＝boeh
2) kap＝kah
3) jōa-kú＝gōa-kú, lōa-kú
4) bóe＝bé
5) ge̍h-ji̍t＝ge̍h/goe̍h-ji̍t/lit

【練習】

1 次の質問を考え，またそれに答えてみましょう。
(1)台湾語の勉強は好きか？
(2)台湾語の勉強は面白いか？
(3)誰が台湾語を教えてくれるのか？
(4)台湾語を毎日何時間学ぶのか？

2 beh または ài を使って言ってみましょう。
(1)台湾語を学ぶつもりだ。
(2)酒が飲みたい。
(3)何時間テレビを見るつもりか？
(4)買い物がしたい。

第21課

「話す」という動詞を覚えましょう。

A: Lí bat hiah--ê lâng bô?
B: Góa m̄ bat. Lí ū bat hō͘·n?
A: Góa bat. Góa kap in chin se̍k-sāi.
B: In kám sī Ji̍t-pún-lâng?
A: M̄-sī, in lóng sī Hân-kok-lâng.
B: In kóng siáⁿ khoán ê ōe?
A: In kóng Hân-kok-ōe, in-ūi Hân-kok-ōe sī in ê bó-ōe.
B: In mā kóng Tâi-oân-oē sī--m̄?
A: Sī. In Tâi-oân-ōe chin gâu-kóng, in-ūi hiah--ê lâng lóng tòa Tâi-oân chin kú.

■単語■

se̍k-sāi [熟似]	懇意である
kú [久]	(時間が)長い
in-ūi [因爲]	なぜなら
gâu [□]	～に秀でている
tòa(-tī) [□(□)]	～に住む
bó-ōe [母話]	母語
Hân-kok [韓國]	韓国
Hân-kok-lâng [韓國人]	韓国人
Hân-kok-ōe [韓國話]	韓国語

A: 汝 bat hiah--ê 人/--無? あなたはあの人たちを知っていますか？

基礎篇

B: 我唔 bat。汝有 bat/hō·n？　　　知りません。あなたは知っているのですね？

A: 我 bat。我 kap in 眞熟似。　　　わたしは知っています。わたしは彼らととても親しいんです。

B: In 敢是日本人？　　　彼らは日本人なのかしら？

A: 唔是，in 攏是韓國人。　　　いいえ，彼らは韓国人です。

B: In 講啥款/的話？　　　彼らはどんな言葉を話すんですか？

A: In 講韓國話，因爲韓國話/是 in 的母話。　　　彼らは韓国語を話すんです。韓国語が彼らの母語ですから。

B: In mā 講臺灣話/是--唔？　　　彼らは台湾語も話すんでしょうか？

A: 是。In 臺灣話/眞 gâu 講，因爲 hiah--ê 人/攏住臺灣/眞久。　　　ええ，とても上手に話しますよ。あの方たちはみな台湾にとても長いから。

[解説]

① kap には接続詞と前置詞の両方の「と」があります。ここでは前置詞です（第20課の kap と同じ単語）。

　　Góa kap i ū sek-sāi.　　　わたしは彼と懇意である。

② in-ūi は，あとから理由をつけ加える接続詞です。

　　Góa bô ài siá jī, in-ūi chin hâm-bān.

　　わたしは字を書くのは好きではない。なぜなら，とても下手だから。

③ gâu は「～するのがうまい」という意味の助動詞です。

　　gâu kóng ōe　　　　　話がうまい
　　gâu siá jī　　　　　　字がうまい
　　gâu thak chheh　　　勉強ができる

■補充単語■

hâm-bān［含慢］　　　　　下手だ，不器用だ
thak［讀］　　　　　　　　読む
thak-chheh［讀册］　　　　勉強する
Tiong-bûn［中文］　　　　中国語

第21課

注意

thak-chheh＝thak-chu

【練習】

1 質問と答え方を考えてみましょう。

 ［問い］あなた(あなたがた，彼，彼ら)はどんな言葉を話すか？

 ［答え］台湾語，日本語，韓国語，英語，中国語

2 わたし(わたしたち，彼，彼ら)は(1)の言語がとても上手に話せる，と言ってみましょう。

3 台湾語で言ってみましょう。

 (1) 今はとても暑い。夏だから。

 (2) 今はとても寒い。冬だから。

4 質問に答えてみましょう。

 Lí tōa-tī Tâi-oân jōa-kú?

 (1) 3日 (2) 2ヶ月 (3) 半年 (4) 1年 (5) とても長い

基礎篇

第22課

「じょうずに〜する」の言い方を練習しましょう。「スポーツをする，楽器を弾く」などは具体的な動作の動詞で表します。

A: Gún a-chí kǹg-khîm tôa^n-liáu chin hó.

B: Lí mā tôa^n-liáu chin hó sī--bô?

A: Bô, góa tôa^n-liáu bô siá^n hó. Lí leh?

B: Góa ē-hiáu tôa^n chit-sut-á niā-niā.

A: Lí ài sím-mih ūn-tōng?

B: Góa chin ài iá-kiû.

A: Lí ài phah ah sī ài khòa^n?

B: Góa bô ài khòa^n, khah ài ka-kī phah.

■単語■

chit-sut-á [一□仔]	ほんのちょっぴり
niā-niā [□□]	〜だけ，のみ
ka-kī [家己]	自分で
liáu [了]	完成を表す動詞語尾
tôa^n [彈]	弾く，演奏する
phah [拍]	打つ，プレーする
phah-kiû [拍球]	球技をする
kǹg-khîm [鋼琴]	ピアノ
ūn-tōng [運動]	スポーツ
iá-kiû [野球]	野球

A: 阮阿姊/鋼琴/彈了眞好。　　わたしの姉はとてもピアノが上手なの。
B: 汝 mā 彈了眞好/是--無？　　あなたも上手なんでしょう。

第 22 課

A: 無，我彈了無啥好。汝/leh？　　　いいえ，わたしはたいして上手ではありません。あなたは？

B: 我會曉彈一 sut 仔/niā-niā。　　　わたしはほんのちょっと弾くだけよ。

A: 汝愛啥物運動？　　　あなたはどんなスポーツが好きですか？

B: 我眞愛野球。　　　わたしは野球がとても好きです。

A: 汝愛拍/抑是愛看？　　　やるのが好きなの，それとも見るのが好きなの？

B: 我無愛看，較愛家己拍。　　　見るのはそんなに好きではありません。自分でやるほうが好きなんです。

[解説]

① *play* で表されることばは具体的な動作を意味する動詞を使うものが多いで注意して下さい。

tôaⁿ kǹg-khîm	（はじく動作）	→ ピアノをひく
chhih kǹg-khîm	（手で押さえる動作）	→ ピアノをひく
jih kǹg-khîm	（手で押さえる動作）	→ ピアノをひく
oe sió-thê-khîm	（臼を挽く動作）	→ バイオリンをひく
phah kiû	（叩く，打つ動作）	→ 球技，ボール遊びをする
that kiû	（蹴る動作）	→ ボールを蹴る

② -liáu は動詞に付属して動作の実現，完成を表します（第28, 30課参照）。また，

　　動詞 + liáu + 形容詞

で，ある事柄が行われてそれがどのようであるかを表します。

　　I tôaⁿ kǹg-khîm tôaⁿ-liáu chin hó.　　彼女はピアノを上手にひく。
　　I siá jī siá-liáu chin hó-khòaⁿ.　　彼は字をきれいに書く。
　　Chit niá saⁿ chò-liáu chin súi.　　この服はとてもきれいに作ってある。

③ niā-niā は「だけ，のみ」の意味の文末助詞です。

　　Sī góa chit ê lâng niā-niā.　　わたし一人だけです。
　　Ū chit ê niā-niā.　　一個あるだけです。

④ ある種の技術が「できる，できない」を助動詞 ē-hiáu, bē-hiáu で表しま

基礎篇

す。第29課で詳しく練習します。

■補充単語■

bē-hiáu [□曉]	できない
chhih [□]	演奏する
jih [□]	演奏する
oe [□]	演奏する
chò [做]	作る
hó-khòaⁿ [好看]	目で見て見やすい。きれいだ
sió-thê-khîm [小提琴]	バイオリン
that [□]	蹴る
the-nih-suh [□□□]	テニス
pâi-kiû [排球]	バレーボール
kha-kiû [脚球]	サッカー

注意

1) ka-kī＝ka-tī
2) oe＝e
3) ē-hiáu＝ōe-hiáu
   bē-hiáu＝bōe-hiáu
4) chò＝chòe

【練習】

1　どんなスポーツが好きか，尋ねてみましょう。またそれに答えてみましょう。

　　[答え]　(1)野球
　　　　　　(2)テニス
　　　　　　(3)バレーボール
　　　　　　(4)サッカー

2　ピアノ/バイオリンについて尋ねてみましょう。またそれに答えてみましょう。

　　[答え]　(1)たいへん上手だ

(2) あまり上手ではない
　　(3) たいへん下手だ (hâm-bān)
　　(4) すこしだけ
3 「ちょっぴり〜だけ」と言ってみましょう。
　(1) 食べる
　(2) 見る
　(3) 勉強する
　(4) 話す
　(5) 飲む

⟨コ⟩⟨ラ⟩⟨ム⟩ 台湾人の姓名(3)

姓と名前をつなげて呼ぶとき，姓の部分は必ず転調する。例えば，
　　蔡清輝　Chhòa² Chheng⁷-hui
姓氏の後ろに官職や尊称を付けるときも転調する。
　　Tân³ thài²-thài ［陳太太］Mrs.陳
　　Lîm³ sió¹-chiá ［林小姐］Miss 林
　　Tiuⁿ⁷ keng⁷-lí ［張經理］張マネージャー
　　N̂g³ úi¹-oân ［黃委員］黃委員
ただし，尊称として sian-siⁿ［先生］を後ろに付けるときには，姓は転調せず，この sian-siⁿ は軽声すなわち下降弱音調に転じる。
　　Tân sianˑ³-siⁿ³
しかし，sian-siⁿ-niû［先生娘］（先生の奥さんに対する尊称）は姓氏の部分を転調させる。
　　Tân³ sian⁷-siⁿ⁷-niû
sī［氏］(〜氏)，ka［家］(〜家) も姓氏の部分は転調することなく原調を保持し，後ろは軽声となる。
　　Tân sī³ ［陳氏］
　　Lîm ka³ ［林家］　　　　　　　　　　　　　　　　　　　　　(☞ P.135)

基礎篇

第23課 「来る，行く」の言い方を覚えましょう。

A: Lí án-chóa^n lâi hōe-siā?

B: Góa tiā^n-tiā^n chē kong-chhia lâi hōe-siā.

A: Chē kong-chhia lâi chia tio̍h jōa-kú?

B: Chha-put-to ài pòa^n sió-sî.

A: Án-ne, bô jōa hn̄g, khah kūn hō͘^{n}?

B: Tio̍h ah, góa lâi chia ū khah lī-piān.

A: Chit ūi siān-si^n, mâ-hoân lí. Chit hō ê bá-suh khì tó-ūi?

B: Sit-lé, lí koh kóng chit-pái hó bô? Góa thia^n bô jōa chheng-chhó.

A: Góa kóng: góa beh lâi-khì Tâi-pak chhia-thâu. Lí thia^n ū bô?

B: Thia^n ū. Chit hō bá-suh ū kàu chhia-thâu.

A: Góa chai ah. To-siā lí!

B: M̄-bián kheh-khì.

■単語■

án-chóa^n [按怎]	どのようにして
tiā^n-tiā^n [定定]	いつも
koh [□]	また，更に
m̄-bián [唔免]	～するには及ばない
hō [號]	～番
pái [□]	回数の量詞

第23課

hn̄g [遠]	遠い
kūn [近]	近い
tio̍h [著]*	正しい *[著]は[着]と書かれることもある
lī-piān [利便]	便利だ
chheng-chhó [清楚]	はっきりしている
lâi [來]	来る
khì [去]	行く
lâi-khì [來去]	行く
chē [坐]	乗る
kàu [够]	到着する
tio̍h [着]	(金あるいは時間が)かかる(àiの同義語)
mâ-hoân [麻煩]	面倒をかける
kheh-khì [客氣]	遠慮する
sit-lé [失禮]	失礼する,ごめんなさい
hōe-siā [會社]	会社(kong-siの同義語)
chhia-thâu [車頭]	駅
kong-chhia [公車]	バス
bá-suh [□□]	バス

A: 汝按怎來會社？　　　　　　あなたはどうやって会社に来るんですか？

B: 我定定坐公車/來會社。　　　わたしはいつもバスで会社に来るんです。

A: 坐公車/來chia/著若久？　　　バスでここまで来るのにどのくらいかかるんですか。

B: 差不多愛半小時。　　　　　　だいたい半時間ぐらいですね。

A: 按呢,無若遠,較近/hō·ⁿ？　　それじゃあ,そんなに遠くない,近いほうですね。

B: 着/ah, 我來chia/有較利便。　　そのとおりです。ここへ来るのはわりに便利です。

基礎篇

A: Chit 位先生,麻煩汝。Chit 號的 bá-suh/去何位？　　あのう,すみませんが,この番号のバスはどこ行きでしょうか？

B: 失禮,汝 koh 講一 pái/好/--無？我聽無若清楚。　　ごめんなさい。もう一度言って下さい。よく聞こえなかったもので。

A: 我講：我 beh 來去臺北車頭。汝聽有/--無？　　わたし台北駅へ行くんです。おわかりですか？

B: 聽有。Chit 號 bá-suh/有够車頭。　　わかりました。このバスは駅に行きます。

A: 我知/ah。多謝/--汝！　　わかりました。ありがとうございます。

B: 唔免客氣。　　どういたしまして。

[解説]

① 動詞 lâi/khì は直接後ろに目的語を置くことができます。

　　lâi Tâi-pak　　台北へ来る
　　khì Tâi-pak　　台北へ行く

lâi-khì は「これからわざわざ出かけて行く」というニュアンスで,多くは一人称,góa, gún, lán でのみ使うことができます。

　　Gún beh lâi-khì ha̍k-hāu.　　わたしたちは学校へ行きます。

　　Lán lâi-khì hia bóe mi̍h-kiāⁿ, hó bô?

　　　　僕たちあそこへ行って買い物をしませんか。

　2 人称とともに使われることもありますが,それは相手を勧誘するニュアンスの場合です。

　　Góa beh lâi-khì Se-mn̂g-teng, lí beh lâi-khì bô?

　　　　わたしは西門町に行きますが,あなたは行きますか？

lâi-khì は一般に否定形や過去形に使われることはありません。

② 「車で行く」は動詞 chē(座る,乗る)を前置詞に使って,

　　chē chhia khì ha̍k-hāu　車に乗って学校へ行く→車で学校に行く

のように言います。

③ tio̍h は「費用/時間がかかる」の意味です。同義語に ài あるいは tio̍h-ài があります。

　　Tio̍h(ài, tio̍h-ài) jōa-kú?　　　　どのぐらいかかるか？

——Tio̍h gō· hun.　　　　　　　　　5分かかる
　　Tio̍h(ài, tio̍h-ài) kúi-îⁿ?　　　　　　いくらかかるか？
　　　——Tio̍h chi̍t pah kho·.　　　　　　百円かかる

4 án-chóaⁿはここでは「どのようにして」と方法を聞きます。「これからどのようにするか？」をたずねる場合は，しばしば beh とともに用いられます。

　　Che án-chóaⁿ siá?　　　　　これはどのように書くのですか？
　　Lí án-chóaⁿ khì?　　　　　　あなたは(ふつうは)どのように行くのか？
　　Lí beh án-chóaⁿ khì?　　　　あなたは(これから)どのように行くのか？
　　Che beh án-chóaⁿ?　　　　　これはどうしましょうか？

5「bô jōa＋形容詞」で，「いくらも～ない」の意味です。「bô siáⁿ＋形容詞」と同義です。

　　bô jōa hn̄g　　そんなに遠くない
　　bô siáⁿ hn̄g　　そんなに遠くない

6「もう一度～する」は，

　　koh　　　＋　　動詞　　＋　　chi̍t-pái
　　(また)　　　　　　　　　　　　(一回)

です。

　　koh kóng chi̍t-pái　　もう一度言う
　　koh lim chi̍t-poe　　　もう一杯飲む
　　koh chia̍h chi̍t-tè　　　もう一切れ食べる

7 動詞の後ろに ū/bô を添えて，その動作が達成されていること/されていないことを表します。

　　Thiaⁿ ū bô?　　　　　　　　聞いてわかるか？
　　Thiaⁿ ū.　　　　　　　　　　聞いてわかる
　　Thiaⁿ bô.　　　　　　　　　聞いてわからない
　　Chhē ū bô?　　　　　　　　捜し当てたか？
　　Chhē ū hit ê lâng.　　　　　あの人を捜し当てた
　　Chhē bô.　　　　　　　　　捜し当てられなかった
　　Bóe ū bô?　　　　　　　　　買えたか
　　Bóe ū chi̍t ê.　　　　　　　　一個買えた

基礎篇

　　　Bóe bô.　　　　　　　　買えなかった

8 熟語的な表現

(1) Tioh!：相手の言うことを「そのとおり，正しい」と認めるときのYesに当たる言葉。

(2) Mâ-hoân lí.：「面倒をかけます」あるいは「面倒をおかけしました」。

(3) Sit-lé!：失礼をわびる言葉。日本語からの借用語。

(4) M̄-bián kheh-khì!：「遠慮はいらない」ということから「どういたしまして」。お礼を言われたときに返す言葉。

2-48▶ ■補充単語■

tioh-ài［著愛］	かかる
poe［杯］	コップ，グラスなどの量詞
chhē［□］	捜す
kiâⁿ［行］	歩く
sái［駛］	運転する
lō·［路］	道
kè-thêng-chhia［計程車］	タクシー
kúi-îⁿ［幾圓］	いくら（jōa-chōe-chîⁿの同義語）
Se-mn̂g-teng［西門町］	地名

注意

1) chhē＝chhōe

2) kūn＝kīn

【練習】

1　次の質問に答えてみましょう。

(1) Lí chē sím-mih chhia lâi chia?

［答え］　① バス

　　　　② タクシー

　　　　③ 歩いて（kiâⁿ lō·）

　　　　④ 車を運転して（sái chhia）

(2) Lí chē sím-mih chhia khì hia?
[答え] ① バス
② タクシー
③ 歩いて
④ 車を運転して
(3) Lí beh án-chóa^n khì chhia-thâu?
[答え] ① バス
② タクシー
③ 歩いて
④ 車を運転して
(4) Khì chhia-thâu tiỏh jōa-kú?
[答え] ① 20分
② 半時間
③ 1時間
(5) Bóe chit tâi chhia tiỏh kúi-î^n?
[答え] ① 30万元
② 45万元
③ 50万元
(6) Chit-má lí beh khì tó-ūi?
[答え] ① 駅
② 会社
③ 学校

2 台湾語で言ってみましょう。
(1) この品物はそんなに高くない。
(2) どうしよう？ (beh án-chóa^n?)
(3) 行ってきます。(beh lâi-khì)
(4) もう一度来ます。
(5) わかりますか？ わかりません。(thia^n ū bô?)

基礎篇

第24課

「どこに住んで、なにをしている」の言い方を覚えましょう。

A: Lín tòa-tī tó-ūi?

B: Gún tòa-tī Lô-su-hok-lō·, tī Tâi-oân tāi-ha̍k ê hū-kūn.

A: Lí chit-má teh chia̍h sím-mi̍h thâu-lō·?

B: Góa chit-má tī chit keng bō·-e̍k hōe-siā siōng-pan.

A: Lé-pài-ji̍t lí chhòng sím-mi̍h?

B: Téng-po· piàⁿ pâng-keng, ē-po· khì Se-mn̂g-teng chhit-thô.

A: Lí phó·-thong kap sím-mi̍h lâng chhut-khì?

B: Ū-sî chit-ê lâng chhut-khì, ū-sî chhōa gún bó· chhut-khì.

■単語■

teh［著］	〜している
tī［□］	〜に, 〜で
phó·-thong［普通］	普通, 普段
ū-sî［有時］	時には, たまに
siōng-pan［上班］	勤める, 出勤する
piàⁿ［□］	掃く, 掃除する
chhit-thô［廻廻］	遊ぶ
chhòng［創］	する, 作る
chhut-khì［出去］	出ていく, 出かける
chhōa［𤆬］	連れる
thâu-lō·［頭路］	職
chia̍h thâu-lō·［食頭路］	職に就く

第24課

bó· [□]	妻
tāi-ha̍k [大學]	大学
bō·-e̍k [貿易]	貿易
hū-kūn [附近]	付近
Lô-su-hok-lō· [羅斯福路]	ルーズベルト通り

A: Lín tòa-tī 何位？　　　　　　　　　あなたがたはどこにお住まいですか？

B: 阮 tòa-tī 羅斯福路, tī 臺灣大學 的/附近。　　　わたしどもはルーズベルト通りに住んでいます。台湾大学の近くです。

A: 汝 chit-má/著食啥物頭路？　　　　あなたは今何の仕事をなさっているのですか？

B: 我 chit-má/tī 一間貿易會社/上班。　　わたしは今ある貿易会社に勤めています。

A: 禮拜日/汝創啥物？　　　　　　　日曜日はあなたは何をしていますか？

B: 頂晡/piaⁿ房間, 下晡/去西門町/𨑨迌。　　　午前中は部屋を掃除して, 午後は西門町へ遊びに行きます。

A: 汝普通/kap 啥物人/出去？　　　　あなたは普通だれと出かけるのですか？

B: 有時/一個人/出去, 有時/𤆬阮 bó·/出去。　　　一人で出かけることもあるし, 家内を連れていくこともあります。

[解説]

1 tī は,「～において」を表す前置詞です。動詞 tī「～にある」と同じ語源です。

　　I chit-má tī lāi-té.　　　　　　彼女はいま中にいる。
　　Góa beh tī pâng--nih khòaⁿ chu.　　わたしは部屋で本を読む。

これをある動詞の後ろに添えて,「～に～している」を表すことがあります。

　　I tòa-tī Tang-kiaⁿ.　　彼は東京に住んでいる。
　　I tòa-tī pn̄g-tiàm.　　彼はホテルに泊まっている。

2 teh は, 動詞句の前に置かれてその動作が進行していることを表します。

　　I teh khòaⁿ pò-chóa bô?　　彼は新聞を読んでいますか？
　　I teh khòaⁿ pò-chóa.　　　彼は新聞を読んでいます。

基礎篇

  I bô teh khòaⁿ pò-chóa. 彼は新聞を読んでいません。

3 chò と chhòng は同義語ですが，微妙な使い分けがあります。すなわち chò は，

  chò bah-chàng 粽をこしらえる(作る)
  chò seng-lí   商売をする (行う)
  chò seng-lí-lâng 商売人になる (成る)

これに対して chhòng は技術的な面での，細工，創造，発明，修理の意味合いが強いのです。「あれやこれやいじくる」といったところ。

  chhòng chhù   家を直す
  chhòng lō·   道を直す
  chhòng thâu-lō· 職に就く(＝chiah thâu-lō·)

また，だれがなにを「する」のかを問うときは，多くは chhòng を使いますが，chò を使うこともできます。

  Lí teh chhòng/chò sím-mih thâu-lō·? あなたの職業は何ですか。
  Che sī sím-mih-lâng chhòng/chò ê? これは誰がしたことなのか。

■補充単語■

chò［做］	する，作る
i-seng［醫生］	医師
khang-khòe［工課］	仕事
chhài［菜］	料理，おかず，野菜
bah-chàng［肉粽］	肉粽，肉入りのちまき
pn̄g-tiàm［飯店］	旅館，ホテル
seng-lí［生理］	商売
Tiong-san-pak-lō·［中山北路］	地名

注意

1) chhit-thô＝thit-thô
2) chò＝chòe
3) hū-kūn＝hū-kīn
4) khang-khòe＝khang-khè

第 24 課

【練習】

1 どこに住んでいるか/泊まっているか，尋ねてみましょう。また，それに答えてみましょう。

［答え］ (1)東京
(2)台北
(3)ホテル
(4)中山北路
(5)西門町

2 職業を尋ねてみましょう。また，それに答えてみましょう。

［答え］ (1)会社員
(2)商売
(3)先生
(4)学生
(5)医者

3 いま何をしているのか，尋ねてみましょう。また，それに答えてみましょう。

［答え］ (1)仕事(chò khang-khòe, chò tāi-chì, chhòng tāi-chì)
(2)遊び
(3)勉強
(4)読書
(5)音楽
(6)テレビ
(7)料理(chò chhài)
(8)野球
(9)運転
(10)ピアノ

基礎篇

第25課 「どうぞ〜して下さい」の言い方を覚えましょう。

A: Lí chit-má tòa-tī tó-ūi?

B: Góa chit-má tòa-tī Thian-bú. Lí nā ū-êng, chhiáⁿ lâi chē.

A: To-siā! Chhiáⁿ lí mā lâi gún tau chhit-thô.

B: Hó! Āu-jit it-tēng beh lâi-khì.

A: Lán chit-má khai-sí lâi thàk Tâi-oân-ōe, hó bô?

B: Hó!

A: Góa seng thàk chit-pái. ……Lí thiaⁿ ū bô?

B: Thiaⁿ bô!

A: Nā án-ne, chhiáⁿ lí koh thiaⁿ góa thàk chit-pái. ……

Chit-pái lí thiaⁿ ū bô?

B: Thiaⁿ ū ah.

A: Bô, chit-má chhiáⁿ lí tè góa kóng chit-ē.

■単語■

chhiáⁿ [請]	どうぞ〜して下さい
nā [若]	もし〜なら
āu-jit [後日]	後日、いつか
it-tēng [一定]	かならず
seng [先]	さきに、まず
tè [□]	〜に従って、ついて
chit-pái [一□]	一回
chit-pái [□□]	今回

第 25 課

chit-ē ［一下］	ちょっと
khai-sí ［開始］	始める
Thian-bú ［天母］	地名

A: 汝 chit-má/tòa-tī 何位？
いまどちらにお住まいですか？

B: 我 chit-má/tòa-tī 天母。汝若有閑, 請來坐。
わたしはいま天母に住んでいます。お暇な折には遊びにきて下さい。

A: 多謝！請汝 mā 來阮兜迌迌。
ありがとう。あなたもわたしのところへ遊びにきて下さい。

B: 好！後日/一定要來去。
ええ、いつかかならずうかがいます。

A: 咱 chit-má/開始來讀臺灣話, 好/--無？
これから台湾語の勉強を始めましょう。

B: 好。
オーケー！

A: 我先讀一 pái……汝聽有/--無？
わたしがまず一度読みます。……わかりましたか？

B: 聽/無！
わかりません。

A: 若按呢, 請汝 koh 聽我讀一 pái……
では、もう一度読むのを聞いて下さい。……

Chit-pái/汝聽有/--無？
今度はわかりましたか？

B: 聽有/ah。
わかりました。

A: 無, chit-má/請汝 tè 我講/--一下。
では、わたしについて言ってみて下さい。

［解説］

1 lí または lín を主語とする文のまえに chhiáⁿ を置くと, 相手に丁寧に頼む場合の言い方になります。lí/lín は省略可能です。

　　chhiáⁿ(lí) chē.　どうぞお掛け下さい。
　　Chhiáⁿ lâi chē.　どうぞ遊びに来て下さい。(lâi chē は, よその家に遊びに行くこと)

2 chit-ē は動詞の後ろに置かれて, その動作が軽微であるとか短時間であることを表します。軽声で発声します。

133

基礎篇

Chhiáⁿ lí chē chit-ē.　　ちょっとお座り下さい。
Tán chit-ē!　　ちょっと待って！

3 it-tēng beh…は「必ず～するつもりです」を表します。

Góa it-tēng beh lâi.　　わたしはかならず来ます。

4 nā án-neは「もしそうならば」, bôは「じゃあ」を表します。

Nā án-ne lán lâi-khì.　もしそうならば，わたしたちは出かけましょう。
Bô, án-ne lah.　　　　じゃあ，そうしましょう。

■補充単語■

tán［等］　　　　　　　　　待つ
bān［慢］　　　　　　　　　遅い
jiân-āu［然後］　　　　　　それから，そのあとで

注意

1) āu-ji̍t＝āu-lit
2) tē＝tōe
3) jiân-āu＝liân-āu

【練習】

1　台湾語で言ってみましょう。
(1) どうぞもう一度言って下さい。
(2) どうぞもう少しゆっくり話して下さい。(kóng khah bān)
(3) どうぞもっとたくさん召し上がれ。(chia̍h khah chōe)
(4) どうぞバスで来て下さい。
(5) どうぞわたしを遊びに連れて行って下さい。

2　「ちょっと～しなさい」と言ってみましょう。
(1) 待つ
(2) 歩く
(3) 座る
(4) 見る
(5) 聞く

3 「わたしはあすは必ず~する」と言ってみましょう。

(1) 勉強する

(2) 買い物に行く

(3) 学校に行く

(4) 出勤する

(5) 部屋を掃除する

4 台湾語で言ってみましょう。

今度はわかりましたか？ もしわかったなら，あなたが先に一度読んで下さい。それから(jiân-āu)，またわたしについて読んで下さい。

◁ラム▷ 台湾人の姓名(4)

これらのほか，「姓を~という人」という意味で姓氏の後ろに助詞 ê [的] を付ける時も姓氏の部分は転調しないのを原則とする。ただし，その姓氏が第5声の場合に限って第3声に転調する。

Tiuⁿ--ê^1	張
Lí--ê^3	李
Chhòa--ê^3	蔡
Keh--ê^3	郭
Tân^3--ê^7	陳
Tīⁿ--ê^7	鄭
Ia̍p--ê^7	葉

助詞の ê は軽声となるが，そのピッチは姓氏の部分が第何声であるかによって，高調（1で表してある），中調（7で表してある），低調（3で表してある）の3種類に分かれる。

基礎篇

第26課

「〜するな」という禁止の命令の言い方を覚えましょう。

A: Lí sái chhia ū kúi-nî ah?

B: Ū nn̄g-saⁿ nî ah.

A: Sái chhia chiok gûi-hiám. Lí mài sái siuⁿ kín.

B: Hó, góa it-tēng sòe-jī sái.

A: Ta̍k-ê khah an-chēng leh! Mài tī chia kóng oē.

B: Ná mài kóng oē?

A: Chit ê só·-chāi sī pīⁿ-īⁿ, só·-í mài chhá. Lín chai-iáⁿ bô?

B: Chai-iáⁿ ah!

■単語■

mài [□]	〜するな
ah [□]	文末の助詞
leh [□]	〜なさい
chiok [足]	とても，非常に
siuⁿ [傷]	あまりに
ná [那]	どうして
só·-í [所以]	だから
gûi-hiám [危險]	危険だ
kín [緊]	速い
an-chēng [安靜]	静かだ
sòe-jī [細膩]	気をつける
chhá [吵]	騒がしくする
ta̍k-ê [逐個]	みなさん
pīⁿ-īⁿ [病院]	病院

第 26 課

A: 汝駛車/有幾年/ah？　　　　　　　あなたは何年運転していますか？
B: 有兩三年/ah。　　　　　　　　　　二三年です。
A: 駛車/足危險。汝 māi 駛傷緊。　　運転はとても危険です。あまり速く走ってはなりませんよ。
B: 好，我一定細膩駛。　　　　　　　はい，かならず気をつけて参ります。

A: 逐個/較安靜/leh！Māi tī chia/講話。　みなさん静かにしなさい。ここで話をしてはなりません。
B: 那 māi 講話？　　　　　　　　　　どうして話をしてはいけないんですか？
A: Chit 個所在/是病院，所以 māi 吵。Lín 知影/--無？　ここは病院です。だから騒がないように。わかりましたか？
B: 知影/ah！　　　　　　　　　　　わかりました。

[解説]

1 禁止の言い方はいろいろありますが、ここではもっとも応用範囲の広い māi を使った言い方を覚えて下さい。

　Māi khì!　　　　行くな。
　Māi chiȧh!　　　食べるな。

2 程度の副詞 siuⁿ は「あまりに～すぎる」の意味です。

　Chia lâng siuⁿ chōe.　　　　　ここは人が多すぎる。
　Lí chiȧh-liáu siuⁿ chió.　　　あなたは食べるのが少なすぎだ。

3 ná は「どうして」と、理由を問い糾したり、反問するときの疑問代名詞です。

　I ná bô lâi?　　　　　　　　　彼はどうして来ないの？
　Chit ê ná chiah-nih kùi?　　　これはどうしてこんなに高いの？

4 助詞の leh は命令の口調を表しています。

　Lí chhiáⁿ lâi chia leh!　　　あなたちょっとここへいらっしゃい。
　Tán leh!　　　　　　　　　　　待って！

5 助詞の ah は文末に置かれて状況や事情が変化したことを表します。

　Góa chiȧh pá ah.　　　食事は済ませました。（食べて満腹した）
　I lâi ah.　　　　　　　彼は来ました。

基礎篇

　　　Chai-iáⁿ ah.　　　　わかりました。

■補充単語■

chiah-nih [□□]	こんなに
hiah-nih [□□]	あんなに
chhiáⁿ [且]	しばらく，ちょっと
chōe [多]	多い
chió [少]	少ない
oàⁿ [晏]	時間が遅い
chhiò [笑]	笑う
khàu [哭]	泣く

注意

1) sòe-jī＝sòe/sè-jī/lī
2) pīⁿ＝īⁿ＝pēⁿ-īⁿ
3) chōe＝chē
4) gûi-hiám＝hûi-hiám
5) chiah-nih/hiah-nih には，一音節語 chiah/hiah もあります。

【練習】

1　禁止の命令をしてみましょう。
　(1) 遅刻(oàⁿ lâi)
　(2) スピードの出しすぎ
　(3) 笑う
　(4) 泣く
　(5) 食べすぎ

2　副詞 chin, chiok, khah, siuⁿ を添えて言ってみましょう。
　　　(1) 多い　　　(2) 少ない
　　　(3) 高い　　　(4) 安い
　　　(5) 遠い　　　(6) 近い
　　　(7) 大きい　　(8) 小さい
　　　(9) はやい　　(10) おそい

(3)「どうしてこんなに/そんなに～～なの？」と言ってみましょう。

　　Ná chiah/hiah……？
　　　(1) 多い　　　(2) 少ない
　　　(3) 高い　　　(4) 安い
　　　(5) 遠い　　　(6) 近い
　　　(7) 大きい　　(8) 小さい
　　　(9) はやい　　(10) おそい

基礎篇

第27課 「いつ」という言い方を覚えましょう。

A: Lí chá-khí kúi-tiám khí-chhn̂g？

B: Góa phó͘-thong la̍k-tiám khí-lâi.

A: Lí kúi-tiám siōng-pan？

B: Góa chha-put-to poeh-tiám-pòaⁿ chhut-khì.

A: Lí tī-sî tńg--lâi？

B: Góa ē-po͘ gō͘-tiám hā-pan.

A: Lí àm-sî kúi-tiám khùn？

B: Góa ta̍k-kang àm-sî cha̍p-it-tiám khùn.

■単語■

chá-khí［早起］	朝，朝食
àm-sî［暗時］	夜，夕食
tī-sî［底時］	いつ
khí-chhn̂g［起床］	起床する
khí-lâi［起來］	起きる
hā-pan［下班］	退勤する
tńg［轉］	帰る
tńg--lâi［轉來］	帰って来る
khùn［睏］	寝る

A: 汝早起/幾點/起床？　　　　　あなたは朝何時に起床しますか？
B: 我普通/六點/起來。　　　　　わたしはふだん6時に起きます。
A: 汝幾點/上班？　　　　　　　 あなたは何時に出勤しますか？
B: 我差不多八點半/出去。　　　 わたしはおよそ8時半に出かけます。
A: 汝底時/轉--來？　　　　　　 あなたはいつ頃帰りますか？
B: 我下晡/五點/下班。　　　　　わたし午後5時に退勤します。

第 27 課

A: 汝暗時/幾點/睏？　　　　　　　あなたは夜何時に寝ますか？
B: 我/逐工/暗時/十一點/睏。　　　わたしは毎日夜11時に寝ます。

[解説]

1 「いつ，何時に～するか？」は

　　tī-sî / tang-sî　　　＋動詞句？
　　kúi-tiám　　　　　 ＋動詞句？

で表します。

■補充単語■

tiong-tàu［中罩］	正午，昼御飯
siōng-khò［上課］	授業に出る
hā-khò［下課］	授業を終える

|注意|

chá-khí＝chái-khí

【練習】

一日のスケジュールについて尋ね，またそれに答えてみましょう。

　　　　　起きる時間
　　　　　寝る時間
　　　　　会社(学校)へ行く時間
　　　　　会社(学校)から帰る時間
　　　　　朝御飯の時間（chiah chá-khí）
　　　　　昼御飯の時間
　　　　　夕御飯の時間

基礎篇

第28課　引き続き「いつ」という言い方を練習しましょう。

A: Lí ū sî-kan bô?
B: Bô, góa chit-má chin bô-êng, choân bô sî-kan.
A: Án-ne, lí sím-mih sî-chūn chiah ū sî-kan?
B: Góa mā m̄ chai chit hāng tāi-chì sím-mih sî-chūn chòe-liáu.

A: I sím-mih sî-chūn ē tńg--lâi?
B: I āu-lé-pài it-tēng ē tńg--lâi.
A: Lí sím-mih sî-chūn beh chhut-khì?
B: Góa tú-tú chit-má beh chhut-khì.

■単語■

ē [會]	だろう
tú-tú [抵抵]	ちょうど
choân [全]	全然
-liáu [了]	動詞語尾。〜し終わる（第22課, 30課参照）
chòe-liáu [做了]	やり終わる
āu-lé-pài [後禮拜]	来週
sî-chūn [時陣]	時
sî-kan [時間]	時間

A: 汝有時間/--無?	あなたは時間がありますか？
B: 無, 我 chit-má/眞無閑, 全無時間。	いいえ、わたしはいま忙しくて、全然時間がないんです。
A: 按呢，汝啥物時陣/chiah 有時間?	それではあなたはいつ時間ができるんですか？

B: 我 mā 唔知/chit 項事誌/啥物時陣/做了。	この用事がいつ終わるかわたしもわからないんですよ。
A: 伊啥物時陣/會轉--來？	彼女はいつ帰るのですか？
B: 伊後禮拜/一定會轉--來。	彼女は来週必ず帰ります。
A: 汝啥物時陣/beh 出去？	あなたはいつ出かけるのですか？
B: 我/抵抵 chit-má/beh 出去。	わたしはちょうどこれから出かけるところです。

[解説]

1 「いつ」には sím-mih sî-chūn という形式もあります。

2 副詞 chiah は「ようやく，やっと」というニュアンスです。(15課参照)

3 助動詞 ē は将来かならずそうなることを表します。beh と違い，「意志」を表しません。(25課参照)

Bîn-á-chài it-tēng ē lȯh hō͘.	明日はきっと雨が降る。
I it-tēng ē lâi.	彼女はきっと来る。
Góa it-tēng beh khì.	わたしはかならず行く。

4 it-tēng の否定の形は bô it-tēng です。

Lí it-tēng beh khì bô?	あなたは必ず行きますか？
——Bô it-tēng.	(行くとは)限りません。

■補充単語■

í-chêng [以前]	〜のまえに
liáu-āu [了後]	〜のあとで
lȯh [落]	落ちる，降りる
hō͘ [雨]	雨
lȯh-hō͘ [落雨]	雨が降る
siⁿ-jit [生日]	誕生日

注意

1) ē＝ōe
2) chōe-liáu＝chȯ-liáu

基礎篇

3) siⁿ-jit＝siⁿ-lit

【練習】

1 台湾語で尋ね，答えてみましょう。
 (1)いつテレビを見るのか――夕食の後(chiah ām-sî liáu-āu)
 (2)いつ勉強するのか――寝る前(beh khùn í-chêng)
 (3)いつ雨が降るか――午後
 (4)誕生日はいつ？
 (5)この小説はいつ読み終わるか――あす

2 ē あるいは beh を使って言ってみましょう。
 (1)わたしは今晩(ām-sî)必ず映画を見に行く。
 (2)あなたが来れば，彼女は必ず来るでしょう。
 (3)あなたは今週かならず台北へ行きますか？――そうとも限りません。
 (4)この本は明日は必ず読み終わるでしょう。
 (5)明日は雨かしら？――きっと雨だ/そうとは限らない。

第29課

「できる，できない」の言い方を覚えましょう。

A: Lí ē-hiáu kóng Tâi-oân-ōe ah bōe?

B: Tâi-oân-ōe góa ē-hiáu kóng tām-pòh-á.

A: Lí Kheh-ōe iā ē-hiáu kóng bōe?

B: Bōe-hiáu, Kheh-ōe góa bōe-hiáu kóng, chit kù to bōe-hiáu thiaⁿ.

A: Lín iⁿ-á í-keng ē-hiáu kiâⁿ bē?

B: Iáu bē, chhut-sì poeh gèh-jit niā-niā, ná ē-hiáu--tit kiâⁿ?

A: Chiàh sím-mih hè?

B: Iáu bē lah, liân pn̄g to iáu bōe-hiáu--tit chiàh.

■単語■

ē-hiáu(--tit) [會曉得]	できる
bōe-hiáu(--tit) [□曉得]	できない
bē [未]	まだ～ない
iáu [猶]	まだ
tām-pòh-á [淡薄仔]	すこし
í-keng [已經]	すでに
to [都]	～でさえも
liân [連]	～さえも
iⁿ-á [嬰仔]	赤ん坊
chhut-sì [出世]	生まれる
kù [句]	言葉を数える量詞
chit-kù [一句]	ひとこと
pn̄g [飯]	ご飯

基礎篇

Kheh-ōe [客話] 　　　　　　　　　　客家語

A: 汝會曉講臺灣話/抑 bōe？ 　　　　あなたは台湾語ができますか？
B: 臺灣話/我會曉講淡薄仔。 　　　　台湾語なら少しできます。
A: 汝客話/也會曉講/bōe？ 　　　　　客家語も話せますか？
B: Bōe 曉, 客話/我 bōe 曉講, 一　　　いいえ、客家語はできません。一言もわ
　 句/都 bōe 曉聽。　　　　　　　　かりません。

A: Lín 嬰仔/已經會曉行/未？ 　　　　お宅の赤ちゃんはもう歩けますか？
B: 猶未, 出世/八月日/niā-niā, 那　　　まだです。生まれてたった八ヶ月だもの、
　 會曉得行？　　　　　　　　　　　歩けるはずがありません。
A: 食啥物貨？ 　　　　　　　　　　　どんなものを食べますか？
B: 猶未/lah, 連飯/都猶 bōe 曉得　　　いいえ、ご飯だってまだ食べられません。
　 食。

[解説]

① ē-hiáu--tit/bōe-hiáu--tit は、習練熟達によって「できる/できない」ことを表す助動詞です。省略形式の ē-hiáu/bōe-hiáu もよく使われます。また融合形式として ē-hiáng/bōe-hiáng もあります。

　I ē-hiáu kóng Eng-gú ah bōe(-hiáu)?　彼は英語が話せますか？
　I ē-hiáu kóng Eng-gú.　　　　　　　　彼は英語が話せます。
　I bōe-hiáu kóng Eng-gú.　　　　　　　彼は英語が話せません。

もう出来るようになったかどうかを問題にするときは、

　I í-keng ē-hiáu kóng Eng-gú bē?　　　彼はもう英語が話せますか？
　I í-keng ē-hiáu kóng Eng-gú.　　　　　彼はすでに英語が話せます。
　Iáu bē, i iáu bē-hiáu kóng Eng-gú.　　まだです。彼はまだ英語が話
　　　　　　　　　　　　　　　　　　　せません。

のように、bē と iáu bē を用います。

② 副詞の to は liân と呼応して「～さえも、すら」を表します（ただし、liân は省略可能）。

　Liân gín-á to ē-hiáng.　　　　　　　子供でさえできる。
　Liân góa to m̄ chai-iá^n　　　　　　わたしですら知らない。

■補充単語■

khiâ［騎］	またがって乗る
siû［泅］	泳ぐ
siû-chúi［泅水］	泳ぐ，泳ぎ

注意

1) ē＝ōe
   bē＝bōe
2) ē-hiáu(--tit)＝ōe-hiáu(--tit)
   bōe-hiáu(--tit)＝bē-hiáu(--tit)
3) iáu＝iá
4) iⁿ-á＝eⁿ-á

【練習】

1 あなたはなにができる(できない)か報告してみましょう。
   (1) 運転する
   (2) 字を書く
   (3) 自転車に乗る
   (4) 本を読む
   (5) 泳ぐ
2 練習1について「すこしできる」といってみましょう。
3 練習1について「〜さえもできない」と言ってみましょう。

基礎篇

第30課

引き続き「できる/できない」について学びましょう。

A: Chiah-nih tn̂g ê siáu-soat lí ē-tàng khòaⁿ-liáu bōe?
B: Ná bōe-tàng khòaⁿ-liáu? In-ūi góa chin ài khòaⁿ siáu-soat.
A: Góa kám iā ē-tàng khòaⁿ?
B: Tong-jiân ē-tàng! Chit pún chin hó-khòaⁿ koh kán-tan.

A: Bîn-á-chài gún beh khì kong-hn̂g phah iá-kiû, lí kám iā ē-tàng khì?
B: Bōe-tàng khì. Kha teh thiàⁿ, bōe-tàng kiâⁿ.
A: I-seng kóng tang-sî chiah ē-tàng kiâⁿ?
B: I kóng aū-lé-pài chiah ē-tàng kiâⁿ.

■単語■

ē-tàng [會□]	できる
bōe-tàng [□□]	できない
tn̂g [長]	長い
kán-tan [簡單]	簡単だ
thiàⁿ [痛]	痛む
khòaⁿ-liáu [看了]	読み終わる
tong-jiân [當然]	当然、もちろん
kha [腳]	足
kong-hn̂g [公園]	公園

A: Chiah-nih 長/的小説/汝會 tàng 看了/bōe? | あなたはこんなに長い小説でも読めるんですか？

148

B: 那 bōe-tàng 看了？因爲我眞愛看小說。 読めますとも。わたしは小説がとても好きですから。

A: 我敢也會 tàng 看？ わたしにも読めるかしら？

B: 當然／會 tàng！Chit 本／眞好看／koh 簡單。 もちろん読めますよ。これはとても面白いし簡單ですから。

A: 明仔再／阮 beh 去公園／拍野球, 汝敢也會 tàng 去？ わたしたちはあす公園へ野球をしに行きますが, あなたも行けますか？

B: Bōe-tàng 去。脚／著痛, bōe-tàng 行。 行けないんです。足が痛んで, 歩けないんです。

A: 醫生講當時／chiah 會 tàng 行？ 医者はいつ歩けるようになると言っているのですか？

B: 伊講後禮拜／chiah 會 tàng 行。 来週には歩けると言っています。

[解説]

①生まれつきの能力あるいは習練の結果獲得した能力の有無ついて「できる／できない」と言うときは ē-tàng／bōe-tàng を用います。

　　Chit kha hêng-lí ē-tàng theh--khí-lâi.　この荷物なら持てる。
　　Góa ē-tàng kóng Tâi-oân-oē.　わたしは台湾語が話せる。
　（≒Góa ē-hiáu kóng Tâi-oân-oē.）

②さしつかえがあるかないかによって, 実行に及べない／及べるという場合の「できる／できない」も ē-tàng／bōe-tàng で表します。

　　Kin-á-jit bô tāi-chì, ē-tàng khì.　今日は用事がないから行けます。
　　Kha thiàⁿ, bōe-tàng kiâⁿ.　足が痛くて歩けない。

③動詞の後ろに liáu を添えて「〜し終える」を表します。

　　khòaⁿ-liáu　　　　　見終わる
　　chiah-liáu　　　　　食べ終わる
　　chòe-liáu　　　　　やり終わる
　　bōe-liáu　　　　　　売り切れる

同様にして, 動詞の後ろに khí-lâi を添えて「〜あげる」を表します。

　　theh--khí-lâi　　　　取り上げる
　　giâ--khí-lâi　　　　　持ち上げる

基礎篇

khioh--khí-lâi　　　　　　拾い上げる

〈解説補充〉

可能不可能を表す重要な助詞としてほかに ē/bōe があります。

　Chit chiah chiáu-á bōe pe.　　この小鳥は飛べない。

　Lín iⁿ-á ē kiâⁿ ah bōe?　　　あなたの赤ちゃんは歩けますか？

ただし、このように言った場合は、話の前後関係で二とおりの意味に解釈されるでしょう。小鳥が飛べない理由は、まだ小さすぎるからか、あるいは羽に怪我をしているからの二とおりです。赤ちゃんについても、もう歩けるまでに成長したか、あるいは足の怪我は治ったかのどちらについて問うているかは状況次第です。すなわち、ē/bōe-hiáu のニュアンスと ē/bōe-tàng のニュアンスを意味的に概括した助動詞といえるでしょう。

2-69▶ ■補充単語■

the̍h［提］	手に取る、持つ
giâ［□］	大きなものを両手で持つ
khioh［□］	拾う
bōe［賣］	売る
cháu［走］	走る、避ける
pe［飛］	飛ぶ
khí-lâi［起來］	～あげる
the̍h--khí-lâi［提起來］	取り上げる、持ち上げる
chiáu-á［鳥仔］	小鳥
hêng-lí［行李］	荷物

注意

1) ē-tàng＝ōe-tàng

　bōe-tàng＝bē-tàng

　ē-tàng/bōe-tàng は ē-tit-thang［會得通］/bōe-tit-thang［□得通］の縮約形式です。

2) tong-jiân＝tong-liân

3) bōe＝bē

【練習】

できるかどうか尋ねて下さい。できるまたはできないと答えて下さい。どうしてできないか(án-chóaⁿ bōe-tàng～)を尋ね,その理由を説明して下さい。

(1) 行く
(2) 来る
(3) 歩く
(4) 走る
(5) やり終える

基礎篇

第31課

「～していい」という許可を表す言い方を覚えましょう。

A: Chit ê só·-chāi ē-ēng--tit chiah hun bōe?

B: Bōe-ēng--tit.

A: Bô, tī tó-ūi chiah ē-ēng--tit?

B: Hit keng chiah ē-ēng--tit chiah.

A: Lîm sian-siⁿ, góa ē-sái jip--khì bōe?

B: Siáⁿ-lâng?

A: Tân Bûn-hiông.

B: Chhiáⁿ jip--lâi! Ū sím-mih tāi-chì?

A: Ē-sái kā lí mn̄g chit hāng tāi-chì bōe?

B: Ē-sái, sī sím-mih būn-tôe?

■単語■

ē-ēng--tit［會用得］	～してよい
bōe-ēng--tit［囗用得］	～してはいけない
ē-sái(--tit)［會使得］	～してよい
bōe-sái(--tit)［囗使得］	～してはいけない
hun［薫］	タバコ
chiah-hun［食薫］	タバコを吸う
jip［入］	入る
jip--khì［入去］	入って行く
jip--lâi［入來］	入ってくる
mn̄g［問］	聞く，尋ねる
būn-tôe［問題］	問題，質問

第 31 課

A: Chit 個所在/會用得食薰/bōe? この場所はタバコを吸ってもいいんでしょうか？
B: Bōe 用得。 いいえ，タバコは吸えません。
A: 無，tī 何位/chiah 會用得? では，どこならいいんでしょうか？
B: Hit 間/chiah 會用得食。 あちらの部屋なら吸うことができます。

A: 林/--先生, 我會使入--去/bōe? 林さん，入ってもよろしいですか？
B: 啥人？ どなたですか？
A: 陳文雄。 陳文雄です。
B: 請入--來！有啥物事誌？ どうぞお入りなさい。なんのご用事ですか？
A: 會使 kā 汝問一項事誌/bōe? 一つあなたにおうかがいしてもかまいませんか？
B: 會使，是啥物問題？ かまいませんよ。どんな問題ですか？

[解説]

[1] 許可不許可は ē-sái(--tit)/bōe-sái(--tit) あるいは ē-ēng--tit/bōe-ēng--tit を使って尋ねます。これらは動詞句の前に置いても，後ろに置いても構いません。

Kong-hn̂g ê lāi-tóe sím-mih lâng to ē-sái--tit khì chhit-thô.
公園の中はだれでも遊びにいくことができます。
Tī lāi-tóe ē-ēng--tit chia̍h mi̍h ah bōe-ēng-tit?
なかでものを食べることはできますか？
Bô phiò ê lâng bōe-sái--tit ji̍p--lâi. チケットのない人は入れません。
Khòaⁿ tiān-iáⁿ ê sî-chūn, boē-ēng--tit chia̍h hun.
映画を見るときはタバコを吸うことはできません。

■補充単語■

ēng [用]	使う
chham-siông [参詳]	相談する
hioh-khùn [歇睏]	休む
chòe-tīn [做陣]	いっしょに

基礎篇

phiò［票］　　　　　　　　　切符，チケット
mih［物］　　　　　　　　　　もの

> 注意

1）ē-ēng--tit＝ōe-ēng--tit
　　ē-sái--tit＝ōe-sái--tit
　　bōe-ēng--tit＝bē-ēng--tit
　　bōe-sái--tit＝bē-sái--tit
　　ē-sái--tit/bōe-sái--tit の --tit を省略した形 ē-sái/bōe-sái もよく使われます。
2）jip＝lip
3）būn-tôe＝būn-tê
4）chham-siông＝chham-siâng
5）chòe-tin＝chò-tīn

【練習】

かまわないかどうか尋ねて下さい。かまわないまたはダメと答えて下さい。

(1) テレビを見る
(2) 音楽を聞く
(3) 歌を歌う
(4) 酒を飲む
(5) 彼女に話す（kā i kóng）
(6) 張さんに相談する（kā Tiu^n sian-si^n chham-siông）
(7) ここで水を飲む
(8) ちょっと休む（hioh-khùn chit-ê）
(9) これを使う
(10) 彼女と一緒に（kap i chòe-tin）遊びに出かける

第32課

「～しなければならない」という言い方を覚えましょう。

A: Lí nā beh chhut-khì pat-ūi, tioh-ài kā lín pē-bú kóng bô?
B: Tioh ah! Góa it-tēng tioh-ài kā in kóng.

A: Pài-lak lí tioh siōng-pan bô?
B: Bô it-tēng tioh siōng-pan.

A: Lé-pài-jit leh?
B: Lé-pài-jit lóng m̄-bián khì hōe-siā.

A: Bîn-á-chài lí kap gún khì Iông-bêng-san chhit-thô hó bô?
B: Pháiⁿ-sè, góa bîn-á-chài ū tāi-chì, ài khì lâm-pō˙, só˙-í bōe-tàng kap lín chòe-tīn khì chhit-thô.

A: Èng-kai tioh tùi sī-tōa-lâng ū lé-māu.
B: Tioh ah, tùi sī-tōa-lâng m̄-thang bô-lé.

■単語■

ài [愛]	～せねばならない
tioh [著]	～せねばならない
tioh-ài [著愛]	～せねばならない
èng-kai [應該]	～すべきだ
m̄-thang [唔通]	～すべきでない
m̄-bián [唔免]	～するには及ばない
pháiⁿ-sè [□勢]	申し訳ない，済まない
tùi [對]	～に対して

155

基礎篇

bô-lé [無禮]	無礼だ
sī-tōa-lâng [序大人]	親, 父母
lé-māu [禮貌]	礼儀
pàt-ūi [別位]	よそ
pē-bú [父母]	両親
lâm-pō· [南部]	南部
Iông-bêng-san [陽明山]	地名

A: 汝若要出去別位, 著愛 kā lín 父母/講/--無？

あなたはよそへ出かけるときは, 両親に言わなければならないのですか？

B: 著/ah! 我一定著愛 kā in 講。

そうなんです。必ず彼らに言わなければならないんです。

A: 拜六/汝著上班/--無？

土曜日はあなたは出勤しなければならないのですか？

B: 無一定著上班。

いいえ, 必ずしも出勤しなくてもいいのです。

A: 禮拜日/leh？

日曜日は？

B: 禮拜日/攏唔免去會社。

日曜日はまったく会社へ行きません。

A: 明仔再/汝 kap 阮去陽明山/迌迌/好--無？

明日わたしたちと一緒に陽明山へ遊びに行きませんか？

B: Pháiⁿ勢, 我明仔再/有事誌, 愛去南部, 所以 bōe-tàng kap lín 做陣/去迌迌。

申し訳ありません。わたしは明日は用事があって, 南部に行かなければならないので, あなたがたと一緒に遊びに行くことはできないのです。

A: 應該著對序大人/有禮貌。

父母に対して礼儀正しくしなければなりません。

B: 著/ah, 對序大人/唔通無禮。

そうですとも。父母に失礼なことをしてはなりません。

[解説]

1 いろいろな事情からやむを得ず「～しなければならない」というときは助動詞 āi または tiȯh, あるいはこの両者が複合した tiȯh-āi を使います。

 Góa āi khì Tâi-pak. わたしは台北へ行かなければならない。

 Góa tiȯh khì Tâi-pak. わたしは台北へ行かなければならない。

 Góa tiȯh-āi khì Tâi-pak. わたしは台北へ行かなければならない。

2 当然のこととして「～しなければなりない」というときは ēng-kai をつかいます。これは tiȯh-āi などと併せて用いることもできます。

 Chòe lâng ê kiáⁿ ēng-kai tiȯh iú-hàu sī-tōa-lâng.

  人の子として親に孝行しなければならない。

3「～すべきではない」は m̄-thang を添えます。「～するな」の mài と同義語です。(第26課参照)

 M̄-thang tī lō͘-nih chhit-thô. 道で遊んではいけません。

4「～する必要はない」は m̄-bián を添えます。

 Lí m̄-bián hē m̄-tiȯh, i chiah tiȯh-āi kā lí hē sit-lé.

  あなたは謝るには及ばない。彼こそあなたに謝らなければならないんだ。

■補充単語■

lō͘-nih [路裏]	道で
hē [會]	詫びる
hē-sit-lé [會失禮]	謝る
tàu-kha-chhiú [鬥脚手]	手伝う
lȯh-chhia [落車]	下車する
phah-piàⁿ [拍□]	精を出す, 頑張る
pôaⁿ [盤]	乗り換える
sé [洗]	洗う
iú-hàu [有孝]	孝行する
a-bú [阿母]	おかあさん

注意

1) hē＝hōe

2) sê＝sóe

【練習】

1 「～をしなくてはならないのか」と尋ねて,「しなくてはならない」と答えてみましょう。
  (1) 台湾語の勉強
  (2) きょうやり終える
  (3) 母の手伝い(kā a-bú tàu-kha-chhiú)
  (4) 台北駅で降りる
  (5) もっと頑張る(khah phah-piàⁿ)

2 「必ずしも～しなくてもよい」と言ってみましょう。
  (1) 出勤
  (2) 勉強
  (3) 仕事
  (4) 乗換え(pôaⁿ chhia)
  (5) 洗濯(sé saⁿ)

3 「～するには及ばない」と言ってみましょう。
  (1) 出勤
  (2) 勉強
  (3) 仕事
  (4) 乗換え
  (5) 洗濯

第33課

「〜しているところです」の言い方を覚えましょう。この言い方は24課で紹介しましたが、ここでは復習です。

A: Keh sian-si^n ū tī-leh bô?

B: Ū tī-leh, i chit-má tī i ê pâng-keng.

A: I tī-leh chhòng sím-mih hè?

B: Bô tī-leh chhòng sím-mih, i chit-má tī-leh hioh-khùn.

A: Lí teh siá sím-mih? Lí teh siá phoe sī--bô?

B: M̄-sī, góa teh siá lūn-bûn.

A: Lán lâi-khì chiảh mī, hó bô? Tảk-ê lóng teh tán lí neh.

B: Hó, m̄-koh góa tiỏh-ài siá-liáu. Koh tán pòa^n tiám-cheng, hó bô?

A: Hó lah! Tiỏh khah kóa^n-kín chit-ē.

■単語■

neh [□]	〜だよ
kóa^n-kín [趕緊]	急ぐ
tiám-cheng [點鐘]	〜時間
phoe [批]	手紙
lūn-bûn [論文]	論文
mī [麵]	うどん
Keh [郭]	姓

A: 郭--先生/有 tī-leh 無? 　　郭さんはいらっしゃいますか?

基礎篇

B: 有 tī-leh, 伊 chit-má/tī 伊的房間。	おります。彼はいま自分の部屋におります。
A: 伊 tī-leh 創啥物貨？	なにをなさっているのですか？
B: 無 tī-leh 創啥物, 伊 chit-má/tī-leh 歇睏。	なにもしてはおりません。彼はいま休んでいるのです。
A: 汝著寫啥物？汝著寫批/是--無？	あなたはいまなにを書いているの？ 手紙を書いているの？
B: 唔是, 我著寫論文。	いいえ，わたしは論文を書いているのです。
A: Lán 來去食麵/好/--無？逐個攏著等/--汝/neh。	うどんを食べに行かない？ みんなあなたを待っているのよ。
B: 好, 唔 koh 我著愛寫了。Koh 等半點鐘/好/--無？	OK，でも仕上げてしまわなくては。もう半時間待ってくれない？
A: 好/lah！著較趕緊/--一下。	いいわよ。とにかく急いでね。

[解説]

　進行を表すには動詞句の前に tī-teh あるいは teh を添えます。これらはしばしば tī-leh, leh と発音されます。従って，ū tī-leh（在宅する）の tī-leh はこのように発音された tī-teh に当たります。

■補充単語■

bí-hún-chhá［米粉炒］	焼きビーフン
chàu-kha［灶脚］	台所
A-Soat［阿雪］	人名

注意

1) phoe＝phe
2) Keh＝Koeh

【練習】

台湾語に直して言ってみましょう。

A: 雪ちゃん(A-Soat)はどこにいるのかしらん？
B: お勝手よ。
A: 彼女はなにをしているの？
B: お母さんのお手伝い。
A: 料理をつくっているのかしらん？
B: そうよ。夕食を作っているの。
A: なにをつくっているのかな？
B: 焼きビーフンを作っているの。

基礎篇

第34課

「～するつもり，～することになっている」の言い方を練習しましょう。

A: Āu-lé-pài-jit lí beh chhòng sím-mih?

B: Góa beh lâi-khì tiò hî.

A: Lí beh kap sím-mih lâng tâng-chôe khì?

B: Góa beh kap chit ê pêng-iú tâng-chôe lâi-khì.

A: Án-ne, lí bô beh kap lín tōa-hiaⁿ khì sī--bô?

B: Tiȯh ah! I phah-sǹg beh khì phah goˑ-lú-huh.

A: Eng-àm beh tī gún tau kā góa chò siⁿ-jit. Chhiáⁿ lí lâi chē.

B: Án-ne chin kiong-hí! Góa it-tēng beh lâi chham-ka. Lí phah-sǹg beh chhiáⁿ kúi ê lâng?

A: Chha-put-to ū chhit-poeh ê lâng.

B: Iûⁿ Bûn-lông iā ū beh khì m̄?

A: Sī, thiaⁿ-kìⁿ-kóng i iā ē lâi chham-ka.

■単語■

beh [□]	～するつもり
phah-sǹg [拍算]	～する予定
tâng-chôe [同齊]	いっしょに
thiaⁿ-kìⁿ-kóng [聽見講]	～だそうだ
tiò [釣]	釣る
kiong-hí [恭喜]	おめでとう
chhiáⁿ [請]	招く
chham-ka [參加]	参加する
eng-àm [□暗]	今晩

第34課

hî〔魚〕	魚
siⁿ-jit〔生日〕	誕生日
chò siⁿ-jit〔做生日〕	誕生日のお祝いをする
āu-lé-pài-jit〔後禮拜日〕	次の日曜
tōa-hiaⁿ〔大兄〕	長兄
go·-lú-huh〔□□□〕	ゴルフ
Iûⁿ〔楊〕	姓
Bûn-lông〔文郎〕	名前

A: 後禮拜日/汝 beh 創啥物？	こんどの日曜日，あなたはなにをするのですか？
B: 我 beh 來去釣魚。	わたしは魚釣りにいきます。
A: 汝 beh kap 啥物人/同齊去？	だれといっしょに行くのですか？
B: 我 beh kap 一個朋友/同齊來去。	友達といっしょに行きます。
A: 按呢，汝無 beh kap lín 大兄/去/是﹕-無？	では，お兄さんと行かないのですね？
B: 着/ah！伊拍算 beh 去拍 go·-lú-huh。	そうなんです。彼はゴルフに行く予定です。
A: Eng 暗/beh tī 阮 兜/kā 我 做生日。請汝來坐。	今夜わたしの家で誕生日をやるんです。どうぞおいで下さい。
B: 按呢，眞恭喜！我一定 beh 來參加。汝拍算 beh 請幾個人？	それはおめでとうございます。必ず参加いたします。何人の人をお招きですか？
A: 差不多/有七八個人。	およそ7,8人です。
B: 楊文郎/也有 beh 去/--唔？	楊文郎君も来ますか？
A: 是，聽見講伊也會來參加。	ええ，彼も参加するそうです。

〔解説〕

1 動詞の前に助動詞 beh を置いて「～するつもり，～することになっている」と未来のことを表します（第20課参照）。phah-sǹg を使えばそのような「予定，計画」になっていることを明確にすることができます。

  Lí (ū) beh lâi bô? あなたは来ますか。

基礎篇

  Góa (ū) beh lâi-khì.   わたしは行きます。
  Góa bô beh khì.   わたしは行きません。
  Góa phah-sǹg beh lâi-khì. わたしは行くつもりです。

2「〜だそうです」と伝聞を伝えるときは，文の前に thiaⁿ-kìⁿ-kóng をつければいいのです。

  Thiaⁿ-kìⁿ-kóng i mā ē chiȧh chiú. 彼だってお酒を飲むそうだ。

■補充単語■

khe［溪］	川
iok-hōe［約會］	デートする
pah-hè-kong-si［百貨公司］	デパート

> **注意**

1）beh＝boeh
2）tâng-chôe＝tâng-chê
3）siⁿ-jit＝siⁿ/seⁿ-jit/lit
4）khe＝khoe
5）pah-hè-kong-si＝pah-hòe-kong-si
6）thiaⁿ-kìⁿ-kóng は thiaⁿ-kóng［聽講］ともいいます。

【練習】

1 明日はなにをするつもりか尋ね，またそれに答えてみましょう。
 (1) ひとりで家で台湾語の勉強
 (2) 子供と川へ釣り
 (3) 彼女と公園でデート
 (4) ボス（thâu-ke）とゴルフ
 (5) 妻とデパートへ買い物

2 「彼はあす〜するつもりだそうだ」と報告してみましょう。
 (1) ひとりで家で台湾語の勉強
 (2) 子供と川へ釣り
 (3) 彼女と公園でデート
 (4) ボスとゴルフ
 (5) 妻とデパートへ買い物

第35課

「より〜だ」という比較の言い方を練習しましょう。

A: Chit-chūn kúi tiám?
B: Chit-chūn nn̄g tiám.
A: Góa ê pió-á nn̄g tiám chàp hun. Lí ê pió-á khah bān tām-pòh-á.
B: M̄-tiòh, góa ê chiah ū chún.
A: Án-ne, kám sī góa ê khah kín?

A: Lí ōe ê tô· ū-iá^n bōe-bái.
B: Bô-iá^n, iáu-koh chin hâm-bān.
A: M̄-koh nā koh ōe khah sòe-jī, it-tēng koh-khah súi.
B: To-siā, í-āu tiòh-ài koh-khah phah-pià^n.

■単語■

m̄-tiòh [唔着]	間違っている
iáu-koh [猶□]	まだ
koh-khah [□較]	さらに, もっと
í-āu [以後]	以後
chún [準]	正確だ
ōe [畫]	絵を描く
tô· [圖]	絵

A: Chit 陣/幾點?	いま何時ですか。
B: Chit 陣/兩點。	いま2時です。
A: 我的錶仔/兩點十分。汝的錶仔/較慢淡薄仔。	わたしの時計は2時10分です。あなたの時計は少し遅れています。
B: 唔著, 我的/chiah 有準。	違います。わたしのこそ合っています。

基礎篇

A: 按呢,敢是我的/較緊? それなら,わたしのが進んでいるのかしら?

A: 汝畫的圖/有影 bōe-bái。 あなたの描く絵は本当にいいですよ。
B: 無影,猶 koh 眞含慢。 いいえ,まだ全然ダメです。
A: 唔 koh/若 koh 畫較細膩,一定 koh 較 súi。 でももしもっと注意深く描けば,きっとさらに美しくなりますよ。
B: 多謝,以後/著愛 koh 較拍 piàⁿ。 ありがとう。これからいっそう精を出さなくっちゃあ。

[解説]

副詞 khah は比較を表します。たとえはっきりと比較の意味が強調されていなくても,潜在的になにかあるものと比較されているなら,かならずこの khah を添えて言います。

　　Jit-pún ê gû-bah khah kùi.　日本の牛肉は高い。
　　Kin-nî ê joảh-thiⁿ khah joảh.　今年の夏は暑い。

比較の意味をもっと強く打ち出したいのであれば,koh-khah を用いればよいでしょう。

　　I cháu-teh chin kín, m̄-koh góa cháu-teh koh-khah kín.
　　　彼はとても速く走るが,わたしの方がもっと速い。
　　Cha-hng chin joảh, m̄-koh kin-á-jit koh-khah joảh.
　　　昨日もたいへん暑かったが,きょうの方がずっと暑い。

■補充単語■

chá [早]	早い
lāu-jiảt [鬧熱]	賑やかだ
pháiⁿ-miā [□命]	不幸だ,不運だ
kin-nî [今年]	今年
gû-bah [牛肉]	牛肉
ông-lâi [□萊]	パイナップル
Báng-kah [萬華]	地名

第 35 課

注意

1) iáu-koh＝iá-koh
2) ōe＝ūi
3) lāu-jia̍t＝lāu-lia̍t
4) pháiⁿ-miā＝phái-miā

【練習】

1 koh-khah を使って言ってみましょう。

(1)あなたも美しいが，彼女はもっと美しい。

(2)わたしも早起きだが，彼はもっと早く起きる。

(3)ここはたいして賑やかじゃない。万華ならもっと賑やかです。

(4)台湾のパイナップルは美味しい。でもバナナはもっと美味しい。

(5)あなたは自分が不幸だと言うけれど，わたしはもっと不幸だ。

2 応用として，khah hó［較好］の使い方を練習してみましょう。文の最後に khah hó を付ければ「～のほうがよい」を表すことができます。

例：Góa ka-kī khì khah hó. わたしが自分で行った方がいい。

(1) Góa bô ài chhut-khì, ＿＿＿＿＿＿.　　　　　（休んでいた方がよい）

(2) Góa bô ài chia̍h mi̍h, ＿＿＿＿＿＿.　　　　　（寝ていた方がよい）

(3) Chit niá saⁿ siuⁿ kùi, ＿＿＿＿＿＿.　　　　　（買わない方がいい）

(4) Hit ê só·-chāi chin hn̄g, ＿＿＿＿＿＿.　　　　（行かない方がよい）

(5) Chit pún chheh bô siáⁿ hó-khòaⁿ, ＿＿＿＿＿＿.　（読まない方がよい）

基礎篇

第36課
「AはBより～」という比較の言い方を覚えましょう。

A: Liú-teng khah siỏk kam-á sī--bô?
B: Bô it-tēng. Ū-sî liú-teng bô khah siỏk kam-á.
A: Keng-chio khah siỏk kam-á sī--bô?
B: Sī ah. Tiàm Tâi-oân keng-chio bô hiah-nih kùi.

A: Chit tiâu lō· pí hit tiâu lō· khah hó-kiâⁿ.
B: Bô, chit tiâu bô pí hit tiâu khah hó-kiâⁿ.
A: Án-ne, tùi hit tiâu khì pí tùi chit tiâu khì khah hó-kiâⁿ sī--bô?
B: Tiȯh ah. Só·-í lán tùi hit tiâu khì khah hó.

■単語■

pí [比]	～より
tùi [對]	～から
tiàm [站]	～において
tiâu [條]	道の量詞
hó-kiâⁿ [好行]	歩きやすい
liú-teng [□丁]	オレンジ

A: Liú 丁/較俗柑仔/是--無？　　　　オレンジはミカンより安いでしょう？
B: 無一定。有時/liú 丁/無較俗柑仔。　そうとも限りません。時にオレンジがミカンより安くないこともあります。
A: 芎蕉/較俗柑仔/是--無？　　　　　バナナはミカンより安いですか？
B: 是/ah。站臺灣/芎蕉/無 hiah-nih 貴。　ええ，台湾ではバナナは大して高くありませんから。

A: Chit 條路/比 hit 條路/較好行。　この道はあの道より歩き易いです。
B: 無, chit 條/無 比 hit 條/較好行。　いや, この道はあの道より歩き易くはありません。
A: 按呢, 對 hit 條/去/比 對 chit 條/去/較好行/是--無？　それなら, あの道から行く方がこの道から行くよりも行き易いですね？
B: 着/ah！所以咱對 hit 條/去/較好。　そうですとも。だからわたしたちはあちらから行ったほうがいい。

[解説]

① 「A は B より～である/でない」という比較の言い方のうち, 主な 2 つの言い方を紹介します。
① A ＋ (bô) ＋ khah ＋ 形容詞 ＋ B
  Gû-bah khah kùi ti-bah.　　　牛肉は豚肉より高い。
  Ti-bah bô khah kùi gû-bah.　豚肉は牛肉より高くない。
② A ＋ (bô) ＋ pí ＋ B ＋ khah ＋ 形容詞
  Gû-bah pí ti-bah khah kùi.　　牛肉は豚肉より高い。
  Ti-bah bô pí gû-bah khah kùi.　豚肉は牛肉より高くない。

② ついでに「たいして/そんなに～でない」という言い方をまとめておきましょう。
① bô/bōe ＋ sím-mih(siáⁿ) ＋ 形容詞
  Koe-bah bô siáⁿ kùi.　　鶏肉はそんなに高くない。
② bô/bōe ＋ jōa ＋ 形容詞
  Koe-bah bô jōa kùi.　　鶏肉はそんなに高くない。
③ bô/bōe ＋ (名詞) ＋ chiah(-nih)/hiah(-nih) ＋ 形容詞
  Koe-bah bô hiah-nih kùi.　鶏肉はそんなに高くない。
  Koe-bah bōe gû-bah hiah-nih kùi. 鶏肉は牛肉のように高くはない。

③ 前置詞 tùi は「～から」あるいは「～に向かって」に使われます。
①～から
  tùi hōe-siā tńg--lâi.　会社から帰る
  tùi chia kàu hia　　　ここからあそこまで
②～へ向かって
  tùi i kóng　　　　　　彼に向かって言う

基礎篇

tùi hia khì	あちらの方へ行く

■補充単語■

koân [懸]	高い
ti-bah [猪肉]	豚肉
koe-bah [鶏肉]	鶏肉
Hù-sū-san [富士山]	山名
Gio̍k-san [玉山]	山名
Bí-hūi [美恵]	人名

|注意|

1) koân=koâi^n
2) ti-bah=tu-bah
3) koe-bah=ke-bah

【練習】

次のものを比較して言ってみましょう。あわせて「前者は後者ほど〜ではない」と言ってみましょう。

(1) 富士山/玉山→高い
(2) 呉麗華/張美恵→綺麗
(3) 張美恵/呉麗華→若い
(4) 台湾/日本→大きい
(5) 日本料理/台湾料理→美味しい

第37課

比較の言い方の応用です。あわせて「おなじだ」の言い方を覚えましょう。

A: Lí kap Liân sian-si^n tó-chit-ūi khah chōe-hè?

B: Liân sian-si^n pí góa khah chōe-hè.

A: Liân sian-si^n pí lí khah tōa kúi hè?

B: I pí góa tōa la̍k hè.

A: Lí kúi hè?

B: Góa sa^n-cha̍p hè.

A: Ū-iá^n, án-ne lí kap góa pî^n chōe hè.

B: Lín tōa-hia^n kúi hè?

A: I sa^n-cha̍p-jī hè.

B: Án-ne i ke lán nn̄g hè.

A: Lín sió-bē kúi hè?

B: I jī-cha̍p-chhit hè.

A: Án-ne i pí lán kiám sa^n hè.

■単語■

tó-chit-ūi [何一位]	どちらの人
kúi [幾]	いくつ
hè [歳]	年齢
kúi-hè [幾歳]	なん歳
pî^n [平]	同じである
ke [加]	増やす
kiám [減]	減らす
chōe-hè [多歳]	年上である

基礎篇

A: 汝 kap 連/--先生/何一位/較多歲？　　あなたと連さんではどちらが年上ですか？

B: 連/--先生/比我/較多歲。　　連さんのほうがわたしより上です。

A: 連/--先生/比汝/較大幾歲？　　連さんはあなたより何歳年上ですか？

B: 伊比我/大六歲。　　彼はわたしより6歳上です。

A: 汝幾歲？　　あなたは何歳ですか？

B: 我三十歲。　　わたしは30歳です。

A: 有影，按呢/汝 kap 我/平多歲。　　本当ですか，それならあなたとわたしは同い年ですね。

B: Lín 大兄/幾歲？　　お兄さんは何歳ですか？

A: 伊三十二歲。　　彼は32歳です。

B: 按呢/伊加咱兩歲。　　それならわたしたちより2歳上ですね。

A: Lín 小妹/幾歲？　　妹さんは何歳ですか？

B: 伊二十七歲。　　彼女は27歳です。

A: 按呢/伊比咱/減三歲。　　それではわたしたちより3歳下ですね。

[解説]

1「AとBではどちらが～か」の形式は，

A + pí/kap + B + tó-chit-(量詞) + khah + 形容詞？

　Gû-bah kap ti-bah tó-chit-khoán khah kùi？　牛肉と豚肉ではどっちが高いか？

2「AはBよりもどれだけ～か」というように，程度を比較することもあります。

A + pí + B + khah + 形容詞 + 程度？

　Chit ê pí hit ê khah tōa chit-tiám-á.　これはあれよりすこし大きい。

　Gû-bah pí ti-bah khah kùi gō·-cha̍p kho·.　牛肉は豚肉より50円高い。

3 ke は「増やす」，kiám は「減らす」という意味の動詞ですが，これを使って比較の意味を表すことができます。よく使われますので，練習しておきましょう。

(1) A-Lân ke A-Kiok khah súi chit-sut-á.　蘭ちゃんは菊ちゃんよりちょっぴりきれいです。

(2) A-Lân pí A-Kiok ke súi kúi-ā pē.　蘭ちゃんは菊ちゃんより何倍もきれいです。

(3) Lí pí góa kiám chit hè.　あなたはわたしより1歳若い。

また，ke/kiám のかわりに，たとえば chōe(多い)/chió(少ない)のような比較を表す語を適宜用いることもできます。

(4) Toh-á pí í-á chió nn̄g tè.　机は椅子よりも2脚少ない。

4「A と B は同じ〜だ」の形式は，pîⁿ/pîⁿ-pîⁿを使って，

A + kap + B + pîⁿ/pîⁿ-pîⁿ + 形容詞

　I kap góa pîⁿ-pîⁿ tōa-hàn.　彼はわたしと(体格が)同じ大きさだ。

また，pîⁿ のかわりに，chha-put-to のような意味の類似した単語を適宜使ってもかまいません。

　I kap góa chha-put-to tōa-hàn.　彼はわたしとだいたい同じ大きさだ。

■補充単語■

chit-tiám-á ［一點仔］	ちょっぴり
kúi-ā ［幾仔］	何〜，幾〜
pē ［倍］	倍
kúi-ā-pē ［幾仔倍］	なん倍
tōa-hàn ［大漢］	体つきが大きい
pîⁿ-pîⁿ ［平平］	同じである
chha-put-to ［差不多］	だいたい同じである
kong-hun ［公分］	センチ
A-Lân ［阿蘭］	人名
A-Kiok ［阿菊］	人名

注意

1) hè = hòe
2) pîⁿ = pêⁿ
3) pē = pōe

基礎篇

【練習】

台湾語で言ってみましょう。

A: あなたと蘭ちゃんとではどちらが背が高い(koân)の？
B: わからない。蘭ちゃんはどのくらいなのかしら？
A: 160センチだそうよ。
B: わたしは159センチ。
A: それじゃあ，蘭ちゃんとだいたい同じくらいの背丈ね。
B: ええ，わたしは彼女より１センチ低いわけね。

第38課

「一番〜だ」という言い方を覚えましょう。

A: Hoe-hn̂g lāi ê hoe chiok súi ê. Lóng sī lí chèng ê sī--bô?

B: Sī, hiah--ê lóng sī góa chèng ê. Lí siōng kah-ì tó chit lúi?

A: Góa lóng kah-ì. M̄-koh góa siōng kah-ì ê tio̍h-sī hit-lúi âng ê.

B: Góa mā siōng kah-ì hit-lúi. Góa siū^n hit-lúi âng ê tī lāi-tóe siōng hó-khòa^n.

A: Sím-mih lâng teh chhiū^n koa?

B: Sī A-Gio̍k. A-Gio̍k teh chhiū^n koa.

A: I chhiū^n ê koh bōe-bái.

B: Sī, sī. M̄-koh A-Lân ê koa pí i koh-khah hó.

A: A-Kiok mā chin gâu chhiū^n koa.

B: He ū-iá^n! Tī chit sa^n ê tiong-kan A-Kiok siōng gâu chhiū^n koa.

■単語■

siōng [尚]	もっとも，一番
âng [紅]	赤い
kah-ì [合意]	気に入る
chèng [種]	植える
siū^n [想]	思う，考える
chhiū^n [唱]	歌う

基礎篇

tiỏh-sī［著是］	つまり～だ，ほかでもない～だ
koa［歌］	歌
tiong-kan［中間］	あいだ
lúi［蕊］	花の量詞
hoe-hn̂g［花園］	花壇
hoe［花］	花

A: 花園內的花/足 súi/--的。攏是汝種/--的/是--無？

花壇の中の花がとても美しいこと！　みんなあなたが植えたのですか？

B: 是, hiah--ê 攏是我種/--的。汝尚合意何一蕊？

ええ，それらはみんなわたしが植えたものです。あなたはどれが一番好きですか？

A: 我攏合意。唔 koh 我尚合意/--的/著是 hit 蕊紅的。

みんな好きです。でもわたしが一番好きなのはやはりあの赤いのですね。

B: 我 mā 尚合意 hit 蕊。我想 hit 蕊紅的/tī 內底/尚好看。

わたしもあれが好きです。わたしはあの赤いのが中で一番きれいだと思います。

A: 啥物人/著唱歌？

だれが歌を歌っているの？

・B: 是阿玉。阿玉/著唱歌。

玉ちゃんよ。玉ちゃんが歌っているのです。

A: 伊唱的/koh bōe-bái。

彼女は歌がとても上手ですね。

B: 是, 是。唔 koh 阿蘭的歌/比伊 koh 較好。

そうですね。でも蘭ちゃんは彼女よりも上手ですよ。

A: 阿菊/mā 眞 gâu 唱歌。

菊ちゃんだって上手ですよ。

B: He 有影！Tī chit 三個中間/阿菊/尙 gâu 唱歌。

それはそうね。この3人のなかでは菊ちゃんが一番上手ですね。

[解説]

1 「もっとも～だ」は形容詞・動詞のまえに siōng を添えて示します。

siōng chōe	もっとも多い
siōng tōa	もっとも大きい
siōng súi	もっとも美しい
siōng kah-ì	一番好きだ

第38課

②「～のうちで」では lāi-bīn (lāi-tóe) や tiong-kan のような場所詞を使って,

　(tī) lán sì ê tiong(-kan)　我々4人の中で

のように言います。

③「わたしは～だと思います」は,

　Góa siūⁿ i sī hó-lâng.　彼女はいい人だと思います。

のように, siūⁿ を文の前に置いて表します。

④ これまであまり触れませんでしたが, 動作や行為の程度を表す形式について補足しておきます。すなわち, 台湾語では動詞の後ろに程度を表す言葉を置けば, それでその動詞の程度を表したことになります。

　Góa tī Tâi-oân tòa chin kú.　わたしは台湾にたいへん長く住んでおります。

　Góa ē-hiáu kóng chi̍t-tiám-á Tâi-oân-ōe.　わたしは台湾語が少し話せます。

　Góa chiú lim chin chōe.　わたしは酒はたくさん飲みます。

　Góa chhiūⁿ koa pí i khah hâm-bān.　わたしは彼より歌が下手です。

■補充単語■

chheng-chhó [清楚]	はっきりしている, 明らかだ
hó-sè [好勢]	都合がよい
sóng-khoài [爽快]	気持ちがよい, 快適だ
kong-lō͘-kio̍k [公路局]	交通部公路局
A-Hiông [阿雄]	人名
A-Tiat [阿哲]	人名
Chū-kiông-hō [自強號]	列車名
Kok-kong-hō [國光號]	バス名

注意

chhiūⁿ = chhiō, chhiōⁿ

基礎篇

【練習】

台湾語でいってみましょう。

(1)
A: 我々の間でいちばん速く走るのは誰だろう？
B: さあ，はっきりわからないけど，雄くん(A-Hiông)だと思うね。
A: 哲くん(A-Tiat)はどうだろう？
B: ああ，哲くんも速いね。雄くんと同じくらい速いね。

(2)
A: わたしは明日高雄へ行かなければならないのです。汽車のうちではどれが(tó chit khoán)いちばんいいですか？
B: 自強号が一番都合がいいですね，一番速いから。でも一番高いですよ。
A: バスはありませんか？
B: あります。公路局のバスがあります。
A: どれが一番いいですか。？
B: みな悪くありませんが(lóng bōe-bái)，国光号が一番快適ですよ。

注：2001年，公路局が運営するバス会社「台湾汽車客運公司」は民営化され，「国光汽車客運股份有限公司」となった。国光号，中興号は新会社で引き続き運行されている。

第39課

「〜のようだ，〜に似ている」の言い方を覚えましょう。

A: Gōa-kháu ū sím-mih siaⁿ?
B: Chhin-chhiūⁿ teh lȯh hō͘.
A: Chiah-kú chin chiȧp lȯh hō͘.
B: Sī, bîn-á-chài mā chhin-chhiūⁿ ē lȯh hō͘ ê khoán.
A: A-Tiong kap A-Hàu in nn̄g ê sī hiaⁿ-tī sī--bô?
B: Sī. A-Tiong sī tōa-hiaⁿ, A-Hàu sī sió-tī.
A: Tān-sī in hiaⁿ-tī bô siáⁿ sêng.
B: A-Tiong khah sêng in lāu-pē, A-Hàu khah sêng in lāu-bú.

■単語■

chhin-chhiūⁿ [親像]		似ている
sêng [成]		似ている
chiȧp [捷]		よく〜する，しょっちゅう〜する
chiah-kú [□久]		このごろ，最近
siaⁿ [聲]		音，声
hiaⁿ-tī [兄弟]		兄弟
tān-sī [但是]		しかし
A-Tiong [阿忠]		人名
A-Hàu [阿孝]		人名

A: 外口/有啥物聲？　　　　　外の音はなにかしらん？
B: 親像著落雨。　　　　　　雨が降っているらしい。
A: Chiah 久/眞捷落雨。　　　近頃はよく雨が降るね。

基礎篇

B: 是, 明仔再/mā 親像會落雨/的款。 そうね，明日も雨が降るみたいだ。

A: 阿忠/kap 阿孝/in 兩個/是兄弟/是--無? 忠くんと孝くんのふたりは兄弟なんですか？
B: 是。阿忠/是大兄, 阿孝/是小弟。 ええ，忠くんが兄で孝くんが弟です。
A: 但是 in 兄弟/無啥成。 でも彼ら兄弟はあまり似ていませんね。
B: 阿忠/較成 in 老父, 阿孝/較成 in 老母。 忠くんは父親似で，孝くんは母親似なんです。

[解説]

[1]「似ている，〜らしい，〜ようだ」を表す言い方はたくさんありますが，どれも類似，比喩，推測を厳密に区別することはありません。ここではそのおもなものを紹介しておきましょう。

(1) sêng

I sêng in lāu-pē. 彼はお父さんに似ている。

I chin sêng Tâi-oân-lâng. 彼はほんとに台湾人のようです。

(2) ná

Che ná góa ê. これはわたしのらしい。

Chit ê gín-á gâu kóng ·oē, ná tōa-lâng leh. この子は口が達者で，大人みたいだ。

(3) chhin-chhiūⁿ

I chhin-chhiūⁿ teh phòa-pīⁿ. 彼は病気らしい。

Hit tâi kha-tȧh-chhia chhin-chhiūⁿ góa ê. その自転車はわたしのに似ている（どうもわたしのものらしい）。

また chhin-chhiūⁿ は, kah あるいは ná といっしょになって，意味を強めることもあります。

(4) kah-chhin-chhiūⁿ

Chit nn̄g ê gín-á sêng kah-chhin-chhiūⁿ chí-bē. この二人の子はまるで姉妹のようです。

Hit ê lâng léng kah-chhin-chhiūⁿ peng. あの人は冷たくて氷のようです（氷のように冷たい）。

(5) ná-chhin-chhiūⁿ

　I ná chhin-chhiūⁿ chin ài-khùn.　彼はとても眠いみたいです。

(6) kah-ná

　I kóng Tâi-oân-ōe kah-ná Tâi-oân-lâng kóng ê.　彼は台湾語をまるで台湾人のように話す。

2 以上のほかに，文の最後に ê khoán（～の様子）をつけて表すこともできます。このとき，chhin-chhiūⁿその他と併せて使うこともよくあります。

　Lîm sian-siⁿ bîn-á-chài chhin-chhiūⁿ beh lâi ê khoán.　林さんは明日来るみたいです。

　Chit ê gín-á chhin-chhiūⁿ bōe ài-khùn ê khoán.　この子は眠くないらしい。

　Tāi-khài ū-iáⁿ ê khoán.　たぶん本当らしい。

■補充単語■

ná〔若〕	まるで～のようだ
kah-chhin-chhiūⁿ〔及親像〕	まるで～のようだ
ná-chhin-chhiūⁿ〔若親像〕	まるで～のようだ
kah-ná〔及若〕	まるで～のようだ
tāi-khài〔大概〕	たぶん，おそらく
teh-beh〔□□〕	もうすぐ
léng〔冷〕	冷たい
phòa-pīⁿ〔破病〕	病気になる
ài-khùn〔愛睏〕	眠い
tōa-lâng〔大人〕	おとな
gín-á〔囝仔〕	子供
chí-bē〔姉妹〕	姉妹
peng〔冰〕	氷

注意

1) phòa-pīⁿ＝phòa-pēⁿ
2) chí-bē＝chí/ché-bē/mōe/moāi

基礎篇

【練習】

台湾語で言ってみましょう。

(1)

A: お子さんは男の子ですか，女の子ですか？
B: 男の子です。
A: まるで女の子のように可愛いこと(kó·-chui kah-chhin-chhiūⁿ～)。
B: 母親似なんですよ。

(2)

A: きょうは暖かいですね。
B: まったく。ほんとに春みたいですね。
A: もうすぐ(teh-beh)春が来るらしいですよ。
B: 早く来るといいですね。

第40課

「～しました」という言い方を勉強しましょう。

A: Hit chit kang lín khòaⁿ sím-mih tiān-iáⁿ?

B: Gún khòaⁿ Tâi-oân ê tiān-iáⁿ. Chin hó-khòaⁿ. Lín ū khòaⁿ bô?

A: Bô. Chin khó-sioh, gún chiâⁿ bô-êng, bô sî-kan thang khòaⁿ.

B: Bô-iàu-kín, góa ū lo̍k-iáⁿ-tòa, ē-sái chioh lín.

A: Lí cha-hng ū khì o̍h Tâi-oân-oē ah bô?

B: Bô. In-ūi cha-hng sī lé-pài-jit, hioh-khùn lah.

A: Kin-á-jit khì ah bōe?

B: Iáu bōe. Góa chit-má teh-beh lâi-khì.

A: Lîm sian-siⁿ leh?

B: I chá tio̍h khì ah.

■単語■

khó-sioh [可惜]	惜しい，残念だ
chiâⁿ [成]	とても，非常に
chá tio̍h [早著]	とっくの昔に
thang [通]	～すべき
bô-iàu-kín [無要緊]	大丈夫，構わない
chioh [借]	貸す
tiān-iáⁿ [電影]	映画
lo̍k-iáⁿ-tòa [錄影帶]	ビデオテープ

A: Hit 一工/lín 看啥物電影？   あの日あなた方はなんの映画を見たんですか？

基礎篇

B: 阮看臺灣的電影, 眞好看。Lín 有看/--無？
わたしたちは台湾映画を見たんです。とっても面白いですよ。あなた方は見ましたか？

A: 無。眞可惜, 阮成無閑, 無時間通看。
いいえ, 残念なことに, わたしたちはとても忙しくて, 見る時間がなかったんです。

B: 無要緊, 我有錄影帶, 會使借/--lín。
大丈夫, わたしビデオをもっているから, 貸してあげます。

A: 汝昨昏/有去學臺灣話/抑無？
あなたはきのう台湾語を習いに行きましたか？

B: 無, 因為昨昏/是禮拜日, 歇睏/lah。
行きませんでした。だって昨日は日曜日で, お休みだったんです。

A: 今仔日去/抑未？
今日は行きましたか？

B: 猶未。我 chit-má teh-beh 來去。
まだです。これから行くところです。

A: 林/--先生/leh？
林さんは？

B: 伊早著去/ah。
彼はとっくに行きました。

［解説］

1 台湾語にはとりたてて過去形というようなものはありませんので,

　　Lí chá-khí chiảh sím-mih?　　　あなたは朝なにを食べましたか？
　　Góa chiảh pháng.　　　　　　わたしはパンを食べました。

というようにいいます。前後関係がなければ, 過去のことか現在の習慣か, はたまた未来のことかは判断できません。平叙文において, 過去時であることを明示したい場合には, 文末の助詞 ah を添えて言うことができます。

　　Góa chiảh pháng ah.　　　　わたしはパンを食べました。

この場合, ah はその動作・行為がすでに行われてしまっていることを示します。

動作・行為が過去においてあったかなかったかを問題にする場合には,

　　Lí ū chiảh chá-khí (ah) bô?　　あなたは朝食を食べましたか？
　　Ū, góa ū chiảh chá-khí.　　　　はい, 朝食を食べました。
　　Bô, góa bô chiảh chá-khí.　　　いいえ, 朝食を食べませんでした。

のように言います。ū と bô は動作・行為の有無を確認する助動詞です。
　行為・動作がもう終わったかどうかを問題にするときは，

　　Lí chia̍h pá bōe?　　　　　　　食事は終わりましたか？
　　Góa chia̍h pá ah.　　　　　　　済ませました。
　　Góa iáu bōe chia̍h pá.　　　　 まだ食べていません。

のように，(iáu) bōe/bē を用います。この bōe は未完了を示す助動詞です。

2 thang は「～することができる，～すべきである」という意味の助動詞ですが，

　　Ū lâng thang sìn-iōng.　　　　 信用できる人がいる。
　　Bô sî-kan thang khòaⁿ tiān-sī.　テレビを見る時間がない。

のように，その動詞句でもって前の名詞を修飾することができます。

■補充単語■

chia̍h-pá [食飽]	食べ終わる
sìn-iōng [信用]	信用する
chú [煮]	煮る
sé [洗]	洗う
lù [鑢]	磨く
hêng [還]	返す
chá-khí [早起]	朝御飯，朝
pháng [□]	パン
bīn [面]	顔
chhùi-khí [嘴齒]	歯

注意

chú = chí

基礎篇

【練習】

1 「〜したか」と尋ね,「すでに〜した」,「まだ〜していない」と答えみましょう。
 (1) 御飯を炊く (chú pn̄g)
 (2) 顔を洗う (sé bīn)
 (3) 歯を磨く (lù chhùi-khí)
 (4) 買い物
 (5) 出勤

2 「きのう〜したか」と尋ね,「〜しなかった」,「〜した」と答えてみましょう。
 (1) 雨が降る
 (2) 新聞を読む
 (3) 出勤
 (4) 買い物
 (5) 水泳 (siû chúi)

3 台湾語で言ってみましょう。
 (1) ここには食べるものがない。
 (2) 買いたいけれど,買うお金がない。
 (3) いまは見るべき映画はない。
 (4) あなたには返すべきお金がある。
 (5) わたしには読むべき本がうんとある。

第41課

「～したことがある」という言い方を覚えましょう。

A: Lí bat khì Tâi-oân ah m̄-bat?
B: Bat, góa bat khì nn̄g pái.
A: Lín thài-thài iā bat khì bô?
B: Bô, Tâi-oân i m̄ bat khì.
A: Lí ū chiȧh-kè Tâi-oân liāu-lí bô?
B: Ū ah. Tâi-oân liāu-lí góa ū chiȧh-kè kúi-ā pái. Lí leh?
A: Khó-sioh góa chit pái to bô chiȧh-kè.
B: Tâi-oân liāu-lí bōe-bái, āu-pái lán chòe-tīn lâi-khì chiȧh hó bô?
A: Án-ne chin hó, it-tēng beh khì.

■単語■

bat [□]	かつて～したことがある
kè [過]	～したことがある
āu-pái [後□]	こんど，次回
liāu-lí [料理]	料理

A: 汝 bat 去臺灣/抑唔 bat?	あなたは台湾へ行ったことがありますか?
B: Bat, 我 bat 去兩 pái。	あります。わたしは二回行ったことがあります。
A: Lín 太太/也 bat 去/--無?	奥さんも行ったことがありますか?

基礎篇

B: 無,臺灣/伊唔 bat 去。　　　　　いいえ,彼女は台湾は行ったことがありません。

A: 汝有食過臺灣料理/--無?　　　　あなたは台湾料理を食べたことがありますか?

B: 有/ah。臺灣料理/我有食過幾仔 pái。汝/leh? 　ありますよ。台湾料理なら何度も食べました。あなたは?

A: 可惜/我一 pái/都無食過。　　　残念ながらわたしはいちども食べたことがないんです。

B: 臺灣料理/ bōe-bái, 後 pái/咱做陣來去食/好/--無?　台湾料理は美味しいですね。今度いっしょに食べに行きましょう。

A: 按呢/眞好,一定 beh 去。　　　　それはいいですね。必ず参りましょう。

[解説]

「したことがある」という経験を表すのに二とおりの言い方があります。

(1) bat (助動詞)

Lí (ū) bat khì Tâi-oân (ah) m̄-bat? 台湾へ行ったことがあるか?
Bat/ū, góa (ū) bat khì Tâi-oân.　行ったことがあるか。
M̄-bat/bô, góa m̄ bat khì Tâi-oân.　行ったことがない。

(2) -kè (接尾辞)

Lí ū khì-kè Tâi-oân (ah) bô?　台湾へ行ったことがあるか?
Ū, góa ū khì(-kè).　行ったことがあるか。
Bô, góa bô khì(-kè).　行ったことがない。

■補充単語■

ēng [用]	使う,〜で
khè [□]	かじる
tī [箸]	箸
pin-nn̂g [檳榔]	ビンロウ
ka-lé-pn̄g [□□飯]	カレーライス

第 41 課

> 注意

1）kè=kòe
2）ēng=iōng
3）khè=khòe
4）tī=tū

【練習】

経験を尋ねてみましょう。また，語ってみましょう。

(1) 台湾映画
(2) ビンロウをかじる
(3) 台湾語の勉強
(4) 台湾で台湾料理を
(5) 箸で（ēng tī）カレーを

基礎篇

第42課

「〜してやる」の言い方を覚えましょう。

A: Lí beh bóe sím-mih hè?
B: Góa beh bóe chi̍t pún chu.
A: Hó, chu góa kā lí bóe.
B: Án-ne, sit-chāi chin pháiⁿ-sè.

A: Góa siá jī chin bái, lí kā góa siá chi̍t-ē, hó bô?
B: Góa kā lí kóng, góa ê jī pí lí ê bái-chōe leh.
A: Kám ū lâng ē-sái kā góa siá?
B: N̂g sian-siⁿ chin gâu siá jī. I tek-khak ē kā lí siá.

■単語■

kā [□]	〜に
tek-khak [的確]	確かに、必ず

A: 汝 beh 買啥物貨？	あなたはなにを買うのですか？
B: 我 beh 買一本書。	わたしは本を一冊買いたいです。
A: 好，書/我 kā 汝買。	OK! 本ならわたしが買ってあげましょう。
B: 按呢，實在/眞 pháiⁿ勢。	それでは恐縮です。
A: 我寫字眞 bái，汝 kā 我寫/‑‑一下/好/‑‑無？	わたしは字がとても下手なので、あなたわたしの替わりにちょっと書いてくれませんか？
B: 我 kā 汝講，我的字/比汝的/bái 多/leh。	言っておきますが、わたしの字はあなたよりずっと下手なんですよ。
A: 敢有人/會使 kā 我寫？	誰か書いてくれないかしら？

B: 黃/--先生/眞 gâu 寫字。伊的確　　　黃さんはとても上手です。彼ならきっと
　　會 kā 汝寫。　　　　　　　　　　　書いてくれますよ。

[解説]

1 「～のために/にかわって～する」は，前置詞 kā を用いて表すことができます。（第20課参照）

　　Lí kā góa chõe, hó bô?　　　　　やってくれませんか？
　　Góa kā lí chõe, hó bô?　　　　　やってあげましょうか？
　　Chhiáⁿ lí khì kā góa bóe mih-kiāⁿ.　買い物に行ってくれませんか？

2 このほか，kā にはもう2つ重要な使い方があるので，補充しておきます。

(1) 「～に対して，～に向かって」

　　Chhiáⁿ lī kā góa kóng.　　　　　どうぞわたしに言って下さい。
　　Góa kā lí kóng chit hāng tāi-chì.　あなたにあることを話す。
　　Góa bô ài kā i kà.　　　　　　　わたしは彼に教えたくない。

(2) 「～から」

　　Bô lâng ài kā i bóe.　　　　　　だれも彼から買いたくない。
　　Chit ê sī kā i thẻh ê.　　　　　これは彼から貰ったものだ。
　　Lí phah-sǹg kā siáⁿ-lâng chioh?　誰から借りるつもりか？

3 前置詞 kā の目的語が三人称 i（彼，彼女，それ）のとき，この i は往々にして省略されます。

　　Góa ū kā kóng.　　　　　　　　わたしは（彼に）言いました。
　　Góa bô kā thẻh.　　　　　　　　わたしは（彼から）もらっていない。
　　Góa bô ài kā thiaⁿ　　　　　　　わたしは（彼から）聞きたくない。
　　Góa kā sé, lí kā chhit, lán nñg ê lâng tâng-chõe chõe.　わたしが（それを）洗って，あなたが（それを）拭く，わたしたち二人でいっしょにやる。

■補充単語■

kà［教］　　　　　　　　　　　　教える

基礎篇

theh [□]	貰う，取る
kái-soeh [解説]	解説する，説明する
kuiⁿ [關]	閉める
chhit [拭]	拭く
mn̂g [門]	ドア，門
kun [斤]	(重さの)斤

注意

1) kái-soeh＝ké-soeh
2) kuiⁿ＝koaiⁿ

【練習】

　台湾語で言ってみましょう。

(1) わたしに説明して下さいませんか？
(2) あなたがほしいなら，何でも買ってあげましょう。
(3) ひとつきみに教えてあげよう。
(4) 彼に代わってあなたがやってあげなさい。
(5) どうかドアを閉めて下さいな。(kā góa kuiⁿ mn̂g)
(6) (お店で)お肉を1斤下さいな。(kā lín bóe)
(7) ちょっと取って下さい。
(8) わたしが取ってあげましょう。
(9) それは誰に聞いたの？
(10) わたしは彼女から百万円借りているのです。

第43課

「～される」という受け身の言い方を勉強しましょう。

A: Lín gín-á chhin-chhiūⁿ chin ài thak chu ê khoán.

B: Bô ah! I siōng-khò ê sî, ài kap pêng-iú kóng oē, bô ài thiaⁿ lāu-su ê oē, só·-í tiāⁿ-tiāⁿ hō· lāu-su mā.

A: M̄-koh i ê sêng-chek bōe-bái kám m̄-sī? Nā án-ne i tioh bōe hō· lâng chhiò.

B: Kám ū-iáⁿ?

A: Lí khòaⁿ, chit niá saⁿ chin súi. Góa chin ài.

B: Lí ài kóaⁿ-kín bóe--khí-lâi. Ah-bô, it-tēng ē hō· lâng bóe--khì.

A: Ū-iáⁿ! Téng-jit mā khòaⁿ-tioh chit niá chin súi ê, M̄-koh chit-má bô khòaⁿ--tioh ah.

B: Hit niá í-keng khì-hō· sím-mih lâng bóe--khì ah.

■単語■

hō· [□]	～される
khì-hō· [去□]	～される
kóaⁿ-kín [趕緊]	急いで，速く
ah-bô [抑無]	さもないと
mā [罵]	叱る
chhiò [笑]	笑う
bóe--khì [買去]	買ってしまう
khòaⁿ--tioh [看著]	目にする，見える
téng-jit [頂日]	先日
sêng-chek [成績]	成績

基礎篇

A: Lín 囝仔/親像眞愛讀書/的款。 / お宅のお子さんはよく勉強するみたいですね。

B: 無/ah！伊上課的時, 愛 kap 朋友/講話, 無愛聽老師/的話, 所以定定 hō· 老師罵。 / いいえ。授業中しょっちゅう友達と話をして, 先生の言うことを聞かないので, いつも先生に叱られているんです。

A: 唔 koh/伊的成績/bōe-bái/敢唔是？若按呢/伊着 bōe hō· 人笑。 / でも成績はいいんでしょう？ それなら人様に笑われることはありませんよ。

B: 敢有影？ / そうかしらん？

A: 汝看, chit 領衫/眞 súi。我眞愛。 / ほら、この服とても素敵。わたし欲しいわ。

B: 汝愛趕緊買起來。抑無, 一定會 hō· 人買去。 / 急いで買いなさいな。さもないと、きっと人に買われちゃうわよ。

A: 有影！頂日/mā 看著一領眞 súi/--的, 唔 koh/chit-má/無看著/ah。 / ほんとに！ この間も素敵なのを一着見つけたんだけど、でも今は見当たらないわ。

B: Hit 領/已經去 hō· 啥物人買去/ah。 / それはもう誰かに買われちゃったのよ。

[解説]

1 いわゆる受け身の基本的な形は，

 主語 ＋ hō· ＋ 行為の主体 ＋ 動詞

です。

 I ē hō· a-bú mā. 彼はお母さんに叱られるでしょう。
 Góa hō· lāu-pē phah ah. わたしは父にぶたれた。

2「動詞＋khì」で，その動作の完了することを表します。たとえば，

 I kā chiȧh--khì ah. 彼は(それを)食べてしまった。
 I ē kā chiȧh--khì. 彼は(それを)食べてしまいます。

したがって，「～されてしまう」のように，行為の結果としてなにかがなくなったり，見えなくなったりすることを表すには，

第43課

　　　主語 ＋ hō· ＋ 行為の主体 ＋ 動詞--khì

とします。

　　Góa ê chu hō· lâng théh--khì ah.　わたしの本は人にもって行かれてしまった。

　　Kha-tȧh-chhia hō· i khiâ--khì ah.　自転車はかれに乗って行かれてしまった。

　　Lí ê thn̂g-á ē hō· A-Kiok chiȧh--khì.　あなたのキャンディーは菊ちゃんに食べられてしまいますよ。

3 hō·のかわりに khì-hō· も使われます。この khì- には動作が話し手から遠ざかって行くようなニュアンスがありますが，意味は上とほとんど同じことです。

　　Góa ê thn̂g-á khì-hō· A-Kiok chiȧh--khì ah.　わたしのキャンディーは菊ちゃんに食べられちゃった。

　　Kha-tȧh-chhia khì-hō· lâng khiâ--khì ah.　自転車は人に乗って行かれちゃった。

4 「動詞＋tioh」で，その行為が一定の程度・目的に達したことを表します。

　　khòaⁿ--tioh　　　　　見える
　　thiaⁿ--tioh　　　　　聞こえる
　　gū--tioh (tú--tioh)　　逢う，出くわす

行為が達成されなかったことを表すには，bôを添えて，

　　bô khòaⁿ--tioh　　　　見あたらない

またその行為が目的に達することが不可能であることを表すには，「動詞＋bōe-tioh」とします。

　　thiaⁿ--bōe-tioh　　　　聞こえない

■補充単語■

phah［拍］	たたく，ぶつ
gū--tioh［遇著］	出会う
tú--tioh［抵著］	出会う
thn̂g-á［糖仔］	キャンディー，飴
chhȧt-á［賊仔］	どろぼう
thau［偸］	盗む

基礎篇

o-ló [□□]	ほめる
pháiⁿ-ōe [□話]	悪口
kéng-chhat [警察]	警察
liah [掠]	捕まえる
hî [魚]	魚
bóe [尾]	魚の量詞
kā [咬]	口にくわえる

注意

1) hō· lâng は縮約されて hông と発音されることが多い。
   Góa hông chhiò ah.　　　　わたしはひとに笑われた。
2) mā＝mē
3) bóe＝bé

【練習】

台湾語で言ってみましょう。
(1) あなたはどうして彼に殴られたのですか？
(2) そんなふうでは人に笑われますよ。
(3) わたしの時計は泥棒に盗まれてしまった(thau-theh--khì)。
(4) よいことをすれば人にほめられます。
(5) 昨日はお母さんに叱られたか？
(6) わたしは人に悪口(kóng pháiⁿ-ōe)を言われたことはないのです。
(7) あのどろぼうは警察につかまっちゃった(liah--khì)。
(8) 二人は人に見られてしまいました(khòaⁿ--khì)
(9) くだんのことはもう人に知られちゃってるよ。
(10) あの魚(chit bóe hî)は猫にもって行かれました(kā--khì)。

第44課

「～させる」という使役の言い方を勉強しましょう。

A: Kin-á-jit ū sím-mih sin-bûn？ Nā ū, lí kóng hōʹ góa thiaⁿ, hó bô？

B: Chia ū pò-chóa, hōʹ lí khòaⁿ.

A: Che sī sím-mih tāi-chì, lí chai-iáⁿ bô？

B: M̄ chai-iáⁿ, chhiáⁿ hōʹ góa khòaⁿ chit-ē.

A: Sím-mih lâng kiò lí lâi chia ê？

B: Gún thâu-ke kiò góa lâi chia ê.

A: Lín thâu-ke kiò lí lâi chhòng sím-mih hè？

B: I kiò góa lâi kā lí tàu-kha-chhiú ê.

■単語■

hōʹ [□]	～させる
kiò [叫]	～させる
tàu-kha-chhiú [鬥脚手]	手伝う
sin-bûn [新聞]	ニュース

A: 今仔日/有啥物新聞？若有，汝講 hōʹ 我聽/好/--無？ 今日はなにかニュースがありますか？あったら、わたしに聞かせてくれませんか？

B: Chia/有報紙，hōʹ 汝看。 ここに新聞がありますから、あなたにみせてあげます。

A: Che/是啥物 tāi-chì, 汝知影/--無？ これは何の事件か、あなた知っていますか？

B: 唔知影，且 hōʹ 我看/--一下。 知りません。わたしにちょっと見せて下さい。

基礎篇

A: 啥物人/叫汝來 chia/--的？　　　誰がきみをここへよこしたのかね？
B: 阮頭家/叫我來 chia/--的。　　　わたしのボスがわたしをここへ来させたのです。

A: Lín 頭家/叫汝來創啥物貨？　　　きみのボスはきみをよこして，どうするつもりなんだろう？
B: 伊叫我來 kā 汝鬥脚手/--的。　　彼はわたしをあなたの手伝いに来させたのです。

[解説]

　ここでは「～させる」の言い方のうち2つだけ練習します。

(1) 主語 ＋ hō· ＋ 行為者 ＋ 動詞

　　Ma-ma hō· góa chia̍h io̍h-á ah.　　おかあさんがぼくに薬を飲ませた。
　　Góa kóng hō· i thiaⁿ.　　　　　　　わたしが彼に言って聞かせる。

　この hō· は「受け身」の hō· と同じなので注意して下さい。hō· の後ろの名詞が動詞の行為者であることは「受け身」「使役」に共通ですので，この両者は立場の違いに過ぎないともいえます。

　　Io̍h-á hō· góa chia̍h--khì ah.　　薬はわたしに飲まれちゃった。

と比較して下さい。

　ただし，khì-hō· は受け身専用で，使役には使われません。

(2) 主語 ＋ kiò ＋ 行為者 ＋ 動詞

　　Pa-pa kiò góa khì bóe hun.　　お父さんはわたしにタバコを買いに行かせました。
　　Góa hō· pa-pa kiò (góa) khì bóe hun ah.　　わたしはお父さんにタバコを買いにやらされました。

　これも(1)と同じ形式です。なお，下の例の(góa)は主語と重複するのでかならず省略されます。

■補充単語■

kiò [叫]	呼ぶ
io̍h-á [藥仔]	薬
hun [薫]	タバコ
ma-ma [□□]	おかあさん

第44課

pa-pa［□□］　　　　　　　おとうさん
pa̍t-lâng［別人］　　　　　　ほかの人

| 注意 |

jip--lâi＝lip--lâi

【練習】

台湾話で言ってみましょう。
(1) あなたが書いてわたしに見せてくれませんか。
(2) バナナは子供に食べさせて下さい。
(3) わたしが彼を入れたのではない。
(4) 誰をやったらいいでしょう？
(5) あなたが自分でやりなさい。人にやらせてはいけません（m̄-thang）。
(6) あなたは誰にやらせられたのですか？
(7) 彼はまだ来ない。だれかに呼びに（kiò）やらせましょう。
(8) 彼は食べたくないと言ったから，だれかほかの人（pa̍t-lâng）に食べさせなさい。
(9) ちょっと休ませて下さい。
(10) もう1時間眠らせて下さいませんか？

基礎篇

第45課

短くて簡単なお話を読んでみましょう。これまでに身につけた語学力を駆使して頑張って挑戦してみて下さい。

Bîn-bāng① ê chia̍h-chhò͘②

Kó͘-chá③ ū chit ê kiaⁿ bó͘ ê lâng④, ū chit àm⑤ teh khùn, hut-jiân-kan⑥ tōa-chhiò--khí-lâi⑦. In bó͘ chiū⑧ kā i iô cheng-sîn⑨, mn̄g i kóng:"Lí bāng-kìⁿ⑩ siáⁿ hè? Chiah-nih hoaⁿ-hí⑪." In ang⑫ chiū kóng:"Góa bāng-kìⁿ chhōa⑬ chit ê chin súi ê sòe-î⑭, só͘-í chiah-nih hoaⁿ-hí." In bó͘ thiaⁿ chit-ē, khì-kah pòaⁿ-sió-sí⑮, chiū mā in ang.

In ang chiū kóng:"Che si bāng-kìⁿ ê. Pún-lâi⑯ tio̍h-sī⑰ bô-iáⁿ-bô-lia̍h-chiah⑱ ê tāi-chì. Lí chóaⁿ-iūⁿ lia̍h-chòe chin⑲ ê, siū-khì⑳-kah án-ne?" In bó͘ chiū kóng:"Pa̍t-khoán㉑ ê bāng lóng chún㉒ lí bāng㉓, chhiūⁿ㉔ chit khoán ê bāng, í-aū㉕ m̄ chún lí bāng." In ang chiū kóng:"Í-aū m̄ káⁿ㉖ bāng chhiūⁿ hit hō bāng㉗ tio̍h-sī㉘ lah." In bó͘ chiū kóng:"Góa m̄ sìn㉙, lí khùn--khì chòe bāng㉚, lí ka-kī chai-iáⁿ, góa m̄-koh m̄ chai-iáⁿ."

In ang chiū kóng:"Bô, góa tùi kin-á-jit khí㉛ chit-nî saⁿ-pah la̍k-cha̍p-gō͘ jit ta̍k-àm㉜ lóng cheng-sîn-kah thiⁿ-kng㉝, koh-khah án-chóaⁿ góa mā m̄ káⁿ khùn㉞. Án-ne m̄ tio̍h hó lò͘?㉟……"

■注釈■

① bîn-bāng［眠夢］　夢を見る，夢。
② chia̍h-chhò͘［食醋］　やきもちを焼く，やきもち。
③ kó͘-chá［古早］　昔。

④ kiaⁿ bó͘ ê lâng ［驚□的人］ 妻を恐がる人，恐妻家。
kiaⁿ ［驚］ 恐れる。
⑤ ū chit àm ［有一暗］ ある晩。
àm ［暗］ 夜，晩。
⑥ hut-jiân-kan ［忽然間］ 突然に。
⑦ tōa-chhiò--khí-lâi ［大笑起來］ 大笑いし始めた。
--khí-lâi ［起來］ ～し始める。動詞に付属して動作・行為が開始されることを表す。（第30課参照）
〔例〕I kóng pak-tó͘ iau liáu-aū, tiòh khai-sí chiàh--khí-lâi.（彼はお腹が空いたといったあと，すぐ食べ始めた。）
⑧ chiū ［就］ ～するとすぐに，前の行為にひき続いて直ちにつぎの行為が行われることを示す。tiòh と同じであるが，chiū の方が文語的。
〔例〕I chiàh-pá chiū/tiòh khùn, khùn--khí-lâi chiū/tiòh chiàh.（彼は食べると寝，寝て起きると食べる。）
⑨ kā i iô cheng-sîn ［□伊搖精神］ 彼を揺すり起こす。
iô ［搖］ 揺する。
cheng-sîn ［精神］ 目を覚ます。
⑩ bāng-kìⁿ ［夢見］ 夢を見る。
⑪ hoaⁿ-hí ［歡喜］ 喜ぶ，嬉しがる。
⑫ ang ［翁］ 夫
⑬ chhōa ［娶］ 嫁を娶る。
⑭ sòe-î ［細姨］ 妾。
⑮ khì-kah pòaⁿ-sió-sí ［氣及半小死］ 半分死にそうになるほど怒る。
-kah ［及］ ～するまで，～するほど。動詞に付属して動作・行為の結果や程度を表す。
〔例〕I hō͘ chit khoán chhiò-oē chhiò-kah beh sí-khì.（彼はこの笑い話に死にそうになるほど笑わされた。）
pòaⁿ-sió-sí ［半小死］ 半死半生になる。
⑯ pún-lâi ［本來］ もともと，元来。
⑰ tiòh-sī ［著是］ つまり～である，要するに～である。chiū-sī ［就是］ も同じ。

⑱ bô-iáⁿ-bô-liȧh-chiah［無影無掠跡］ なんの根拠もない，根も葉もない。

bô-iáⁿ-bô-chiah［無影無跡］あるいは bô-iáⁿ-bô-jiah［無影無跡］ともいう。

⑲ liȧh-chòe chin［掠做眞］ 本当のことだと思う，本気にする。

liȧh-chòe［掠做］ 憶測する，想像する。liȧh-kiò［掠叫］ともいう。

〔例〕Góa liȧh-chòe hit ê chhēng âng saⁿ ê sī Lîm sió-chiá.（あの赤い服を着たのが林さんだと思います。）

chin［眞］ ほんとうの。

⑳ siū-khì［受氣］ 怒る。

㉑ pa̍t-khoán［別款］ ほかの種類。

pa̍t-［別］ ほかの。

㉒ chún［准］ 許す。

㉓ bāng［夢］ 夢，夢を見る。

㉔ chhiūⁿ［像］ ～のような。chhin-chhiūⁿと同じ。

㉕ í-aū［以後］ 以後。

㉖ m̄ káⁿ［唔敢］ よう～しない。

káⁿ［敢］ 勇気をもって～する，あえて～する。

〔例〕Góa m̄ káⁿ chē hui-lêng-ki.（わたしは飛行機によう乗らない。）

㉗ hit hō bāng［□號夢］ あのような種類の夢。

hō［號］ たぐい，て。量詞。khoán と同じ。

〔例〕Chit hō (khoán) lâng góa bô kah-ì.（こんな人はわたしは好きじゃない。）

㉘ tiȯh (chiū)-sī［著是］ 文末に置かれて，「～するだけのことだ，～するまでだ」という気分を表す。強い断定。

〔例〕Góa aū-pái mài chòe pháiⁿ tāi-chì tiȯh-sī.（わたしは次は悪いことをしないぞ。）

㉙ sìn［信］ 信じる。

㉚ chòe bāng［做夢］ 夢を見る。

㉛ khí［起］ 名詞句の後ろに置かれて起点を示す。～から。

㉜ ta̍k-àm［逐暗］ 毎晩。

tȧk- ［逐］　毎～。
〔例〕tȧk-kang(毎日), tȧk-ê(みんな), tȧk-pái(毎回)。

㉝ thin-kng ［天光］　夜明け。

㉞ koh-khah…mā… ［□較…□…］　たといどんなに～でも～だ。
〔例〕Koh-khah siȯk góa mā bô āi.(たといどんなに安くてもわたしは要らない。)
koh-khah ［□較］　もっと, いっそう。

㉟ m̄ tiȯh hó lò·? ［唔着好嘍？］　つまりそれでいいではないか？→いいだろう？

眠夢/的食醋

　古早/有一個驚 bó·/的人, 有一暗/著睏, 忽然間/大笑起來。In bó·/就 kā 伊搖精神, 問伊講："汝夢見啥貨？Chiah-nih 歡喜。"In 翁/就講："我夢見娶一個眞 súi/的細姨, 所以 chiah-nih 歡喜。"In bó·/聽/-- 一下/氣及半小死, 就罵 in 翁。

　In 翁/就講："Che/是夢見的。本來/著是無影無掠跡/的事誌。汝怎樣掠做眞的, 受氣及按呢？"In bó·/就講："別款/的夢/攏准汝夢, 像 chit 款/的夢, 以後/唔准汝夢。"In 翁/就講："以後/唔敢夢像 hit 號夢/著是/lah。"In bó·/就講："我唔信, 汝睏--去/做夢, 汝自己知影, 我唔 koh 唔知影。"

　In 翁/就講："無, 我對今仔日起/一年/三百六十五日/逐暗/攏精神及天光, koh 較按怎/我 mā 唔敢睏。按呢/唔着好/嘍？……"

訳 文　　　　　　　夢のやきもち

　昔, ある恐妻家が, 晩, 寝ているときに, 突然大笑いし出した。奥さんは彼を揺すり起こして聞いた。「なんの夢を見ていたの？　そんなに嬉しそうにして。」亭主いわく「とってもきれいなお妾さんをもらった夢を見たので, あんなに嬉しかったのさ。」奥さんはそれを聞いて死にそうになるほど腹をたてて亭主を罵った。

　亭主が言った。「これは夢なんだよ。もともと影も形もないことじゃないか, それをどうして本気にして, そんなに怒るんだい。」奥さんいわく「ほかの夢ならそれをあなたが見るのは許してあげるけど, これからはそうい

う夢を見るのは許しませんからね。」亭主いわく「これからはあんな夢は見ないよ。」奥さんいわく「信じられないわ。あなたが寝ちゃって夢を見たら、あなたは知っているけど、わたしにはわからないんだから。」

そこで亭主が言った。「それなら、おれは今日から三百六十五日、毎晩夜明けまで起きていて、なんとしても寝ないことにする。それでいいんだろう。」

◇ラム 台湾の歌

台湾歌謡の基礎は中国音楽にあるが、台湾伝統劇 koa-á-hì［歌仔戯］の曲調の影響を深く受けたものが多くあって、それらの曲は独特の台湾的雰囲気に満ちている。下に紹介する Pe̍h-bó·-tan［白牡丹］は歌仔戯の khàu-tiāu-á［哭調仔］の韻律によっている。「哭調」は哀傷、怨嘆に用いられるというが、この曲は過度の哀調を抑えて、不思議に明るい。

Pe̍h bó·-tan	白牡丹
Pe̍h bó·-tan chhiò-bûn-bûn,	白牡丹笑 bûn-bûn，
iau-kiau hâm lúi, tán chhin-kun.	妖嬌含蕊，等親君。
Bô iu-chhiû, bô oàn-hūn,	無憂愁，無怨恨，
toaⁿ siú hoe-hn̂g it ki chhun.	單守花園一枝春。
A······	啊······，
toaⁿ siú hoe-hn̂g it ki chhun.	單守花園一枝春。

Pe̍h bó·-tan pe̍h hoe-lúi,	白牡丹白花蕊，
chhun-hong bô lâi, hoe bô khui.	春風無來，花無開。
Bô loān khui, bô loān súi.	無亂開，無亂 súi。
m̄ goān soan ki chhut chhiûⁿ-ûi.	唔願旋枝出牆圍。
A······	啊······，
m̄ goān soan ki chhut chhiûⁿ-ûi.	唔願旋枝出牆圍。

Pe̍h bó·-tan tán kun bán,	白牡丹等君挽，
hi-bāng sioh hoe thâu chi̍t chân.	希望惜花頭一層。
Bô hiâm chá, bô hiâm bān.	無嫌早，無嫌慢，
kam goān hō· kun chhah hoe-pân.	甘願 hō· 君插花瓶。
A······	啊······，
kam goān hō· kun chhah hoe-pân.	甘願 hō· 君插花瓶。

白い牡丹

白い牡丹，微笑んで，
艶めいて蕾みつけ，あなたを待つ。
憂いなく，恨みなく，
ひとり花園の春を守る。

白い牡丹，白い蕾，
春風が来なければ，花は咲かない。
むやみに咲かず，むやみに美をひけらかさず，
枝を伸ばして垣の外へ出ようとは思わない。

白い牡丹，あなたが摘むのを待つ，
花をいとおしんでくれるのが一番の願い。
早くても構わない，遅くても構わない，
あなたに花瓶に挿してもらえれば。

失恋と涙，絶望と諦念，甘くせつなく悲しいメロディー，台湾の流行歌のどの一曲にも満ちるこのような情緒は，あるいは日本の歌謡曲の影響によるものであろうか。それとも，人の云うように，オランダ時代，清朝時代，日本時代，そして国民政府時代の今日まで，小さいけれど美しいこの島の，本当の主人公になることはなかった台湾の人々の，心の底の悲しみの発露なのであろうか。

Pó· phòa-bāng［補破網］は1946年，「光復」まもなく作られ流行った曲である。希望と絶望の狭間に揺れる心を纏綿と歌い上げたこの名曲は，まさしく時代の反映たるを失しないのである。bāng［網］を繕わんとするのは，はかない愛の望み，すなわち bāng［望］を繕わんとするのである。あるいは，破れた bāng［夢］の繕いか。

Pó· phòa-bāng   補破網

Khòaⁿ-tio̍h bāng, ba̍k-kho· âng,   看著網，目箍紅，
phòaⁿ-kah chiah tōa-khang.   破 kah chiah 大空。
Siūⁿ-beh pó·, bô pòaⁿ hāng,   想 beh 補，無半項，
siáⁿ-lâng chai gún khó·-thàng?   啥人知阮苦痛？
Kim-ji̍t nā chiong che lâi pàng, 今日若將 che 來放，
sī éng-oán bô hi-bāng.   是永遠無希望。

ûi-tio̍h chiân-tô͘ chiam oa̍h-pâng, 爲著前途針活縫,
chhē ke-si pó͘ phòa-bāng. 　chhē 家司補破網。

Chhiú the̍h bāng, thâu chiū tāng, 手 the̍h 網, 頭就重,
chhi-chhám gún chi̍t lâng. 淒慘阮一人。
Ì-tiong-lâng cháu tó chhàng? 意中人走何藏?
Chiam-sòaⁿ lâi tàu pang-bâng. 針綫來門幫忙。
Ko͘-put-jî-chiong bóng tín-tāng, 姑不而將 bóng 振動,
gia̍h bāng-chiam chiap se-tang. 　gia̍h 網針接西東。
Thian-hô ēng sòaⁿ chò kiô-pang, 天河用綫做橋枋,
choân-cheng-sîn pó͘ phòa-bāng. 全精神補破網。

破れ網を繕う

漁の網を見ると目の縁が(涙で)赤くなる,
網は破れてこんなに大きな穴があいている。
繕いたいけれど道具がひとつもない,
誰が私の苦しみを解ってくれるのか。
もし今これをほっておいたら,
永遠に希望はないだろう。
前途のためにはやはり針と糸を執り,
道具を探して破れ網を繕おう。

手に網を持てば頭は重い,
惨めなこと, 私一人。
思う人はどこに行ってしまったのか,
針仕事を手伝って欲しい。
仕方がないからとにかく少しでも,
針を持ってあちらこちら繋ぐ。
天の川に糸で橋板を掛けるように,
元気を出して破れ網を繕おう。

応用篇

応用篇

第1課 Chiap lâng [出迎え]

A: Lîm sian-siⁿ, kiú-kiàn kiú-kiàn. Chin pháiⁿ-sè, hō͘ lí choan-kang lâi chiap góa.

B: M̄-bián kheh-khì. Chiap-tiȯh lí ê phoe, chai-iáⁿ lí beh lâi Tâi-oân sit-chāi chin hoaⁿ-hí. Hui-ki bô bān-hun, hō͘ⁿ?

A: Sī a. Sî-kan chin chún-sî. Hái-koan ê kiám-cha mā chin kán-tan.

B: Án-ne chin hó. Ū mi̍h-kiāⁿ bōe-kì--tit theh bô?

A: Bô.

B: Lán chē Tiong-heng-hō tńg-lâi Tâi-pak. Góa lâi bóe chhia-phiò, lí tòa chia sió tán chi̍t-ē.

A: Án-ne chin sit-lé, góa lâi bóe tio̍h hó.

B: Bōe-iàu-kín, góa lâi bóe.

■単語■

chiap [接]	出迎える
kiú-kiàn [久見]	久しぶりに会ったときに交わす挨拶
pháiⁿ-sè [□勢]	申し訳ない,具合が悪い,恐縮だ
choan-kang [專工]	わざわざ
chiap [接]	受け取る
chiap-tio̍h [接著]	受け取る。-tio̍h は動作が帰着したことを表す接尾辞
phoe [批]	手紙
sit-chāi [實在]	ほんとうに,まったく。-chāi は転調しないので注意
hoaⁿ-hí [歡喜]	嬉しい,機嫌がいい,喜んでいる

第1課

hui-ki [飛機]	飛行機。hui-lêng-ki ともいう
bān-hun [慢分]	時間に遅れる
chún-sî [準時]	時間にきっちり合っている，正しい，ぴったりだ
hái-koan [海關]	税関
kiám-cha [檢查]	検査，検査する
kán-tan [簡單]	簡単だ
thėh [提]	手に持つ，手に取る
bōe-kì-tit [□記得]	忘れる，覚えていない
Tiong-heng-hō [中興號]	バス名（P.178注参照）
chhia-phiò [車票]	汽車・バスの切符
tòa [□]	〜で，〜において。行為の場所を表す前置詞，tī, tiàm と同義語
sió [小]	ちょっと，少し。動詞句の前に置いて副詞的に用いる
chit-ē [一下]	ちょっと。動詞句の後に置いて動作が軽微あるいは瞬間的であることを表す。普通は軽声で発音する
sit-lé [失禮]	失礼だ
bōe-iàu-kín [□要緊]	大丈夫だ，かまわない，大したことない。bô-iàu-kín [無要緊] ともいう

〈接人〉

A: 林/--先生, 久見/久見。眞 pháiⁿ 勢, hō͘ 汝專工來接/--我。

林さん，お久しぶりですね。わざわざ出迎えてもらってすみません。

B: 唔免客氣。接著汝的批, 知影汝 beh 來臺灣, 實在/眞歡喜。飛機/無慢分/hō͘ⁿ?

どういたしまして。手紙であなたが台湾へいらっしゃると聞いて，ほんとに嬉しかったですよ。飛行機は遅れませんでしたね。

A: 是/啊。時間/眞準時, 海關/的檢查/mā 眞簡單。

ええ，時間どおりでした。通関の検査もとても簡単でした。

応用篇

B: 按呢/眞好。有物件/bōe 記得提/--無？   それはよかった。忘れ物はありませんね。

A: 無。   ありません。

B: 咱坐中興號/轉來臺北。我來買車票，汝 tòa chia/小 等/--一下。   わたしたちは中興号で台北へ戻ります。切符を買ってきますから、ここでちょっと待っていて下さい。

A: 按呢/眞失禮，我來買/着好。   それでは失礼です。わたしが買います。

B: Bōe 要緊，我來買。   わたしが買います。かまいませんよ。

> **注意**

1) phoe＝phe
2) bōe-kì--tit＝bē-kì--tit
3) chit-ē はしばしば縮約されて leh となり、軽い命令の語気を表します。

【練習】

1 （　）の中にそれぞれの意味の動詞を入れて言ってみましょう。

　　　Sió（　）chit-ē！/ Sió（　）leh！

(1) 待つ
(2) 見る
(3) 聞く
(4) 歩く
(5) 食べる

2 次の言葉を台湾語で言ってみましょう。

(1) ありがとう。
(2) どういたしまして。
(3) 大丈夫です。
(4) 申し訳ない。
(5) 失礼。

第 2 課　Khì-hāu [お天気]

A: Gâu-chá!

B: Lí koh-khah gâu-chá. Khùn-tio̍h ū hó bô? Cha-hng-àm ū lo̍h hō͘, só͘-í kin-á-ji̍t chá-khí ū khah liâng chi̍t-tiám-á.

A: Tâi-oân ê joa̍h-thiⁿ lóng chiah-nih joa̍h sī--m̄?

B: Sī a! Lóng chin joa̍h. M̄-koh kin-nî ê joa̍h-thiⁿ te̍k-pia̍t joa̍h.

A: Lâm-pō͘ ê khì-hāu án-choáⁿ?

B: Tong-jiân lâm-pō͘ pí pak-pō͘ koh-khah joa̍h, m̄-koh sip-khì pí-kàu khah chió, só͘-í bô-tiāⁿ-tio̍h tian-tò khah hó-kè. Jî-chhiáⁿ chha-put-to ta̍k-kang lóng ū sai-pak-hō͘. Sai-pak-hō͘ liáu-āu, khì-un kui-ē kē--lo̍h-lâi, án-ne tio̍h piàn-liáu chin liâng.

A: Hong-thai ū tiāⁿ-tiāⁿ lâi bô?

B: Chi̍t-nî lâi kúi-ā-pái. Pò-kò sin-bûn kóng: chit-ê pài-la̍k lé-pài ū pí-kàu khah tōa ê hong-thai beh lâi.

A: Nā bōe siū-hāi tio̍h hó.

■単語■

khì-hāu [氣候]	気候
koh-khah [□較]	もっと，いっそう
khùn-tio̍h [睏著]	寝付く
cha-hng-àm [昨昏暗]	昨晩
lo̍h hō͘ [落雨]	雨が降る
só͘-í [所以]	～だから。in-ūi… [因爲…] と呼応さ

211

応用篇

	せて in-ūi…só·-í…(…なので,だから…なのだ)の形式がよく用いられる
liâng [涼]	気温が下がって涼しい。風があって涼しい場合は chhiu-chhìn という
chit-tiám-á [一點仔]	ちょっぴり,ほんの少し。chit-sut-á [一□仔] の同義語
kin-nî [今年]	今年
tėk-piát [特別]	特に,特別に
lâm-pō· [南部]	南部
tong-jiân [當然]	当然,もちろん
pak-pō· [北部]	北部
sip-khì [濕氣]	湿気
pí-kàu [比較]	比較的
bô-tiāⁿ-tiȯh [無定著]	ひょっとすると,ことによると
tian-tò [顚倒]	かえって,逆に
hó-kè [好過]	すごしやすい
jî-chhiáⁿ [而且]	しかも,そのうえ
chha-put-to [差不多]	ほとんど,ほぼ
sai-pak-hō· [西北雨]	夕立,スコール
liáu-āu [了後]	～の後,～の後わったあと
khì-un [氣溫]	気温
kui-ē [歸下]	ひっくるめて,すべて
kē [□]	低い
kē--lȯh-lâi [□落來]	低くなる,下がる
tiȯh [著]	～すると
piàn [變]	変わる
piàn-liáu [變了]	～に変わる
hong-thai [風篩]	台風
tiāⁿ-tiāⁿ [定定]	いつも,しょっちゅう
kúi-ā-pái [幾仔□]	何回も,何度も
pò-kò [報告]	報告する,告げる
sin-bûn [新聞]	ニュース,新聞

pāi-lȧk lé-pài［拜六禮拜］	土曜日曜，週末
siū-hāi［受害］	被害，害を被る

〈氣候〉

A: Gâu 早！

お早ようございます。

B: 汝 koh 較 gâu 早。睏 著/有好/--無？昨昏暗/有落雨，所以今仔日早起/有較涼/一點仔。

あなたこそお早いですね。よくお休みになれましたか。昨晩雨が降ったので，今朝は少し涼しいですね。

A: 臺灣/的熱天/攏 chiah-nih 熱/是--唔？

ええ，台湾の夏はいつもこんなに暑いんですか。

B: 是/啊！攏眞熱。唔 koh 今年/的熱天/特別熱。

そう，とても暑いです。でも今年の夏は特別暑いですね。

A: 南部/的氣候/按怎？

南部の気候はどうですか。

B: 當然/南部/比北部/koh 較熱，唔 koh 濕氣/比較較少，所以無定著顚倒較好過。而且差不多逐工/攏有西北雨。西北雨/了後，氣溫/歸下 kē--落來，按呢/著變了眞涼。

もちろん南部は北部より暑いですが，湿気が比較的少ないので，かえってすごしやすいかも知れません。それに，毎日のように夕立があります。夕立のあとは，気温がぐんと下がります。そうするととても涼しくなります。

A: 風篩/有定定來/--無？

台風はよく来ますか？

B: 一年/來幾仔 pái。報告新聞/講：chit-ê 拜六/禮拜/有比較較大的風篩/beh 來。

一年に数回来ます。ニュースでは，週末に比較的大きい台風が来るようですよ。

A: 若 bōe 受害/著好。

被害がなければいいですが。

注意

1) tong-jiân＝tong-liân
2) hó-kè＝hó-kòe
3) jî-chhiáⁿ＝lî-chhiáⁿ

■補充単語■

sóng-khoài［爽快］	気持ちがいい

応用篇

【練習】

1 "In-ūi……, só͘-í……"を用いて台湾語で言ってみましょう。

例：<u>In-ūi</u> cha-hng-àm ū lòh hō͘, <u>só͘-í</u> kin-á-jit chá-khí ū khah liâng chit-tiám-á.(昨晩雨が降ったので、今朝は少し涼しい。)

(1)ここは暑いので、あまりすごしやすくない。

(2)この道は車が少ないので、比較的歩きやすい(hó-kiâⁿ)。

(3)昨晩はよく眠れたので、今朝はとても気持ちが良い(sóng-khoài)。

(4)お金がないので、遊びに行けなかった。

(5)遅く来たので、彼に会えなかった(bô khòaⁿ-tiòh)。

2 "Nā……tiòh hó."(もし〜ならばいいのだが)を用いて台湾語で言ってみましょう。

例：Nā bōe siū-hāi tiòh hó.(被害がなければいいが。)

(1)彼女に会えればいいのだが。

(2)お金があったらいいのだが。

(3)雨が降らなければいいのだが。

(4)彼が来なければいいのだが。

(5)台風が来なければいいのに。

第 3 課　Chá-khí [朝]

A: Lí sian-si^n, chá-khí chiảh bē?
B: Chiảh ah. Í-keng káu-tiám ah. Lí koh iáu-bē chiảh sī--bô?
A: Cha-hng-àm khah oà^n khùn, chá-khí peh-bōe--khí-lâi.
B: Í-keng bô sî-kan ah. Beh án-chóa^n?
A: Bô, lâi gōa-kháu chiảh.
B: Án-ne lán tiỏh kín chhut-lâi. Chē-bōe-tiỏh bá-suh tiỏh bōe-ēng--tit.
A: Ah, phê-pau-á bōe-kì--tit thẻh. Lí sió tán chit-ē. Góa thẻh tiỏh sûi lâi.
B: Í-keng bô sî-kan chiảh pn̄g ah.
A: Bô, chá-khí tiỏh mài chiảh.
B: Bô chiảh pak-tó͘ ē iau ô͘.
A: Chit tñg bô chiảh bōe-iàu-kín.

■単語■

chá-khí [早起]	朝, 朝御飯
í-keng [已經]	すでに
peh--khí-lâi [爬起來]	起きる
oà^n [晏]	遅い, 遅く
peh-bōe--khí-lâi [爬□起來]	起きられない
bô [無]	それでは, それじゃあ
gōa-kháu [外口]	そと, 外側
kín [緊]	速い, 速く
chē [坐]	乗り物に乗る
chē-bōe-tiỏh [坐□著]	間に合わなくて乗れない

応用篇

bōe-ēng--tit ［□用得］	いけない，～してはいけない
sûi ［隨］	すぐに
mài ［□］	～しない，～する必要はない，m̄ ài[唔愛]の縮約形，禁止の mài と同語
pak-tó· ［腹肚］	お腹
iau ［□］	お腹が空いている
tǹg ［頓］	食事の回数を数える量詞

〈早起〉

A: 李/--先生，早起/食/--未？	李さん，朝食はもうお済みですか。
B: 食/ah。已經九點/ah。汝 koh 猶未食/是--無？	ええ，済ませました。もう9時ですよ。あなたはまだなんですか。
A: 昨昏暗/較晏睏，早起/爬 bōe--起來。	昨晩寝るのが遅かったものだから，朝起きられなくて。
B: 已經無時間/ah。Beh 按怎？	もう時間がないですよ。どうしますか。
A: 無，來外口/食。	そとの食堂で食べることにします。
B: 按呢/咱/著緊出來。坐 bōe 著 bá-suh/著 bōe 用--得。	それでは急いで出かけなくちゃあ。バスに乗り遅れるといけないから。
A: 呵，皮包仔/bōe 記--得/提。汝小等/--一下。我提/著隨來。	あっ，鞄を忘れました。ちょっと待って下さい。すぐ取ってきます。
B: 已經無時間/食飯/ah。	もう食事をする時間はありませんね。
A: 無，早起/著 mài 食。	じゃあ朝食は食べないことにしましょう。
B: 無食/腹肚/會 iau/ô·。	それではお腹が空くでしょう。
A: 一頓/無食/bōe 要緊。	一度ぐらい食べなくてもなんていうことはありませんよ。

注意

1）chá-khí＝chái-khí
2）peh-bōe--khí-lâi＝peh-bē--khí-lâi
3）bōe-ēng--tit＝bē-ēng--tit
　-ēng- の代わりに文語音の iōng を用いて，bōe/bē-iōng--tit でもかまいません。

第3課

■補充単語■

chùi［醉］　　　　　　　　　　酔う

【練習】

1 "í-keng……ah." と言ってみましょう。
 (1) 彼はもう帰った。
 (2) 歯はもう磨いた。
 (3) もう朝になった。
 (4) 時間がもう遅くなった。
 (5) わたしはもう起きた。

2 例にならって "bōe-ēng--tit" の使い方を練習しましょう。
 例1：<u>Bōe-ēng--tit</u> chiah hun.（タバコを吸ってはいけない。）
 例2：Chiah hun tioh sī <u>bōe-ēng--tit</u>.（タバコを吸うことはいけないことだ。）
 例3：Bô thak-chu <u>bōe-ēng--tit</u>.（勉強しなくちゃいけない。）
 (1) そんなんじゃダメだ。（án-ne）
 (2) そうしなくっちゃいけない。（bô án-ne chhòng）
 (3) たくさん食べるのはダメ。（chiah chōe）
 (4) たくさん食べたらいけない。
 (5) わたしじゃダメです。
 (6) あなたじゃなくっちゃダメなんです。

3 例にならって「〜してすぐに〜する」と言って見ましょう。
 例：Theh <u>tioh sûi</u> lâi.（取ったらすぐ来る。）
 (1) 食べ終わったらすぐ寝る。
 (2) 来てすぐ帰る。
 (3) 読んだらすぐ忘れる。
 (4) 呑んだらすぐ酔う。（chùi）
 (5) 見たらすぐ分かる。

217

応用篇

第 4 課　Tiong-tàu [お昼]

A: Ná ē chiah chōe lâng?
B: Í-keng chảp-jī tiám pòa^n, tú-á-hó sī chiảh tàu ê sî-kan.
A: Bô pâi-tūi bōe-sái ah.
B: A, tú-á-hó ū ūi. Lâi chē hia.
A: M̄ chai ū siá^n-mih liāu-lí?
B: Che sī chhài-toa^n. Lí seng soán lí beh-tih ê.
A: Góa ài chiảh bah, góa tiám chit hāng.
B: Án-ne, góa tiám hî, lán chiah tàu-tīn chiảh.
A: Koh kiò chit ê thng, hó bô?
B: Chin chhùi-ta, lán lâi lim bì-luh, hó bô?
A: Mā hó, lâi lim!

■単語■

tiong-tàu [中罩]	お昼，昼御飯
chōe lâng [多人]	人が多い，混んでいる
tú-á-hó [抵仔好]	ちょうど，今し方
tàu [罩]	お昼，昼御飯
pâi-tūi [排隊]	列をなして並ぶ
ūi [位]	席，座席
chhài-toa^n [菜單]	メニュー
seng [先]	さきに，まず
soán [選]	選ぶ
beh-tih [□□]	欲しい
tiám [點]	料理を注文する
hāng [項]	ものごとを項目として数える量詞

tàu-tīn ［鬥陣］	いっしょに，つれだって
kiò ［叫］	料理を取る，tiám と同義
thng ［湯］	スープ
chhùi-ta ［嘴□］	喉が渇く，ta はかわくの意味
bì-luh ［□□］	ビール，beh-á-chiú ［麥仔酒］ と同じ

〈中罩〉

A: 那會 chiah 多人？ — どうしてこんなに混んでいるのかしらん。

B: 已經十二點半，抵仔好是食罩/的時間。 — もう12時半ですよ。ちょうどお昼の時間だもの。

A: 無排隊/bōe 使/ah。 — 並ばなくちゃあならないね。

B: 呵，抵仔好有位。來坐 hia。 — あっ，ちょうど席が空いた。あそこに座りましょう。

A: 唔知有啥物料理？ — どんな料理があるのかな。

B: Che/是榮單。汝先選汝 beh-tih/--的。 — これがメニューです。先に好きなものを選んで。

A: 我愛食肉。我點 chit 項。 — わたしはお肉が好きだから，これにします。

B: 按呢，我/點魚，咱 chiah 鬥陣食。 — じゃあ，わたしがお魚をとって，いっしょに食べればいいですね。

A: Koh 叫一個湯/好/--無？ — ほかにスープをひとつとりましょう。

B: 眞嘴 ta，咱來 lim bì-luh/好/--無？ — 喉が渇いたからビールを飲みませんか。

B: Mā 好，來 lim！ — いいですね，やりまじょう。

■補充単語■

thiⁿ-kì ［天氣］	天気
bút-kè ［物價］	物価
gōng ［戇］	ばかだ，おろかだ
chiàⁿ-chhiú-pêng ［正手旁］	右側
tò-chhiú-pêng ［倒手旁］	左側

応用篇

【練習】

1 ná ē chiah(-nih)/hiah(-nih)……(どうしてこんなに/そんなに……なのか)と言ってみましょう。
  (1)天気(thiⁿ-khì)がどうしてこんなに悪いのだろう。
  (2)台北の物価(bu̍t-kè)はどうしてそんなに高いのか。
  (3)彼は朝どうしてあんなに早く起きるのだろう。
  (4)あの子はどうしてあんなにばか(gōng)なのかしら。
  (5)ここの料理はどうしてこんなにまずいのか。

2 「ちょうど(tú-á-hó/tú-tú-hó)~だ」と言ってみましょう。
  (1)わたしはちょうど今来たばかりです。
  (2)彼の席はわたしの席のちょうど右側(chiàⁿ-chhiú-pêng)です。
  (3)左側(tò-chhiú-pêng)がちょうどわたしの会社です。
  (4)わたしはちょうど電話をしようとしていたところなんです。
  (5)これはちょうどよい(tú-á-hó)。

3 「わたしたち(lán)いっしょに(tàu-tīn)~しよう」と言ってみましょう。
  (1)食事する
  (2)行く(lâi-khì)
  (3)勉強する(tha̍k-chu)
  (4)テレビを見る
  (5)帰る

第5課　Hông chhiá^n [お呼ばれ]

A: Khah-toh sàng, pn̄g-chhài chún-pī hó ah, chhiá^n lâi chiáh-pn̄g-thia^n.

B: Ló·-la̍t, chiah-nih chhe^n-chhau.

A: Ná ū, che lóng sī Tâi-oân ê phó·-thong liāu-lí niā-niā. M̄ chai ē ha̍h lí ê chhùi bē? M̄-bián kheh-khì chhiá^n ēng, chhiá^n ēng.

B: Chin hó-chia̍h. Chòe-kūn Tang-kia^n mā ū chin chōe Tâi-oân liāu-lí-tiàm, góa ū-tang-á ē khì chia̍h, m̄-koh chià^n-káng ka-têng liāu-lí ê bī iū-koh bô kâng.

A: Che sī lí gâu o-ló. Góa ê liāu-lí chin hâm-bān.

B: Bô hit-hō tāi-chì. Chit hāng chhài kiò siá^n-mih? Chin chhi^n chin hó-chia̍h.

A: He sī ēng-chhài. Ji̍t-pún kám bô?

B: M̄ chai-iá^n, m̄ bat chia̍h-kè. Ê, che kám sī mí-so·h-thng?

A: Sī, gún tau tiā^n-tiā^n chia̍h mí-so·h-thng.

B: Ū-iá^n, che chin sêng Ji̍t-pún-sek ê.

■単語■

hông [□]	hō· lâng の縮約形式，人に～される
chhiá^n [請]	招く，ご馳走する
sàng [□]	～さん，日本語からの借用語
pn̄g-chhài [飯菜]	食事，御飯とおかず
chún-pī [準備]	準備する，準備
chia̍h-pn̄g-thia^n [食飯廳]	ダイニング・ルーム

221

応用篇

ló·-la̍t［努力］	ありがとう，ご苦労さま，to-siā と同じ
chheⁿ-chhau［□□］	ご馳走，ご馳走だ
ná ū［那有］	どうしてあるのか→そんなことない
phó·-thong［普通］	ふつうの，一般の，ありふれた
ha̍h［合］	合う
ha̍h chhùi［合嘴］	口に合う
chhiáⁿ ēng［請用］	どうぞ召し上がれ
chōe-kūn［最近］	近頃，最近
ū-tang-á［有當仔］	たまに，時に
chiāⁿ-káng［正港］	本物の
bī［味］	味
iū-koh［又□］	また
kâng［共］	同じだ
bô kâng［無共］	同じでない，異なる
o-ló［□□］	ほめる
gâu o-ló［□□□］	ほめるのがうまい
chhiⁿ［鮮］	新鮮な，新しい
èng-chhài［甕菜］	オウサイ，空芯菜
mí-so·h-thng［□□湯］	味噌汁
tiāⁿ-tiāⁿ［定定］	いつも，しょっちゅう
ū-iáⁿ［有影］	ほんとう？
sêng［成］	似ている
Ji̍t-pún-sek［日本式］	日本式，日本風

〈Hông 請〉

A: Khah-to·h/sàng, 飯菜/準備好/ah, 請來食飯廳。

加藤さん，食事の用意が出来ましたから，ダイニング・ルームのほうへどうぞ。

B: 努力, chiah-nih chheⁿ-chhau。

ありがとう。これはご馳走ですね。

A: 那有, che/攏是臺灣/的普通料理/niā-niā。唔知會合汝的嘴/--bē？唔免客氣請用，請用。

いいえ，これはみんな台湾の一般的な料理に過ぎません。お口に合いますかどうか。遠慮なく，召し上がれ。

B: 眞好食。最近/東京/mā 有眞多臺灣料理店，我有當仔會去食，唔 koh 正港家庭料理/的味/又 koh 無共。	ほんとに美味しい。近頃は東京にも台湾料理屋がたくさんあって，たまには食べに行きますが，本物の家庭料理の味はまた格別ですね。
A: Che/是汝 gâu o-ló。我的料理/眞含慢。	それは恐縮ですこと。わたしは料理がほんとに下手なんですの。
B: 無 hit 號 tāi-chì。Chit 項菜/叫啥物？眞鮮/眞好食。	そんなことはありませんよ。この野菜はなんといいますか？ 新鮮でとても美味しいですね。
A: He/是甕菜。日本/敢無？	それはオウサイです。日本にもあるかしらん。
B: 唔知影，唔 bat 食過。Ê, che/敢是 mí-so·h 湯？	さあ，食べたことがありませんね。おや，これは味噌汁ですね。
A: 是，阮兜/定定食 mí-so·h 湯。	ええ，家では味噌汁をよく飲むのです。
B: 有影，che/眞成日本式的。	へえ，そうですか。日本風ですね。

注意

1) chheⁿ-chhau=chhe-chhau
2) chõe-kūn=chõe-kīn
3) kâng=siâng
4) bô kâng=bô siâng

■補充単語■

phòa-pīⁿ［破病］	病気になる，病気

応用篇

【練習】

1 「たまに(ū-tang-á)」あるいは「しょっちゅう(tiā^n-tiā^n)」を入れて読んでみましょう。

(1) Góa (　　) ē chia̍h Ji̍t-pún liāu-lí.

(2) I (　　) ū khì khòa^n tiān-iá^n.

(3) I (　　) ē lâi gún tau.

(4) Hit ê gín-á (　　) án-ne kóng.

(5) Góa (　　) ē phòa-pī^n.

2 次の言葉を台湾語で言ってみましょう。

(1) ありがとう。

(2) ご苦労さま。

(3) 遠慮なく。

(4) そんなことありません。

(5) ほんとうですか。

◇コ◇ラ◇ム◇ 台湾の童謡(1)

　台湾にも魅力的な童謡がたくさんある。台湾の童謡は独特なそのリズム、メロディーもさることながら、台湾語歌詞の言葉使いが我々を一種不思議な連想的世界に誘ってくれる。その言語は幼くて確かに子供達のものであるが、繰り広げられる情緒と意象はとても子供のそれとは思えないほど深くて複雑である。童謡はもともと子供のものであるから、その意味内容は単純で解りやすいはずである。ところが台湾の伝統的童謡は「尻取り式」のものが多く、単に語そのものの尻取り遊びのようなものあるし、語の意味的連想によって次の句を紡ぎだす方式も豊富にある。そのような句を連ねた結果、形成される詩の全体的世界は意味的連関の乏しい、非理論的なイメージの世界となるのである。しかし、豊かなイメージを我々に与えてくれる台湾童謡の尽きない魅力もまたそこにあるのではないかと思う。

　比較的解りやすく、かつ、もっとも親しまれている童謡を一曲紹介しよう。

(☞ P.228)

第 6 課 Cho͘ chhù [部屋探し]

A: Chioh-mn̄g chit-ē! Thiaⁿ-kìⁿ-kóng ū pâng-keng beh cho͘ lâng, sī lín chia sī--m̄?

B: Sī, ū chit keng khang-pâng siūⁿ beh cho͘ lâng.

A: Góa beh tòa chit-kho͘-ûi chhē chit keng pâng-keng.

B: Bô, lán seng lâi-khì khòaⁿ-māi.

A: Chit keng koh khoah koh kng, chin hó. Sī sin ê sī--m̄?

B: Sī, chiah khí nn̄g-nî niā-niā. Ū kah tiān-ōe kap ka-kū.

A: Sé-seng-khu-keng tī tó-ūi?

B: Chia sī sé-seng-khu-keng. Ē-sái ka-kī chit ê ēng.

A: Án-ne bōe-bái. Chhù-sè án-chóaⁿ sǹg?

B: Chúi-tiān-chîⁿ chāi-lāi chit ge̍h-ji̍t gō͘-chheng kho͘, m̄-koh tiān-ōe-chîⁿ lēng-gōa.

A: Chia ê tiâu-kiāⁿ khah hó, góa siūⁿ-beh cho͘ chia.

■単語■

cho͘ [租]	賃貸する，賃借りする
chhù [厝]	家
chioh-mn̄g [借問]	おうかがいします，chhiáⁿ mn̄g[請問]と同義
thiaⁿ-kìⁿ-kóng [聽見講]	〜だそうだ，伝聞を表す
pâng-keng [房間]	部屋
keng [間]	部屋，家など建物に用いる量詞
khang-pâng [空房]	空き部屋
chit-kho͘-ûi [□□圍]	このあたり，このまわり
chhē [□]	探す

225

応用篇

khòaⁿ-māi［看□］	～してみる
khoah［闊］	広い
kng［光］	明るい
sin［新］	新しい
chiah［卽］	～したばかり
khí［起］	建てる
kah［合］	付け加える，添える
tiān-ōe［電話］	電話
ka-kū［家具］	家具
sé-seng-khu-keng［洗身軀間］	バスルーム
sé seng-khu［洗身軀］	風呂にはいる
ka-kī［家己］	自分で，自分
ēng［用］	使う，用いる
chhù-sè［厝税］	家賃，部屋代
sǹg［算］	数える，計算する
chúi-tiān-chîⁿ［水電錢］	水道電気代
chāi-lāi［在內］	中に含んで
tiān-ōe-chîⁿ［電話錢］	電話代
lēng-gōa［另外］	別に，別の
tiâu-kiāⁿ［條件］	条件

〈租厝〉

A: 借問/--一下！聽見講有房間/beh 租/--人，是 lín chia/是--唔？
ちょっとおうかがいします。貸し部屋があるというのはお宅ですか。

B: 是，有一間空房/想 beh 租/--人。
ええ，ひと部屋空いていますので，だれかにお貸ししたいのです。

A: 我 beh tòa chit kho·圍/chhē 一間房間。
わたしはこのあたりの部屋を捜しているんです。

B: 無，咱先來去看 māi。
それではとにかくご覧下さい。

A: Chit 間/koh 闊/koh 光，眞好。是新/--的/是--唔？
この部屋は広くて明るくて、素敵ですね。新しいんですか。

第6課

B: 是,chiah 起兩年/niā-niā。有合電話/kap 家具。 — ええ，まだ二年しかたっていません。電話と家具もついていますよ。

A: 洗身軀間/tī 何位？ — お風呂はどこですか。

B: Chia/是洗身軀間。會使自己一個/用。 — これがお風呂場です。ひとりでお使いになれます。

A: 按呢/bōe-bái。厝税/按怎算？ — それは良いですね。部屋代はいかほどですか。

B: 水電錢/在內/一月日/五千箍,唔 koh 電話錢/另外。 — 部屋代は電気代と水道代を含んで月に5千元です。ただし，電話代は別です。

A: Chia 的條件/較好,我想 beh 租 chia。 — 条件が比較的よいので，わたしはここをお借りしたいと思います。

注意

1) thiaⁿ-kiⁿ-kóng＝thiaⁿ-kóng
2) chhē＝chhōe
3) ka-kū＝ka-khū
4) sé seng-khu＝sóe seng-khu
5) seng-khu＝sin-khu
6) ka-kī＝ka-tī
7) ēng＝iōng
8) chhù-sè＝chhù-sòe

【練習】

1 文の後に khòaⁿ-māi をつけて言ってみましょう。
 (1) 食べて下さい。
 (2) ここへ書いてみて下さい。
 (3) 先生に聞いてみて下さい。
 (4) 一度読んでみて下さい。
 (5) わたしに話してみて下さい。

2 （　）に適当な言葉を入れなさい。
 (1) Chit niá（　）súi（　）siòk.（この服は綺麗で安い。）
 (2) （　）i chin súi.（彼女はとても美しいそうです。）
 (3) （　）iáu ū nn̄g keng.（他にまだ二部屋あります。）

応用篇

(4) Lí (　　) chiảh chit ê.(あなたまず一個食べなさい。)
(5) Lí (　　) chit ê lâng khì.(あなた自分一人で行きなさい。)

◇ラム 台湾の童謡(2)

Sai-pak-hō· tit-tit lỏh　　　　　西北雨直直落

Sai-pak-hō· tit-tit lỏh.　　　　　西北雨直直落。
Chit-á-hî beh chhōa bó·,　　　　　鯽仔魚 beh 娶妻,
ko·-tai-hiaⁿ phah lô-kó·,　　　　　Ko-tai 兄拍鑼鼓,
mûi-lâng-pô-á thô·-sat-só.　　　　媒人婆仔土虱嫂。
Jit-thâu àm, chhōe-bô lō·,　　　　日頭暗, chhōe 無路,
kóaⁿ-kín lâi, hóe-kim-ko·,　　　　赶緊來, 火金姑,
chòe hó-sim, lâi chiò lō·.　　　　做好心, 來照路。
Sai-pak-hō· tit-tit lỏh　　　　　西北雨直直落。

Sai-pak-hō· tit-tit lỏh　　　　　西北雨直直落。
Pẻh-lêng-si lâi kóaⁿ lō·,　　　　白翎鷥來赶路,
pôaⁿ soaⁿ-niá kòe khe-hô,　　　　盤山嶺過溪河,
chhōe-bô siū poảh-chit-tó.　　　　chhōe 無 siū 跌一倒。
Jit-thâu àm, chóaⁿ-iūⁿ hó?　　　　日頭暗, 怎樣好？
Thó·-tē-kong, thó·-tē-pô,　　　　土地公, 土地婆,
chòe hó-sim lâi chhōa lō·.　　　　做好心, 來 chhōa 路。
Sai-pak-hō· tit-tit lỏh　　　　　西北雨直直落。

注 sai-pak-hō·　スコール/ko-tai, thô·-sat　魚の名前。両方ともナマズの一種であるが、種類が違う/hóe(hê)-kim-ko·　螢/siū　鳥などの巣/thó·-tē(tī)-kong, thó·-tē(tī)-pô　神様の名前, 鎮守様。

西北雨やまない

西北雨やまない。　　　　　　　　西北雨やまない。
鮒さん嫁取り,　　　　　　　　白鷺は急ぎ旅,
コオタイ兄貴は鐘太鼓,　　　　　山を越えて河越えて,
仲人はトオサッねえさん。　　　　巣が探せなくて転んだ。
日が暮れて道がわからない,　　　日が暮れて, どうしたらいいの？
急いで来てよ, ホタルさん,　　　男神様, 女神様,
親切心で道照らせ。　　　　　　　道案内を頼みます。
西北雨やまない。　　　　　　　　西北雨やまない。

第7課 Bóe mih-kiā^n [買い物]

A: Lí beh-tih siá-chuh sī--m̄? Gún chia hêng-thé chhùn-chhioh lóng chin chiâu. Chhiá^n bān-bān-á khòa^n.

B: Hit niá chhi^n ê hō· góa khòa^n chit-ē.

A: Hó, hia ū chhì-chhēng ê só·-chāi, lí beh chhì-chhēng chit-ē bô?

B: Mā hó.

A: Chhēng-liáu án-chóa^n?

B: Sek kap hêng-thé lóng ē-sái, tiȯh-sī khah sòe chit-tiám-á, Ū koh-khah tōa ê bô?

A: Ū, chhiá^n sió tán chit-ē, góa chit-má tiȯh lâi chhē······Chit niá siá^n-khoán?

B: Kah-ná bōe-bái. Che sī Tâi-oân-chè ê sī--m̄?

A: M̄-sī, che sī Jı̍t-pún lâi ê. Kè-siàu ū khah kùi chit-tiám-á, m̄-koh phín-chit chin hó, ē-sái chhēng khah kú. Che khah ū thong o·.

B: Bô, góa tiȯh bóe chit niá.

A: Hó, góa kā lí pau--khí-lâi, chhiá^n sió tán chit-ē.

■単語■

siá-chuh [□□]	シャツ, 日本語からの借用語
hêng-thé [形體]	かたち
chhùn-chhioh [寸尺]	サイズ, 寸法
chiâu [□]	揃っている, 打ち揃う
bān-bān-á [慢慢仔]	ゆっくりと

応用篇

chhiⁿ［青］	青，紺
chhì-chhēng［試穿］	試着する
chhēng［穿］	着る
só·-chāi［所在］	ところ，場所
sek［色］	色
tiȯh-sī［著是］	ただ〜だけだ
siáⁿ-khoán［啥款］	どんな様子ですか
kah-ná［及若］	〜みたい，〜ようだ
Tâi-oân-chè［臺灣製］	台湾製
kè-siàu［價數］	値段
phín-chit［品質］	品質
kú［久］	時間が長い
thong［通］	旨い，ものごとが巧妙適切である
pau--khí-lâi［包起來］	包む

〈買物件〉

A: 汝 beh-tih siá-chuh/是--無？阮 chia/形體/寸尺/攏真 chiâu。請慢慢仔看。

シャツが御入用ですか。手前どもは型もサイズも豊富に取り揃えてございます。どうぞゆっくりご覧下さい。

B: Hit 領青--的/與我看/--一下。

あの紺のを見せてもらえますか。

A: 好, hia 有試穿/的所在, 汝 beh 試穿/--一下/無？

かしこまりました。あちらに試着室がございますが，試着なさいますか。

B: Mā 好。

そうしましょう。

A: 穿了/按怎？

いかがですか。

B: 色/kap 形體/攏會使, 著是較細一點仔。有 koh 較 大/--的/--無？

色もスタイルもいいんだが，少し小さいようです。もうちょっと大きめのはありませんか。

A: 有, 請小等/--一下, 我 chit-má/著來 chhē……Chit 領/啥款？

ございます。少々お待ち下さい。ただいま捜しいたしますから。……これはいかがでございますか。

B: 及若 bōe-bái。Che/是臺灣製--的/是--唔？

いいようです。これは台湾製ですか。

A: 唔是, che/是日本/來的。價數/有較貴一點仔, 唔 koh 品質/眞好, 會使穿/較久。Che/較有通哦。 — いいえ, これは日本のものです。お値段は多少お高いですが, きわめて質の良いものですから, 長く着られます。結局はお得ですよ。

B: 無, 我着買 chit 領。 — それじゃあこれを下さい。

A: 好, 我 kā 汝包--起來, 請小等/--一下。 — かしこまりました。お包みしますので, しばらくお待ち下さい。

注意

chhi^n = chhe^n

■補充単語■

kià [寄]   郵便物を送る

【練習】

1 _____-liáu án-chóa^n？(～してどんな具合ですか)の下線部を言い替えてみましょう。また, 適当に答えてみましょう。

(1) Chit niá _____-liáu án-chóa^n？(着る)
(2) Chit hāng liāu-lí _____-liáu án-chóa^n？(食べる)
(3) Chit pún _____-liáu án-chóa^n？(読む)
(4) Chit tè í-á _____-liáu án-chóa^n？(座る)
(5) Chit tiâu koa _____-liáu án-chóa^n？(聞く)

2 「わたしがあなたに(代わって)～して差し上げます」(Góa kā lí ~.) と言ってみましょう。

(1) ただ今お包みします。
(2) この服はわたしが洗ってあげます。
(3) この手紙はわたしが出して(kià)おきます。
(4) あなたが書けないなら, わたしが書いてあげましょう。
(5) あなたは時間がないから, わたしがそれを受け取り(chiap)に行きましょう。

応用篇

第8課 Tī pêng-iú ê chhù-lāi (1) [友人の家で]

A: Ông sian-siⁿ hó bô?

B: Khah-to̍h sàng lâi o̍h. Chhiáⁿ chē.

A: Lí ê gín-á leh?

B: I kap pêng-iú khì gōa-kháu sńg ah. Gín-á tòa chhù tòa-bōe-tiâu.

A: Án-ne o̍h. Che sī chit-sut-á mi̍h-kiāⁿ, chhiáⁿ the̍h hō͘ i.

B: Chin ló͘-la̍t, i it-tēng chin hoaⁿ-hí. Kin-á-jit sī Lé-pài, lí tio̍h bān-bān-á sī.

A: Bô ah, he bōe-sái. Góa tńg--khì tio̍h koh siá chi̍t hūn pò-kò.

B: Án-ne lí chin bô-êng neh. Bô, chia̍h chi̍t poe tê mā hó.

A: Ô͘, che sī Ji̍t-pún-tê, hō͘ⁿ?

B: Ū chi̍t ê pêng-iú àn Ji̍t-pún tńg--lâi the̍h--lâi sàng góa ê.

A: Chin kám. Góa í-keng chin kú bô lim ah.

■単語■

chhù-lāi [厝內]	家, 家の中
pêng-iú [朋友]	友達
sńg [損]	遊ぶ, ふざけて遊ぶ
tòa-bōe-tiâu [□□□]	じっとしていられない
-bōe-tiâu [□□]	～していられない, 持ちこたえられない
-tiâu [□]	付着して離れない感じを表す動詞語尾
chit-sut-á [一□仔]	ほんの少し, ちょっぴり
chit-sut-á mi̍h-kiāⁿ [一□仔物件]	ほんの少しの物→つまらない物（ちょ

232

第8課

	っとしたみやげ物の意味)
theh hō· [提□]	~に手渡す、あげる
bān-bān-á sī [慢慢仔是]	ゆっくりと→ゆっくりしていく
tioh [著]	やむを得ぬ事情でどうしても~しなければならない
hūn [份]	書類を数える量詞、部
pò-kò [報告]	報告書、レポート
àn [按]	~から、起点を表す前置詞、=tùi [對]、ùi [□]
sàng [送]	贈る、届ける
kam [甘]	甘い、お茶の味が良いこと。砂糖などの甘味は tiⁿ [甜] と言う。

〈Tī 朋友/的厝內 (一)〉

A: 王/--先生/好/--無？
こんにちわ、王さん。

B: Khah-toh sàng/來/噢。請坐。
加藤さん、いらっしゃい。どうぞお掛け下さい。

A: 汝的囝仔/leh？
お子さんは。

B: 伊 kap 朋友/去外口/損/ah。囝仔/tòa 厝/tòa-bōe-tiâu。
彼は友達と外へ遊びに行きました。子供はなかなか家にじっとしていませんよ。

A: 按呢/oh。Che/是一 sut 仔物件、請提 hō·/--伊。
そうですか。これはつまらないものですが、彼にやって下さい。

B: 眞努力、伊一定眞歡喜。今仔日/是禮拜、汝著慢慢仔是。
どうもありがとう。きっと喜びますよ。今日は日曜日だから、ゆっくりして行って下さい。

A: 無/ah、he/bōe 使。我轉--去/著 koh 寫一份報告。
いや、そうもいきませんでね。帰って、報告書を一本書かなくてはならないのです。

B: 按呢/汝眞無閒/neh。無、食一杯茶/mā 好。
それはお忙しいことですね。まあ、お茶でも召し上がれ。

A: Ô, che/是日本茶/hō·ⁿ？
おや、日本茶ですね。

B: 有一個朋友/按日本轉--來/提--來/送/--我/的。
友人が日本から持って帰ってくれたのです。

応用篇

A: 眞甘。我已經眞久/無 lim/ah。　ほんとに美味しい。久しぶりにいただきました。

注意

tōa-bōe-tiâu＝tōa-bē-tiâu

■補充単語■

khiā［企］	立つ
lún［忍］	我慢する
tēng［定］	硬い
tòng［當］	支える，耐える
hioh-khùn［歇睏］	休む，休憩する
kóaⁿ-kín［趕緊］	急いで
chhiú-siok［手續］	手続きする，手続き

【練習】

1 -bōe-tiâu を使って，「～していられない，～できない」と言ってみましょう。

(1) あの子は少しもじっとしていられない。

(2) 足が痛くて立っていられない。(khiā)

(3) わたしは我慢できない。(lún 我慢する)

(4) この椅子は硬い(tēng)ので，座っていられない。

(5) 今日は暑くて耐えられない。(tòng)

2 文末に mā hó を着けて，「～してもいい」と言ってみましょう。

(1) 少し休んでも(hioh-khùn)いい。

(2) いっぱい飲んでもいい。

(3) 明日行ってもいい。

(4) あの人に贈ってもいい。

(5) わたしが食べてもいい。

3 副詞 tiȯh を用いて，「～しなければならない」と言ってみましょう。

(1) わたしはもう行かなければなりなせん。

(2) わたしはレポートを書かなければなりません。

(3) あなたは早く帰らなければなりません。

(4) 妻が出かけたので、わたしが食事を作らなければなりません。

(5) 急いで(kóaⁿ-kín)手続き(chhiú-siȯk)しなければなりません。

コ ラ ム 台湾の地名

　台湾は移民の国なので、中国の地名をそのまま地名としていることがある。An-pêng［安平］，Tiô-chiu［潮州］などたくさんある。遠く故郷を離れ辛い畑仕事に従事した人々が、自分達の故郷を偲んで命名したのであろう。また、台湾開墾初期の移民は平埔族と雑居することが多かったので、平埔族の言葉が地名として残ることもよくあった。Báng-kah［艋舺］（萬華）は原住民の言葉で「丸木舟」の意味だそうである。淡水河辺を丸木舟で行き来していた平埔族の人々の姿が目に浮かぶようである。現地語の名前を残したり、故郷の名前をつけたりすることは移民が建てた国ならばどこにでも見られることである。

　もっと面白いのは、台湾が開墾によって開かれた国であることをよく示す地名が無数に残っていることであろう。例えば、台北のSaⁿ-tiuⁿ-lê［三張犁］，La̍k-tiuⁿ-lê［六張犁］という地名は三人あるいは六人が一つずつの犁で一日に耕せる範囲を言ったのである。台湾各地によく見かけるPang-liâu［枋寮］，Tiân-liâu［田寮］という地名の［寮］というのは農作業のための小屋を意味し、［枋寮］とはすなわち「木の板で作った小屋」のことなのである。Kong-koán［公館］はおそらく台湾でもっとも普遍的な地名であろうが、これは清代に設けられた官員を接待する場所、あるいは村の会議所であって、時には、男達がそこに泊まって「番」の警戒に当たる場所でもあった。Gō·-kó·［五股］は五人が資本を出し合って開墾した所、Káu-hūn［九份］は九人で合資して切り開いた田野の意味である。Thâu-ke-chhù［頭家厝］は文字どおり地主のお屋敷を意味する。Ba̍k-sa［木栅］はこれによって「番」の侵入を防ぐ施設であった。

　日本人で忘れることが出来ないのは、日本植民地時代につけられた日本風の名前がいまだに残っていることである。高雄、松山、神岡、田中、豊原、玉井、民雄、清水、花壇、池上など、思いつくままに挙げただけでもこれだけある。これらの地名は現在ではすべて台湾読みをされているが、もともとは日本人の命名によるものである。植民地支配の傷痕として、日本人、台湾人ともに忘却すべからざる事実であろう。

応用篇

第9課　Tī pêng-iú ê chhù-lāi (2) [友人の家で]

A: Pa-pa, ma-ma, góa tńg--lâi ah. Ah, o·-jí-sáng lâi chē.

B: A-Eng, lí tńg--lâi ah Iù-tī-hn̂g ū hó-sńg bô?

A: Ū, chin hó-sńg. Lāu-su kà gún chhiù^n-koa kap thiàu-bú.

C: A-Eng, lí chhiù^n koa hō· o·-jí-sáng thia^n.

A: Ah-bô, góa chhiù^n "Sai-pak-hō·".

　　　.............

B: Chin gâu chhiù^n. Í-keng oà^n ah, bô tńg--khì bōe-sái. Āu-pái chiah thiàu-bú hō· góa khòa^n.

C: Chiảh pá àm chiah tńg--khì lah.

B: Bōe-sái, góa tiỏh koh ài khì bóe chit pún chu leh. Nā siu^n oà^n, chu-tiàm tiỏh kui^n--khí-lâi ah.

C: Lí nā ū tāi-chì, tiỏh bô ài bián-kióng ah. Āu-pái tiỏh it-tēng tàu-tīn chiảh chit-ē pn̄g.

B: Hó, to-siā.

■単語■

o·-jí-sáng [□□□]	おじさん，日本語からの借用語
lâi chē [來坐]	いらっしゃい
A-Eng [阿英]	人名
iù-tī-hn̂g [幼稚園]	幼稚園
hó-sńg [好損]	面白い，面白く遊べる→面白い
thiàu-bú [跳舞]	踊る，踊り
ah-bô [抑無]	それでは
Sai-pak-hō· [西北雨]	夕立，ここでは歌の名前
āu-pái [後□]	この次に，いつか

chu-tiàm [書店]	本屋
kuiⁿ--khí-lâi [關起來]	閉まる
kuiⁿ [關]	閉める，閉まる
bián-kióng [勉強]	無理に，強いて

〈Tī 朋友/的厝內 (二)〉

A: Pa-pa, ma-ma, 我轉--來/ah。呵，o·-jí-sáng/來坐。	お父さん，お母さん，ただいま。あっ，おじさん，いらっしゃい。
B: 阿英，汝轉--來/ah。幼稚園/有好損/--無？	英ちゃん，お帰りなさい。幼稚園は楽しいかい。
A: 有，眞好損。老師/教阮唱歌/kap 跳舞。	うん，とても楽しいよ。先生が歌と踊りを教えてくれるんだ。
C: 阿英，汝唱歌/hō o·-jí-sáng 聽。	英ちゃん，おじさんに歌を歌ってあげなさい。
A: 抑無，我唱"西北雨"。	では「夕立」を歌います。
....	
B: 眞 gâu 唱。已經晏/ah，無轉--去/bōe 使。後 pái/chiah 跳舞/hō·我看。	とても上手に歌えたね。遅くなったから，帰らなくちゃあならない。この次は踊りを見せてちょうだい。
C: 食飽暗/chiah 轉--去/lah。	夕食を食べて帰りなさいよ。
B: Bōe使/我著 koh 愛去買一本書/leh。若傷晏，書店/著關--起來/ah。	いや，本を一冊買って帰りたいんです。遅くなると本屋がしまってしまうから。
C: 汝若有事誌，着無愛勉强/ah。後 pái/著一定鬥陣食一下飯。	用事があるなら，無理にとは言いません。今度はぜひ一緒に食事をしましょう。
B: 好，多謝。	ありがとう。

注意

1) kuiⁿ--khí-lâi＝koaiⁿ--khí-lâi

応用篇

■補充単語■

bú-jiȯk [侮辱]	辱める
hoân-ló [煩惱]	心配する，気をもむ
pē-bú [父母]	両親
an-sim [安心]	安心する
khui--khí-lâi [開起來]	開ける

【練習】

1 前置詞 hō· を使って「～させる」を復習しましょう。

(1) あなたに見せてあげよう。

(2) 子供に食べさせなさい。

(3) 彼はわたしを辱めた (bú-jiȯk)。

(4) 親 (pē-bú) に心配をかけて (hoân-ló) はいけません (m̄-thang)。

(5) 親を安心 (an-sim) させなくてはなりません。

2 "bô …… bōe-sái"（～しなくてはいけない）と言ってみましょう。（第3課 "bô …… bōe-ēng--tit" と同じ意味。）

(1) tńg--khì

(2) peh--khí-lâi

(3) kuiⁿ--khí-lâi

(4) khui--khí-lâi（開ける）

(5) thȧk-chu

3 次の決まり文句を言ってみましょう。

(1) いらっしゃい。

(2) ダメ。

(3) 帰ったよ。

(4) そうなんですか。(Án-ne o·h!)

(5) ごゆっくりどうぞ。(Bān-bān-á sī!)

第10課 Tiān-oē [電話]

A: Ôe! Chia sī Tâi-oân bō·-e̍k kong-si. Lí beh chhē siáng?
B: Ôe! Mâ-hoân lí kiò Tiō keng-lí.
A: Chit-má kā lí chiap. Lí sió tán chit-ē.
C: Ôe! Góa sī Tiō keng-lí ê pì-su. Chin pháiⁿ-sè, Tiō keng-lí iáu bē kàu kong-si.
B: Tang-sî ē lâi leh?
C: Èng-kai sī teh-beh kàu ah. Chhiáⁿ mn̄g lí tó chit ūi? Ū siáⁿ-mi̍h beh kau-tài bô?
B: Góa sī Tang-kiaⁿ siong-siā ê Khah-to·h. Chin pháiⁿ-sè, mâ-hoân lí kâ choán-ta̍t góa ū iàu-kín ê tāi-chì siūⁿ-beh kap i kiⁿ-bīn kóng oē.
C: I sûi kàu sûi choán-ta̍t. Chhiáⁿ mn̄g chit-má tī tó-ūi?
B: Góa chit-má tī-teh kong-si.
C: Mâ-hoân lí kâ kóng chit-ē tiān-ōe hō-bé.
B: Góa ê tiān-ōe hō-bé sī ngó·-jī-sam-lio̍k-khòng-it-kiú.
C: Góa chai ah.

■単語■

ôe [喂]	もしもし
bō·-e̍k [貿易]	貿易
mâ-hoân [麻煩]	面倒をかける
keng-lí [經理]	支配人
chiap [接]	電話をつなぐ
pì-su [秘書]	秘書

応用篇

kâu [够]	到着する
èng-kai sī [應該是]	当然～であるはずだ
teh-beh [□□]	まもなく～するであろう
chhiá^n-mn̄g [請問]	お尋ねしますが，おうかがいします が
tó chit ūi [何一位]	どちらさまですか，tó chit ê の丁寧な 言い方
kau-tāi [交代]	言いつける
siong-siā [商社]	商社
kâ [□]	kā góa の縮約形式
choán-ta̍t [轉達]	伝達する
iàu-kín [要緊]	重要だ，大事だ
kì^n-bīn [見面]	お目にかかる，面会する
sûi…sûi… [隨…隨…]	～次第ただちに～する
hō-bé [號碼]	番号
tiān-ōe hō-bé [電話號碼]	電話番号

〈電話〉

A: 喂！Chia/是臺灣/貿易公司。汝 beh chhē siáng？
もしもし，こちらは台湾貿易会社でございます。誰をお呼びしますか。

B: 喂！麻煩汝叫趙經理。
もしもし，すみませんが趙経理をお願いします。

A: Chit-má/kā 汝接。汝小等/--一下。
ただ今お繋ぎします。しばらくお待ち下さい。

C: 喂！我是趙經理/的秘書。眞phái^{n}勢，趙經理/猶未够公司。
もしもし，わたしは趙経理の秘書でございます。申し訳ありませんが，趙経理はまだ出社しておりません。

B: 當時/會來/leh？
いつごろ出社なさいますか。

C: 應該是 teh-beh 够/ah。請問汝何一位？有啥物/beh 交代/--無？
おっつけ出社するはずです。どちら様ですか。なにかお伝えしておきましょうか。

第10課

B: 我是東京商社/的 Khah-toh。眞 pháiⁿ勢，麻煩汝 kâ/轉達/我有要緊的事誌/想 beh kap 伊見面講話。

わたしは東京商事の加藤と申します。お手数ですが，お目にかかってお話し申し上げたいことがあるとお伝え願えませんか。

C: 伊隨夠/隨轉達。請問 chit-má/tī 何位？

出社次第伝えます。いまどちらにいらっしゃいますか。

B: 我 chit-má/tī-teh 公司。

いま会社におります。

C: 麻煩汝 kâ/講一下電話號碼。

すみませんが，電話番号をお知らせ願えますか。

B: 我的電話號碼/是五二三/六〇一九。

わたしの電話番号は5236019です。

C: 我知/ah。

承知しました。

注意

kâ は kā góa(わたしに代わって~してください，わたしに対して~してください)を一音節に縮めた形式ですから，kā góa を使ってももちろん構いません。kâ を使うならば必ず第5声で発音し，転調はしません。

例：Lí kâ choán-ta̍t chit-ē.(わたしに代わって伝えて下さい。)

　　Lí kâ kóng tiān-oē hō-bé.(わたしに対して電話番号を知らせて下さい。)

■補充単語■

phàu [泡]	お茶を入れる
sí--khì [死去]	死んでしまう
ta [□]	乾く

応用篇

【練習】

1 "Mâ-hoân lí……"を使って「面倒ですが，〜して下さいませんか」と言ってみましょう。

(1) 李さんを呼んで。

(2) 部屋を掃除して。(piàⁿ pâng-keng)

(3) お茶をいれて。(phàu tê)

(4) 買い物に行って。

(5) 洗濯をして。

2 "teh-beh……ah"を使って「まもなく〜になります」と言ってみましょう。

(1) 飛行機はまもなく台湾に到着します。

(2) まもなく3時です。

(3) あの人はまもなく死ぬ(sí--khì)でしょう。

(4) この服はもうすぐ乾き(ta)ますよ。

(5) あなたの病気(phòa-pīⁿ)はもうすぐ治ります(hó)。

第11課 Iû-piān-kiỏk [郵便局]

A: Chioh-mn̄g chit-ē, kià-khì Ji̍t-pún ê hâng-khong-sìn ài tah kúi-î^n ê iû-phiò?

B: Cha̍p kong-khek ûi-chí cha̍p-sì kho͘. Nā chhiau-tāng, múi cha̍p kong-khek ke káu kho͘.

A: Án-ne, chhiá^n kâ chhìn chit nn̄g tiu^n phoe chit-ē.

B: Che bô chhiau-tāng, chit tiu^n chhiau-tāng ah.

A: Chit tiu^n beh kià kòa-hō ê.

B: Kòa-hō sī jī-sì kho͘, só͘-í lóng-chóng sī sì-cha̍p-chhit kho͘.

A: Kià-khì Ji̍t-pún ài jōa-kú?

B: Tāi-khài ài sì-gō͘ kang. Nā sī hān-sî ê, ē chá chi̍t kang.

A: Hān-sî ê ài jōa-chōe?

B: Hān-sî ê hâng-khong-sìn sī sa^n-cha̍p kho͘.

A: Mâ-hoân chit tiu^n kā góa chhòng hān-sî ê.

B: Hó.

■単語■

iû-piān-kiỏk [郵便局]	郵便局
kià-khì [寄去]	郵送する
hâng-khong-sìn [航空信]	航空便
tah [貼]	貼る
kúi-î^n [幾圓]	なん円, いくら
iû-phiò [郵票]	切手
kong-khek [公克]	グラム
ûi-chí [爲止]	～まで
chhiau-tāng [超重]	重量が超過する

応用篇

múi [毎]	〜あたり，〜ごとに
ke [加]	増やす，増える
chhìn [秤]	目方を量る
tiuⁿ [張]	通，手紙に用いる量詞
kòa-hō [掛號]	番号を控える，書留にする，書留
jōa-kú [若久]	どのくらいの時間
tāi-khài [大概]	およそ，だいたい
hān-sî [限時]	速達
chhòng [創]	〜にする

〈郵便局〉

A: 借問/--一下，寄去日本/的航空信/愛貼幾圓/的郵票？

うかがいますが，日本への航空便はいくらの切手を貼るのですか。

B: 十公克爲止/十四箍，若超重，每十公克/加九箍。

10グラムまで14元です。重さが超過していれば，10グラムごとにさらに9元かかります。

A: 按呢，請 kâ/秤 chit 兩張批/--一下。

それではこの2通を量ってみて下さい。

B: Che/無超重，chit 張/超重/ah。

これは超過していません。こちらは超過しています。

A: Chit 張/beh 寄掛號/--的。

この1通は書留にしてもらえませんか。

B: 掛號/是廿四箍，所以攏總/是四十七箍。

書留は24元ですから，あわせて47元になります。

A: 寄去日本/愛若久？

日本へはどのくらいかかるでしょうか。

B: 大概/愛四五工。若是限時/--的，會早一工。

およそ4，5日でしょう。速達ならば1日はやくなります。

A: 限時/--的/愛若多？

速達はいくらですか。

B: 限時/的航空信/是三十箍。

速達航空便は30元です。

A: 麻煩/chit 張/kā 我創限時/--的。

それではこの1通は速達にして下さい。

B: 好。

かしこまりました。

第11課

> 注意

1) múi＝móe
2) jōa-kú＝gōa-kú, lōa-kú

■補充単語■

sió-pau ［小包］	小包
chúi-lio̍k ［水陸］	船便

【練習】

1　次の文をよく読み，日本語に直してみましょう。
　(1) Ài kúi-îⁿ?
　(2) Ài tah jōa-chōe-chîⁿ ê iû-phiò?
　(3) Ài tah sì-cha̍p-sì kho· ê iû-phiò.
　(4) Ài jōa-kú?
　(5) Ài nn̄g kang.

2　台湾語で言ってみましょう。
　(1)これを航空便にしてください。
　(2)これを書留めにしてください。
　(3)これを速達にしてください。
　(4)これを量ってみて下さい。
　(5)この小包(sió-pau)を船便(chúi-lio̍k ê)にしてください。

第12課 Gûn-hâng [銀行]

A: Chioh-mn̄g leh. Góa beh án-chóaⁿ chiah ē-sái niá chîⁿ?

B: Chhiáⁿ lí tòa chia siá chîⁿ-giah, kap tn̄g ìn-á.

A: Siá-hó ah. Án-ne ē-sái bōe?

B: Ē-sái. Lí ê ìn-á sió chioh chit-ē.

A: Chhiáⁿ chioh-mn̄g chit-ē, ē-sái sin-chhéng the̍h-khoán-khah bô?

B: Ū, lí nā beh tih, ē-sái chòe.

A: Án-ne tio̍h pài-thok lí. Ài pān siáⁿ-mih chhiú-sio̍k?

B: Chhiáⁿ koh lēng-gōa siá chit tiuⁿ pió, sūn-sòa chhiáⁿ kā àm-hō siá tòa chia.

A: Án-ne ē-sái bōe?

B: Ē-sái, chhiáⁿ sió tán chit-ē.

....

B: Sit-lé, hō· lí tán chin kú. Che sī lí ê chîⁿ, chûn-khoán-phō·, ìn-á, kap chò-hó ê the̍h-khoán-khah. Chhiáⁿ tiám khòaⁿ-māi leh.

A: Bô m̄-tio̍h, to-siā lí.

B: To-siā lí.

■単語■

gûn-hâng [銀行]	銀行
niá [領]	受け取る
chîⁿ-giah [錢額]	金額
tn̄g [□]	捺印する

第12課

ìn-á [印仔]	印鑑
siá-hó [寫好]	書き終わる
-hó [好]	行為が満足すべき状態で終わることを表す動詞語尾
chioh [借]	借りる，貸す
sin-chhéng [申請]	申請する
thèh-khoán-khah [提款卡]	銀行のカード
pài-thok [拜託]	頼む，依頼する
pān [辦]	処理する
pān chhiú-siòk [辦手續]	手続きする
pió [表]	用紙，申込用紙
sūn-sòa [順□]	ついでに
àm-hō [暗號]	暗号，暗証コード
chûn-khoán-phō· [存款簿]	預金通張
chûn-khoán [存款]	預金，預金する
tiám [點]	点検する
bô-m̄-tiòh [無唔著]	間違いない

〈銀行〉

A: 借問/leh。我beh按怎/chiah會使領錢？
あのう，お金を引き出すにはどうしたらいいのでしょうか。

B: 請汝tòa chia/寫錢額，kap tǹg印仔。
ここに金額を書いて，印鑑を押して下さい。

A: 寫好/ah。按呢/會使/bōe？
書きました。これでいいでしょうか。

B: 會使。汝的印仔/小借/--一下。
結構です。印鑑をお借りします。

A: 且借問/--一下，會使申請提款卡/--無？
ちょっとうかがいますが，カードも申し込めるんでしょうか。

B: 有，汝若beh--tih，會使做。
ええ，ご希望ならお作りいたしますが。

A: 按呢/著拜託/--汝。愛辦啥物手續？
それではお願いします。どうすればよいのですか。

B: 請koh 另外寫一張表，順sòa 請kā/暗號/寫tòa chia。
もう一枚別の用紙をお書き下さい。ここに暗証番号もお書き下さい。

247

応用篇

A: 按呢/會使/bōe？　　　　　　　　これでいいですか？
B: 會使，請小等/--一下。　　　　　結構です。暫くお待ち下さいませ。
　　............
B: 失禮，hō·汝等眞久。Che/是汝的　お待たせいたしました。お金，通張，印
　　錢、存款簿、印仔，kap做好/的　鑑，それにお作りしたカードです。お確
　　提款卡。請點看 māi/leh。　　　　かめ下さい。
A: 無唔著，多謝/--汝。　　　　　　確かに。お世話さま。
B: 多謝/--汝。　　　　　　　　　　ありがとうございました。

|注意|

gûn-hâng＝gîn-hâng

■補充単語■

jip-ha̍k　［入學］　　　　　　　　入学する
jip-hōe　［入會］　　　　　　　　入会する
kok-chè tiān-ōe　［國際電話］　　　国際電話

【練習】

1　"beh án-chóaⁿ chiah ē-sái ……?" を用いて，「どうしたら〜できるのか」と言ってみましょう。
　(1) どうしたらお金を受け取れるのか。
　(2) どうしたら申請できるのか。
　(3) どうしたら入学(jip-ha̍k)できるのか。
　(4) どうしたら入会(jip-hōe)できるのか。
　(5) どうしたら国際電話(kok-chè tiān-ōe)がかけられるのか。

2　次の言葉を台湾語で言ってみましょう。
　(1) これでよろしいですか。
　(2) それじゃあ，お願いします。
　(3) ながく待たせて済みません。
　(4) 少々お待ち下さい。
　(5) 間違いありません。

第13課 Tô·-su-koán [図書館]

A: Lîm sió-chiá, lí beh khì tó?

B: Góa beh lâi-khì tô·-su-koán hêng chu.

A: Tô·-su-koán tī tó-ūi leh? Góa iáu m̄ bat khì-kè.

B: Lí nā iáu m̄ bat khì-kè, bô, lán chit-má tàu-tīn lâi-khì, hó bô?

A: Hó, chit-má lâi-khì.

....

B: Chit keng tô·-su-koán ê chu chin chiâu, hō·n. Ta̍k-pún chu lóng ē-sái chioh.

A: Beh án-chóaⁿ chioh?

B: Ài pān chioh-su-chèng ô·. Lán lâi mn̄g lāi-té ê lâng khòaⁿ-māi leh.

A: Sit-lé, góa siūⁿ-beh chioh chu.

C: Lí ū chioh-su-chèng bô?

A: Bô. Góa iáu bē pān.

C: Án-ne chhiáⁿ seng thiam chit tiuⁿ pió.

■単語■

tô·-su-koán [圖書館]	図書館
tó [何]	どこ, tó-ūi の略
hêng [還]	返す
ta̍k- [逐]	おのおのの, ひとつひとつの
pān [辦]	処理する, つくる
chioh-su-chèng [借書證]	貸出カード

応用篇

lāi-té［內底］	なか
lāi-té ê lâng［內底的人］	なかの人→係りの人
thiam［添］	書類に書き込む
pió［表］	申込み表

〈圖書館〉

A: 林小姐，汝 beh 去何？　　　　　林さん，どちらへ。
B: 我 beh 來去圖書館/還書。　　　　図書館へ本を返しに行くのです。
A: 圖書館/tī何位/leh？ 我猶唔　　　図書館はどこにあるのかしらん。わたし
　　bat 去過。　　　　　　　　　　　はまだ行ったことがないんです。
B: 汝若猶唔 bat 去過, 無, 咱 chit-　　まだ行ったことがないのなら，これから
　　má/鬥陣來去/好/--無？　　　　　いっしょに行きませんか。
A: 好，chit-má/來去。　　　　　　　ぜひ行きたいです。
　　…………
B: Chit 間圖書館/的書/眞　　　　　　この図書館は本がよく揃っているでしょ
　　chiâu/hō·ⁿ。逐本書/攏會使借。　　う。どんな本でも借りることができます。
A: Beh 按怎借？　　　　　　　　　　どうしたらいいのでしょうか。
B: 愛辦借書證/ô·。咱來問內底/的　　貸出カードを作って貰わなくっちゃあ。
　　人/看 māi/leh。　　　　　　　　　係りの人に聞いてみましょう。
A: 失禮，我想 beh 借書。　　　　　あのう，本を借りたいのですが。
C: 汝有借書證/--無？　　　　　　　貸出カードはお持ちですか。
A: 無。我猶未辦。　　　　　　　　まだです。
C: 按呢，請先添 chit 張表。　　　　では，まずこの申請書を書いて下さい。

[注意]

lāi-té＝lāi-tóe

【練習】

1　"ta̍k-"は後ろに名詞や量詞を従えて，every の意味を表します。次の単語を繰り返し読みましょう。

　(1) ta̍k-ê　　　　　　みんな
　(2) ta̍k-lâng　　　　　おのおの

(3) tȧk-pún 　　　　各冊
(4) tȧk-kang 　　　　毎日
(5) tȧk-àm 　　　　毎晩
(6) tȧk-nî 　　　　毎年
(7) tȧk-goȇh 　　　　毎月
(8) tȧk-hāng 　　　　各種
(9) tȧk-tē 　　　　各地
(10) tȧk-pái 　　　　毎度

2　　台湾語で言ってみましょう。

(1) 図書館へ本を借りにいきます。
(2) 図書館へ本を返しにいきます。
(3) 図書館へ本を読みにいきます。
(4) 図書館へ本を探しにいきます。
(5) 本屋へ本を買いにいきます。

応用篇

第14課 Tiān-iá^n [映画]

A: Hit chhut tiān-iá^n siá^n-khoán?

B: Chin sim-sek. Tiān-iá^n lāi-té ê Tâi-oân-oē hō· lâng ìn-siōng chin chhim.

A: Tī Tâi-oân Tâi-gú-phì^n khah chió, kok-gú-phì^n khah chōe.

B: Chin khó-sioh. Tâi-oân-lâng ê su-sióng kap kám-chêng kám m̄-sī iōng Tâi-oân-oē khah hó piáu-tát.

A: Tio̍h ah, só·-í kūn-nî-lâi Tâi-oân-oē ê chok-phín chiām-chiām teh cheng-ka.

B: Hit ê tō-ián chin gâu, hō·^{n}. Kám m̄-sī iáu-koh chin siàu-liân?

A: Hioh, hiān-chāi Tâi-oân ê tiān-iá^n-kài ū chin chōe nî-khin iú-ûi ê tō-ián teh phah-pià^n.

B: Án-ne, aū-pái ê Tâi-oân ê tiān-iá^n ē jú lâi jú chhù-bī.

A: Lán chiah koh chò-tīn lâi khòa^n, hó bô?

B: Hó, lán chiah koh lâi-khì.

■単語■

tiān-iá^n [電影]	映画
chhut [齣]	映画演劇などの出し物に用いる量詞
sim-sek [心適]	面白い
ìn-siōng [印象]	印象
chhim [深]	深い
Tâi-gú-phì^n [臺語片]	台湾語映画
kok-gú-phì^n [國語片]	北京語映画
khó-sioh [可惜]	惜しい、残念だ

su-sióng [思想]	思想
kám-chêng [感情]	感情
iōng [用]	用いる
piáu-tát [表達]	表現し伝達する
hó piáu-tát [好表達]	表現伝達し易い
tiòh [着]	正しい，そのとおりだ
kūn-nî-lâi [近年來]	近年来
chok-phín [作品]	作品
chiām-chiām [漸漸]	だんだんと，次第次第に
cheng-ka [增加]	増加する
tō-ián [導演]	映画監督
iáu-koh [猶□]	まだ
siàu-liân [少年]	若い
hioh [□]	ええ，うん
hiān-chāi [現在]	現在
tiān-iá^n-kài [電影界]	映画界
nî-khin [年輕]	若い，siàu-liân よりも文語的な言い方
iú-ûi [有爲]	有為である
phah-piàⁿ [拍□]	頑張る
jú…jú… [愈…愈…]	～すればするほど益々～だ
jú lâi jú… [愈來愈…]	益々～だ
chhù-bī [趣味]	面白い，sim-sek と同義
chò-tīn [做陣]	いっしょに，tàu-tīn と同義

〈電影〉

A: Hit 齣電影/啥款？	あの映画はどうでしたか。
B 眞心適。電影內底/的臺灣話/hō͘ 人/印象/眞深。	とても面白かったです。映画の中の台湾語がとても印象的でした。
A: Tī 臺灣/臺語片/較少，國語片/較多。	台湾では，台湾語の映画は少なくて，北京語の映画が多いのです。

応用篇

B: 眞可惜。臺灣人/的思想/kap感情/敢唔是用臺灣話/較好表達。	ちょっと残念ですね。台湾の人々の思想や感情は台湾語のほうがよく表せるのではないでしょうか。
A: 着/ah, 所以近年來/臺灣話/的作品/漸漸著增加。	そのとおりです。ですから、近年は台湾語による作品が少しずつ増えています。
B: Hit 個導演/眞 gâu/hō·ⁿ。敢唔是猶 koh 眞少年？	あの監督は優秀ですね。まだ若いのでしょう。
A: Hioh, 現在/臺灣/的電影界/有眞多年輕有爲/的導演/著拍piàⁿ。	ええ、現在の台湾映画界には多くの若くて有能な監督が頑張っています。
B: 按呢, 後 pái/的臺灣/的電影/會愈來/愈趣味。	では、台湾の映画はこれからますます楽しみですね。
A: 咱 chiah koh 做陣來看/好/--無？	また一緒に見に行きましょう。
B: 好, 咱 chiah koh 來去。	ええ、ぜひ行きたいです。

注意

1) Tâi-gú-phìⁿ＝Tâi-gí-phìⁿ
   kok-gú-phìⁿ＝kok-gí-phìⁿ
2) kūn-nî-lâi＝kīn-nî-lâi
3) jú＝lú
4) chò-tīn＝chòe-tīn

■補充単語■

lī ［離］	～から
hn̄g ［遠］	遠い
kiám-chió ［減少］	減少する
an-chēng ［安静］	静かだ

【練習】

1 "kám m̄-sī……"（～じゃあないでしょうか）と言ってみましょう。

(1) 彼はまだ若いのじゃあないかしらん。

(2) この一通は重さが超過しているのじゃあないかしらん。

(3) あなたはお腹が空いているのではないかしらん。

(4) 郵便局はここから(lī chia)遠い(hn̄g)のではないでしょうか。

(5) あの映画は面白くないのではないかしらん。

2 「～しつつある」と言ってみましょう。

(1) 台湾語の勉強をする人が次第に増加しています。

(2) 彼女はとても頑張っていますよ。

(3) 彼は今休んでいるところです。

(4) 東京は静かな(an-chēng)場所がだんだん減ってきています(kiám-chió)。

(5) 最近台北の物価は高くなりつつある。

3 次の台湾語を繰り返し読んで日本語に訳してみましょう。

(1) Jú o̍h jú gâu.

(2) Jú chōe jú hó.

(3) Jú chhiⁿ jú hó-chia̍h.

(4) Jú lâi jú hó.

(5) Jú lâi jú sio̍k.

応用篇

第15課 Chhài-chhī-á [市場]

A: Khah-toh sàng, lí pêng-siông-sî lóng tī tó-ūi bóe mih-kiāⁿ?

B: Hū-kūn ū chhài-chhī-á, só·-í bah kap chhiⁿ-chhài lóng tī hia bóe.

A: Hia ê bah kap chhiⁿ-chhài ū chhiⁿ bô?

B: Ū, chin chhiⁿ, jî-chhiáⁿ kè-siàu mā kah-ná ū khah siók.

A: Ū teh bōe hî bô?

B: Bōe sī ū teh bōe, m̄-koh chióng-lūi kap Jit-pún bô kâng, só·-í bōe siūⁿ-beh chiáh.

A: Tān-sī lí chin ài chiáh hî kám m̄-sī?

B: Sī, góa chin ài chiáh hî, tèk-piát sī sa-sí-mih siōng ài chiáh.

A: Án-ne chin thâu-khak thiàⁿ, hō·ⁿ.

B: Bōe ah, nā chin siūⁿ-beh chiáh sa-sí-mih ê sî-chūn, góa tiȯh khì Jit-pún liāu-lí-tiàm chiáh, bô, tiȯh khì tōa-keng chhiau-kip chhī-tiûⁿ bóe tńg-laî chiáh.

A: Tiȯh, chōe-kūn Tâi-oân ê chhiau-kip-chhī-tiûⁿ mā ē-tàng bóe-tiȯh sa-sí-mih.

B: Ū-iáⁿ piàn-kah chin lī-piān.

■単語■

chhài-chhī-á [菜市仔]	市場
pêng-siông-sî [平常時]	ふだん
hū-kūn [附近]	付近
chhiⁿ-chhài [青菜]	野菜

第 15 課

chióng-lūi ［種類］	種類
kâng ［共］	同じだ
bô kâng ［無共］	同じでない，違う
siūⁿ-beh ［想要］	〜したい
tān-sī ［但是］	しかし，でも，ただし
sa-sí-mih ［□□□］	刺身
siōng ［尙］	最も，いちばん
thâu-khak ［頭殼］	頭
sî-chūn ［時陣］	時
liāu-lí-tiàm ［料理店］	料理屋
chhiau-kip-chhī-tiûⁿ ［超級市場］	スーパーマーケット
chòe-kūn ［最近］	最近
bóe-tióh ［買著］	買って手に入れる
piàn-kah ［變及］	〜に変わる，変わって〜の程度に至る
lī-piān ［利便］	便利だ

〈菜市仔〉

A: Khah-toh/sàng, 汝平常時/攏 tī 何位/買物件？
加藤さんは普段どこで買い物なさるのですか。

B: 附近/有菜市仔, 所以肉/kap 青菜/攏 tī hia/買。
近くに市場があるので肉野菜はそこで買い物します。

A: Hia/的肉/kap 青菜/有鮮/--無？
そこの肉や野菜は新鮮ですか。

B: 有, 眞鮮, 而且價數/mā 及若有較俗。
ええ，とても新鮮で，しかも値段が比較的安いと思います。

A: 有著賣魚/--無？
お魚も売っていますか。

B: 賣/是有著賣, 唔 koh 種類/kap 日本/無共, 所以 bōe 想 beh 食。
お魚は売っていることは売っていますが，日本のものと種類が違うのであまり食べる気になれません。

A: 但是汝眞愛食魚/敢唔是？
でも加藤さんはとてもお魚が好きでしょう。

B: 是, 我眞愛食魚, 特別是 sa-sí-mih/尙愛食。
ええ，わたしはとても魚好きで，とくにお刺身が大好物なのです。

応用篇

A: 按呢/眞頭殼/痛/hō·n?

B: Bōe/ah, 若眞想 beh 食 sa-sí-mih/的時陣, 我著去日本料理店/食, 無, 著去大間超級市場/買轉來食。

A: 著, 最近/臺灣/的超級市場/mā 會 tàng 買著 sa-sí-mih。

B: 有影變及眞利便。

それじゃあお困りでしょうね。

いいえ、どうしてもお刺身が食べたくなったら、日本料理屋へいって食べるか、あるいは大きなスーパーへ行って買ってきて食べます。

そう、近頃は台湾のスーパーでもお刺身が買えるようになりましたものね。

ほんとに便利になりました。

注意

1) hū-kūn＝hū-kīn

2) bōe-tióh＝bē-tioh

■補充単語■

sio-tâng [相同]	同じだ
san-tâng [相同]	同じだ
siō-siâng [相像]	同じだ
siâng [像]	同じだ
kâng-khoán [共款]	同じだ
siâng-khoán [像款]	同じだ

【練習】

1 「同じだ，異なる」を表す言葉はいくつかあります。次の文を繰り返し読んで日本語に直してみましょう。

(1) Góa ê kap lí ê <u>sio-tâng</u>(<u>san-tâng</u>).

(2) Góa ê kap lí ê <u>san-kâng</u>.

(3) Che <u>bô</u> it-tēng <u>sio-siâng</u>.

(4) Che kap Ji̍t-pún ê <u>bô kâng</u>(<u>bô siâng</u>).

(5) Chiah-e lóng <u>bô kâng-khoán</u>(<u>siâng-khoán</u>).

2 "……sī……, m̄-koh……"という形式を用いて、「～ことは～なんだけれども～だ」と言ってみましょう。

(1) 魚は売っていることは売っているんだが，値段が高い。
(2) 台湾語はしゃべれることはしゃべれるんだが，あまり上手でない。
(3) 彼女は綺麗なことは綺麗だが，少し頭が悪い。
(4) 今日は天気がいいことはいいが，風がたいへん強い(tōa)。
(5) わたしはお酒は好きなことは好きなんですが，あまりたくさん呑めません。

3 「本当に〜になりました」(Ū-iáⁿ piàn-kah/liáu chin……)と言ってみましょう。

(1) 便利になった
(2) 不便(bô lī-piān)になった
(3) 高くなった
(4) 安くなった
(5) 涼しくなった

応用篇

第16課　Kôa^n--tio̍h [風邪]

3-60 ▶ A: Góa siū^n-beh khòa^n i-seng, m̄ chai beh án-chóa^n chiah hó.

B: Seng tī chia kòa-hō……che sī lí ê hō-bé.

A: Hâ^n, jī-cha̍p-sì hō. Kin-á-ji̍t chin chōe-lâng neh. Ài tán chin kú sī--m̄?

B: Mā bōe, í-keng ū cha̍p-kúi ê lâng khòa^n-liáu ah, āu-chhiú koh chhun bô cha̍p ê lâng. Nā kiò-tio̍h lí ê hō-bé, chhiá^n ji̍p-lâi lāi-té.

　　　…………

C: Lí án-chóa^n?

A: Góa ê thâu-khak sió-khóa thià^n, kui-sin-khu bô-la̍t-kah-beh-sí.

C: Pōng khòa^n ū hoat-sio bô……sa^n-cha̍p-chhit-tō· poeh. Ū hoat-sio ô·. Nâ-âu ē thià^n bōe? Góa khòa^n-māi leh. A…… che chin giâm-tiōng ô·. Ē sàu bōe?

A: Ē. Àm-sî sàu kah lóng bōe khùn.

C: Chhiá^n chia̍h thè-sio kap chí-sàu ê io̍h-á. Nn̄g-sa^n kang liáu-āu, sio nā iáu bē thè, chhiá^n koh lâi chi̍t-chōa, chiah kā lí chù-siā.

A: To-siā!

C: M̄-bián kheh-khì, bô hó-hó-á hioh-khùn bōe-sái ô·. Kin-nî ê kôa^n-thi^n khah kôa^n, kôa^n--tio̍h ê lâng chin chōe.

第16課

■単語■

kôaⁿ--tio̍h [寒著]	風邪をひく
khòaⁿ i-seng [看醫生]	医者に見せる，医者に見てもらう
kòa-hō [掛號]	病院で受付をする，番号をもらうのでこのようにいう
āu-chhiú [後手]	余り，あと
chhun [□]	残す，残る
sió-khóa [小許]	少しばかり，わずかに
kui-sin-khu [規身軀]	全身
kui- [規]	全～
bô-la̍t [無力]	力がない→ぐったりする
-kah-beh-sí [□□死]	死にそうだ，死ぬほど～である
pōng [磅]	量る
hoat-sio [發燒]	熱が出る
tō· [度]	～度
nâ-âu [□喉]	喉
giâm-tiōng [嚴重]	程度が酷い
sàu [嗽]	咳が出る，咳
thè-sio [退燒]	熱が下がる，解熱
chí-sàu [止嗽]	咳を止める，咳止め
io̍h-á [藥仔]	薬
chi̍t-chōa [一□]	一回
chōa [□]	～回，回数を数える量詞
chù-siā [注射]	注射する，注射
hó-hó-á [好好仔]	ちゃんと，よく

〈寒着〉

A: 我想 beh 看醫生，唔知 beh 按怎/chiah 好。
ちょっと見ていただきたいのですが，どうすればいいでしょうか。

B: 先 tī chia/掛號……che/是汝的號碼。
まずここで受付をします。……これがあなたの番号です。

応用篇

A: 哈, 二十四號。今仔日/眞多人/neh。愛等眞久/是--唔?

あ, 24番。きょうは混んでいますね。長く待たなければなりませんか。

B: Mā bōe, 已經有十幾個人/看了/ah, 後手/koh chhun 無十個人。若叫著汝的號碼, 請入來內底。

そんなでもありませんよ。もう, 十数人終わりましたから, あと十人足らずでしょう。番号を呼ばれたら中に入って下さい。

…………

C: 汝按怎?

どうなさいました?

A: 我的頭殼/小許痛, 規身軀/無力 kah-beh 死。

頭が少し痛いし, からだ全体がだるくて仕方ありません。

C: 磅看有發燒/--無……三十七度/八。有發燒/ô。Nâ喉/會痛/--bōe? 我看māi / leh。呵……che / 眞嚴重 / ô。會嗽 / bōe?

熱を量りましょう。……37.8度。熱がありますね。喉は痛くありませんか。ちょっと見てみましょう。あ……, これはひどい。咳が出るでしょう。

A: 會。暗時/嗽及攏 bōe 睏。

ええ, 咳で夜も眠れないくらいです。

C: 請食退燒/kap 止嗽/的藥仔。兩三工/了後, 燒/若猶未退, 請 koh 來一 chōa, chiah kā 汝注射。

熱下げと咳留めの薬を飲んで下さい。2, 3日経ってまだ熱が退かなかったら, もう一度来て下さい。注射を打ちますから。

A: 多謝!

ありがとうございます。

C: 唔免客氣, 無好好仔歇睏/bōe 使/ô。今年/的寒天/較寒, 寒--著/的人/眞多。

いいえ。よく休まなければダメですよ。今年の冬は寒くて風邪をひく人が多いんです。

【練習】

1　身体の不調を訴えてみましょう。

(1) 頭が痛い。

(2) 熱がある。

(3) 咳が出る。

(4) 喉が痛む。

(5) 全身ぐったりしている。

2 「もう一度〜して下さい」"Chhiáⁿ koh……chit-chōa." と言ってみましょう。

(1) もう一度来て下さい。
(2) もう一度見て下さい。
(3) もう一度探して下さい。

応用篇

第17課 Chhia-thâu [駅]

3-62 ▶
A: Chioh-mn̄g chit-ē, tang-sî ū beh khì Ko-hiông ê chhia?

B: Cha̍p-tiám ê Chū-kiông-hō tú-á-hó khui-cháu ah. Ē-chit-pang sī cha̍p-tiám-pòaⁿ hoat ê Kú-kong-hō.

A: Chit pang Kú-kong-hō kúi-tiám kàu Ko-hiông?

B: N̂g, ē-po͘ sì-tiám cha̍p-la̍k-hun.

A: Ah-bô, āu-pang ê Chū-kiông-hō kui-tiám beh hoat?

B: Āu-pang ê Chū-kiông-hō cha̍p-it-tiám chún-sî beh hoat. Nā sī Chū-kiông-hō, kàu Ko-hiông sī saⁿ-tiám jī-cha̍p-jī-hun.

A: Góa ah-sī chē Chū-kiông-hō ê. Ū chhun ūi bô?

B: Chhiáⁿ sió tán chit-ē, góa chhâ khòaⁿ-māi……Ū.

A: Án-ne chin hó. Chhiáⁿ hō͘ góa nn̄g-tiuⁿ choân-phiò. Lóng-chóng jōa-chōe chîⁿ?

B: Chi̍t-chheng sì-pah kho͘.

A: Chia, nn̄g-chheng kho͘.

B: Chāu lí la̍k-pah kho͘. To-siā lí.

63 ▶ ■単語■

Ko-hiông [高雄]	高雄, 地名
Chū-kiông-hō [自強號]	自強号, 列車名
khui-cháu [開走]	発車する
ē-chit-pang [下一□]	次の一便
pang [□]	列車や飛行機の便数, 番
hoat [發]	発, 出発する

第17課

Kú-kong-hō［莒光號］	莒光号，列車名
āu-pang［後□］	次の便
chhun［□］	残る，残す
ūi［位］	座席
chhâ［査］	調べる
choân-phiò［全票］	大人の切符
chāu［找］	お釣りを出す，お釣りをもらう

〈車頭〉

A: 借問/--一下，當時/有 beh 去高雄/的車？

ちょっとうかがいますが，高雄行きの汽車は何時ですか。

B: 十點/的自強號/抵仔好開走/ah。下一 pang/是十點半/發/的莒光號。

ちょうど10時の自強号が出たところです。次は10時半発の莒光号ですね。

A: Chit pang 莒光號/幾點/夠高雄？

この莒光号は何時に高雄に着きますか。

B: 嗯，下晡/四點十六分。

えー，午後4時16分です。

A: 抑無，後 pang/的自強號/幾點/beh 發？

では，次の自強号は何時発でしょうか。

B: 後 pang/的自強號/十一點/準時/beh 發。若是自強號，夠高雄/是三點二十二分。

次の自強号は11時ちょうどに出ます。自強号なら高雄着は3時22分ですね。

A: 我/抑是坐自強號/--的。有 chhun 位/--無？

やっぱり自強号にしましょう。席は残っていますか。

B: 請小等/--一下，我查看 māi……有。

しばらくお待ち下さい。調べてみましょう。……ございます。

A: 按呢/眞好。請 hō·我兩張全票。攏總/若多錢？

それはいい。大人2枚下さい。全部でいくらになりますか。

B: 一千/四百箍。

1400元です。

A: Chia，兩千箍。

はい。2000元です。

B: 找汝六百箍。多謝/--汝。

600元のお釣りです。ありがとうございました。

3-64▶ ■補充単語■

thâu-pang-chhia [頭□車]		始発列車
bóe-pang-chhia [尾□車]		最終列車
āu-pang-chhia [後□車]		次の列車
chit-pang-chhia [□□車]		この列車
pòaⁿ-phiò [半票]		子供の切符
iû-phiò [郵票]		切手
pau [包]		包みを数える量詞
hun [薰]		タバコ

【練習】

1 台湾語で言ってみましょう。

(1) 始発(thâu-pang-chhia)は何時発ですか。

(2) 最終(bóe-pang-chhia)は何時発ですか。

(3) 次の列車(āu-pang-chhia)は何時発ですか。

(4) この列車(chit-pang-chhia)は何時に高雄につきますか。

(5) この列車は台南にとまりますか(kàu Tâi-lâm)。

2 「わたしに～を下さい」"hō͘ góa……"と言ってみましょう。

(1) 大人の切符1枚

(2) 子供の切符(pòaⁿ-phiò) 2枚

(3) お茶1杯

(4) 切手(iû-phiò) 3枚

(5) タバコ1箱(chit pau hun)

第18課 Pn̄g-tiàm [ホテル]

A: Ū pâng-keng bô?

B: Nn̄g ê lâng, chit keng pâng-keng, hó bô?

A: Hó, chit àm kúi-îⁿ?

B: Chit àm nn̄g-chheng kho·, m̄-koh ū phah chit-tiám-á chiat.

A: Án-ne, gún beh tòa chit àm.

B: Chhiáⁿ tòa chit tiuⁿ pió téng-thâu thiam lín ê chū-chí kap tōa-miâ. Iáu-koh hō· góa khòaⁿ lín ê sin-hūn-chèng ah-sī hō·-chiàu.

A: Che gún ê hō·-chiàu kap sin-hūn-chèng.

B: Che sī só·-sî. Chhiáⁿ.

A: Bîn-á-chài chá-khí, beh khah chá chhut-hoat, mâ-hoân lí kā gún kiò.

B: Hó, beh kúi-tiám kā lín kiò?

A: Gún phah-sǹg beh chē poeh-tiám ê Tiong-heng-hō khì Khún-teng kong-hn̂g.

B: Chhia-chām lī chia chin kūn, nā án-ne, góa siūⁿ chhit-tiám khí-lâi, mā ē hù.

A: Ah-bô, chhit-tiám chiah mâ-hoân lí.

B: Hó. Kî-thaⁿ iáu ū siáⁿ-mih tāi-chì, chhiáⁿ chīn-liōng hoan-hù.

■単語■

pn̄g-tiàm [飯店]　　　　　　　ホテル
phah-chiat [拍折]　　　　　　　割り引きする

応用篇

tòa [□]	泊まる，〜に，〜で（基礎篇第24課参照）
téng-thâu [頂頭]	うえ
chū-chí [住址]	住所
tōa-miâ [大名]	お名前
sin-hūn-chèng [身份證]	身分証明書
hō·-chiàu [護照]	パスポート
só-sî [鎖匙]	鍵
chhut-hoat [出發]	出発する
kiò [叫]	起こす
phah-sǹg [拍算]	〜するつもりだ，〜する予定だ
Khún-teng kong-hn̂g [墾丁公園]	墾丁公園，公園の名称
kong-hn̂g [公園]	公園
chhia-chām [車站]	駅＝chhia-thâu
hù [赴]	時間に間に合う
kî-thaⁿ [其他]	そのほか
chīn-liōng [儘量]	できる限り，思う存分
hoan-hù [吩咐]	申しつける，いいつける

〈飯店〉

A: 有房間/--無？
部屋はありますか。

B: 兩個人，一間房間/好/--無？
お二人でしたら，一部屋でよろしゅうございますか。

A: 好，一暗/幾圓？
ええ，一泊いくらですか。

B: 一暗/兩千箍，唔 koh 有拍一點仔折。
一泊2000元ですが，多少割り引きさせて戴きます。

A: 按呢，阮 beh tòa 一暗。
それでは一晩泊まります。

B: 請 tòa chit 張表頂頭/添 lín 的住址/kap 大名。猶 koh hō· 我看 lín 的身份證/抑是護照。
このカードにご住所とお名前をお書き下さい。それから，身分証明書かパスポートを拝見いたします。

A: Che/是阮的護照/kap 身份證。
これがパスポートと身分証明書です。

B: Che/是鎖匙。請。
これはキーでございます。どうぞ。

第 18 課

A: 明仔再/早起, beh 較早出發, 麻煩汝 kā 阮叫。　　明朝、早く立ちたいので起こしてくれませんか。

B: 好, beh 幾點/kā lín 叫？　　かしこまりました。何時にお起こしいたしましょうか。

A: 阮拍算 beh 坐八點/的中興號/去墾丁公園。　　8時の中興号で墾丁公園に行く予定なのです。

B: 車站/離 chia/眞近, 若按呢, 我想七點/起來, mā 會赴。　　バスターミナルここからとても近いですから、それなら、7時でも間に合うと思います。

A: 抑無, 七點/chiah 麻煩/--汝。　　では 7 時にお願いします。

B: 好, 其他/猶有啥物事誌, 請儘量吩咐。　　かしこまりました。ほかにご用がございましたら、なんなりとお申つけ下さい。

■補充単語■

Tâi-tiong ［臺中］　　台中、地名
chiat-bȯk ［節目］　　番組

【練習】

1　台湾語で言ってみましょう。
 (1) 部屋はありませんか。
 (2) 一泊したい。
 (3) 一泊いくらですか。
 (4) 6 時半に起こして下さい。
 (5) 割引はありますか。

2　「～するつもりだ」"phah-sǹg beh……" と言ってみましょう。
 (1) 明日は台中 (Tâi-tiong) にゆくつもりです。
 (2) 午後はなにをする予定ですか。
 (3) どのホテルに泊まる予定ですか。
 (4) なんの番組 (chiat-bȯk) を見るつもりですか。
 (5) わたしは自強号で行くつもりです。

应用篇

第19課 Koan-kong [観光]

A: Ko-hiông thâu-chit-pái m̄? Ìn-siōng siáⁿ-khoán?

B: Ū-iáⁿ sī Tâi-oân ê tē-it kang-giáp-to͘-chhī. Chhia-thâu thâu-chêng ê lō͘ hiah-nih khoah, kā góa kiaⁿ chit-ē.

A: Che sī Ài-hô. Miâ chin lōng-bān, khó-sioh piàn-kah chiah-nih lah-sap.

B: Ū-iáⁿ to tio̍h! Put-chí Ài-hô, chha-put-to Tâi-oân só͘-ū ê hô lóng hông ù-jiám--khì chin lī-hāi, hō͘ lâng chiok sit-bōng.

A: Góa siūⁿ bo̍k-chêng tī Tâi-oân siōng tiōng-iàu ê sī khoân-kéng ù-jiám ê būn-tôe.

....

A: Chia sī chhut-miâ ê tē-hā-ke. Jip-lâi khòaⁿ-māi leh.

B: Chin sio koh chin chhá neh!

A: Lí pak-tó͘ ē iau bōe? Beh chia̍h mih-kiāⁿ bô?

B: Chiah-nih chōe keng tiàm, m̄ chai-iáⁿ beh chia̍h siáⁿ-hè chiah hó. Chhiáⁿ kā góa kài-siāu chit-kóa hó-chia̍h ê mih-kiāⁿ.

A: Chia tōa-pō͘-hūn sī lō͘-piⁿ tàⁿ-á ê liāu-lí. Ta̍k-tàⁿ lóng sī sió-chia̍h, lán tio̍h kiâⁿ nn̄g-saⁿ keng-á chia̍h khòaⁿ-māi.

B: A, ū ô-á, góa siōng ài chia̍h ô-á.

A: Ah-bô, lán chia̍h chit-ē khòaⁿ-māi……Thâu-ke, ô-á-chian nn̄g pôaⁿ.

■単語■

koan-kong [觀光]	観光
thâu-chit-pái [頭一□]	最初の1回→はじめて
thâu- [頭]	初めから幾つを表す接頭辞
tē-it [第一]	第一の
kang-giap [工業]	工業
to·-chhī [都市]	都市
thâu-chêng [頭前]	前
kiaⁿ [驚]	驚かす
Ài-hô [愛河]	愛河, 川の名称
lōng-bān [浪漫]	ロマンチックだ
lah-sap [垃圾]	汚い
put-chí [不止]	～にとどまらない
só·-ū [所有]	あらゆる
hô [河]	川
hông [□]	hō· lâng の縮約形式
ù-jiám [汚染]	汚染する, 汚染
lī-hāi [厲害]	ひどい, =giâm-tiōng
chiok [足]	とても, たいへん
sit-bōng [失望]	失望する
bo̍k-chêng [目前]	いま, 現在
tiōng-iàu [重要]	重要だ
khoân-kéng [環境]	環境
būn-tôe [問題]	問題
chhut-miâ [出名]	有名な
tē-hā-ke [地下街]	地下街
chhá [吵]	騒がしい, 騒々しい
tiàm [店]	お店
kài-siāu [介紹]	紹介する, =siāu-kài
chit-kóa [一□]	少々, いくらか
tōa-pō·-hūn [大部份]	大部分, ほとんど
lō·-piⁿ [路邊]	道端

第 19 課

3-69▶

271

応用篇

tãⁿ-á［擔仔］	屋台
lō·-piⁿ tãⁿ-á［路邊擔仔］	道端の屋台
ta̍k-tãⁿ［逐擔］	各屋台，それぞれの屋台
sió-chia̍h［小食］	軽食
keng-á［間仔］	軒
ô-á［蚵仔］	牡蠣
thâu-ke［頭家］	親方
ô-á-chian［蚵仔煎］	オーアーチェン，料理の名前
pôaⁿ［盤］	皿

―――――――――――――――――――

〈觀光〉

A: 高雄/頭一 pái/唔？印象/啥款？
高雄は初めてでしょう。印象はいかがですか。

B: 有影是臺灣/的第一工業都市。車頭頭前/的路/hiah-nih 闊，kā 我驚/--一下。
さすが台湾第一の工業都市ですね。駅前の道路の広いのには驚きました。

A: Che/是愛河。名/眞浪漫，可惜/變及 chiah-nih 垃圾。
これが愛河です。名前はロマンチックですが，残念ながらこんなに汚れてしまって。

B: 有影/都著！不止愛河，差不多臺灣/所有/的河/攏 hông 污染去眞厲害，hō· 人足失望。
ほんとに。愛河にかぎらず，台湾のほとんどの川は汚染がひどくてがっかりですね。

A: 我想目前/tī 臺灣/尙重要/--的/是環境污染/的問題。
いま台湾で最も重要なのは環境汚染の問題だと思います。

…………

A: Chia/是出名/的地下街。入來看 māi/leh。
ここが有名な地下街です。入って見ましょう。

B: 眞燒/koh 眞吵/neh！
これはすごい熱気と騒音だ。

A: 汝腹肚/會 iau/--bōe？Beh 食物件/--無？
少しお腹が空きませんか。何か食べましょう。

B: Chiah-nih 多間店，唔知影 beh 食啥貨/chiah 好。請 kā 我介紹
こんなにたくさんお店があると何を食べていいか迷ってしまいます。なにか美味

第 19 課

一 kóa 好食/的物件。	しいものを紹介して下さい。
A: Chia/大部份/是路邊擔仔/的料理。逐擔/攏是小食, 咱著行兩三間仔/食看 māi。	これらはほとんどが屋台の料理です。みな軽いものですから, 2, 3 軒食べ歩きましょう。
B: 呵, 有蚵仔, 我尙愛食蚵仔。	あ, 牡蠣がある。わたしは牡蠣が大好きなんです。
A: 抑無, 咱食/--一下/看 māi……家, 蚵仔煎/兩盤。	それでは, これを食べてみましょう……おじさん, 蚵仔煎を二人前。

注意

1) būn-tôe＝būn-tê
2) tē-hā-ke＝tōe-hā-koe

■補充単語■

siū-khì ［受氣］	怒る
lō·-iōng/ēng ［路用］	使い道
ū lō·-iōng/ēng ［有路用］	使い道がある→役に立つ

【練習】

1 "hông" は "hō· lâng" を縮めた形式です。次の台湾語を繰り返し読んで日本語に訳してみましょう。

(1) Che hông khòaⁿ--khì.
(2) Hit hāng tāi-chì hông chai--khì.
(3) Chit tiâu hô hông ù-jiám--khì.
(4) Lí hông chin siū-khì.
(5) Hit hō tāi-chì hông chin sit-bōng.

2 台湾語で言ってみましょう。

(1) 彼女をわたしに紹介して戴きたいのですが。
(2) わたしは彼女をあなたに紹介しましょう。
(3) なにか美味しいものを紹介して下さい。
(4) とても役に立つ (ū lō·-iōng) 本を一冊紹介しましょう。
(5) ちょっとご紹介しましょう, こちらは李さんです。

コラム

◇ラ◇台湾の料理

　台湾観光のガイドブックを見ると、目も眩むような豪華な料理が台湾の料理として紹介されているが、その大部分は四川，湖南，広東，北京といった中国大陸各地の著名な料理が台湾にもたらされたものであって、その意味では、東京における中華料理，フランス料理，イタリア料理等々となんら変わるところはない。台湾独特の料理にはどんなものがあるかと思って探してみると、これがなかなか難しい。そこで、何人かの台湾人に訊ねてみたところ、台湾風味豊かな食べ物と言えばやはり街路や路地裏の露店、夜店あるいは chhài-chhī-á ［菜市仔］（市場）の中にある小さなお店で食べる sió-chia̍h ［小食］（間食として食べる軽い食べ物）に止めを刺す、ということになった。

　台湾の sió-chia̍h はその種類も多く味もバラエティーに富んでいて、通りすがりの旅の者の足さえも引き止めずにはおかないが、台湾語を勉強する者にとってさらに興味深いのは、店の看板やメニューに見られる料理の名称の漢字表記であろう。俗字、当て字、誤字のオンパレードで、読み方を推測したり料理の中身を想像したり、いつまでも飽きることがない。しかし、百聞は一見にしかず、ならぬ「百見は一食にしかず」？　というわけで、以下は、著者の独断と偏見ながら、hó-chia̍h なること受けあいの台湾味の紹介である。（［　］の中の漢字は街でよく見かける表記）

◆ bah-oân ［肉圓］甘薯の粉をお粥のおねばで固めたもの。もちろん肉入り。お店ごとに独特の味をもつたれ chiùⁿ ［醬］を頼むのを忘れないこと。

◆ bah-chàng ［肉粽］近頃日本でもよく見かける肉入りちまき。

◆ ô-á-chian ［蚵仔煎］牡蠣と野菜の卵炒め。おいしい店で食べるととてもおいしい。鹿港をよしとする。どうして chian-ô-á ［煎蚵仔］と呼ばないのかしらん？

◆ ô-á-mī-sòaⁿ ［蚵仔麵線］牡蠣入り素麵。台湾風素麵は熱々でいただく。どんな店で食べてもそれなりにおいしい。

◆ tong-kui-ah-mī-soāⁿ ［當歸鴨麵線］アヒルの肉入り素麵。漢方薬の当帰（トウキ）が入っているので、人によっては食べられないかも。

◆ oáⁿ-ké ［碗粿］ふつうの米の粉を茶碗に入れて蒸しあげたもの。米の蒸し餅。米の粉をこねて蒸しあげたものを一般に ké ［粿］と呼ぶ。

◆ iû-ké ［油粿］油で揚げた ké。

◆ iû-chia-ké［油車粿］台湾式油条。

◆ ti-huih-ké［猪血粿］米と豚の血を混ぜて蒸しあげた御飯。

◆ môa-chî［麻糬］台湾風おもち。

◆ bí-hún-chhá［米粉炒］焼きビーフン，屋台で食べると特においしい？場合もある。どうして chhá-bí-hún［炒米粉］と呼ばないのかしらん？

◆ thian-put-lá［甜不辣］薩摩揚げ，日本伝来？

◆ tiá^n-pi^n-sô［鐤邊趖］熱いスープの入った大鍋の縁に小麦粉を半練り状にしたものを張り付けると，熱で焼けて自然にスープの中に落ちるので，落ちたところをスープと一緒に食べる。sô［趖］は，蛇がのろのろ這うような動作を表す動詞。半練り粉の動きに由来する名称か。

◆ koah-pau［割包］台湾風ハンバーガー。落花生粉，肉，高菜の漬け物等を挟んで食べる。

◆ tāu-hoe［豆花］日本式にいえば「あわゆきかん」。柔らかい豆腐。

◆ bí-thai-ba̍k［米苔目］お米のうどんを冷たくひやして砂糖水をかけて食べる。

◆ sian-chháu［仙草］仙草という植物の汁をゼリー状に固めて冷やして食べる。

◆ hê-jîn-ki^n［蝦仁焿］エビのむき身入りのとろみスープ。片栗粉などでとろみをつけたスープまたはアンかけを ki^n と呼ぶ。bah-ki^n［肉焿］など，いろいろな ki^n がある。

◆ tâng-á-bí-ko［筒仔米糕］もち米，豚肉，干しエビ，牡蠣などをアルミの筒の中に入れて蒸しあげたもの。"Tâng-á-bí-ko, chia̍h siōng chai-iá^n ê"（筒仔米糕は食べたらすぐ分かる）という俗言がある。それほどおいしいということ。

◆ âng-tāu-thng［紅豆湯］小豆スープ。日本の田舎ぜんざいを薄くしたような感じ。おもちは入らない。

◆ le̍k-tāu-thng［綠豆湯］緑豆スープ。味は紅豆湯とあまり変わらない。

◆ tang-hún-thng［冬粉湯］ハルサメのスープ。台湾語ではハルサメのことを tang-hún という。ハルサメは俗に「冬粉」と書くからといって冬瓜から作るのではないので念の為。台湾のハルサメの原料は緑豆なのである。

次はおもに lō͘-pi^n-tà^n-á［路邊攤仔］などで売られている飲み物，

コラム

◆ khó͘-tê［苦茶］なにが入っているのかわからないけれど恐ろしく苦い。
◆ tang-koe-tê［冬瓜茶］干し冬瓜の砂糖漬けを煮てスープにした飲み物。
◆ hēng-jîn-tê［杏仁茶］アーモンドの粉をお湯で溶いて飲む。
◆ ò-giô-peng［愛玉氷］オーギョ（木の名前）の実の汁をゼリー状に固めたものを冷たくひやして食べる。
◆ ō͘-á-peng［芋仔氷］台湾風アイスクリーム，タロイモ入り。
◆ kam-chià-chiap［甘蔗汁］サトウキビのジュース。
◆ tē-kut-lō͘［地骨露］クコ（枸杞）のことを台湾語で tē-kut-phî［地骨皮］と呼ぶので，クコから採った液体をこのように言うのである。クコの嫌いな人は注意。

おそばの特徴あるもの
◆ tàⁿ-á-mī［擔仔麺］御存知，台南名物ターアーミー。
◆ chhek-á-mī［切阿麺］あげザルに入れ，お湯の中で上下に揺する (chhek) のでこの名がある。まあ，普通のかけそば？
◆ kê-á-thng［粿仔湯］米で作った麺のかけうどん。

丼ものなら
◆ khòng-bah-pn̄g［爌肉飯］肉の角切りを醤油で煮込んだものをご飯の上に乗せてあるだけ。弱火でとろとろと煮込んで柔らくする調理法を khòng という。［焢］の字を当ててある看板も見掛ける。
◆ ló͘-bah-pn̄g［魯肉飯］挽き肉を醤油で煮込んだものをご飯の上に乗せてあるだけ。

お粥なら
◆ chheng-bê［清粥］ただのお粥
◆ kiâm-bê［鹹粥］塩味のお粥
◆ bah-bê［肉粥］肉入りお粥
◆ sat-bak-hî-bê［虱目魚粥］サバヒー（魚名）入りのお粥，台南に行ったらぜひどうぞ。

もちろん家庭料理にも美味しいものがたくさんある。以下は台湾独特の

ものといえるかどうか分からないが、ごく普通の家庭料理のなかから、これまた著者の独断と偏見で、

◆ chhài-pó·-nn̄g［菜脯蛋］溶き卵に干し大根をいれた卵焼き。

◆ chhá-èng-chhài［炒甕菜］おう菜（空芯菜）の油炒め。

◆ koàn-chhiâng［灌腸］腸詰め。

◆ ìm-sī-ô［蔭豉蚵］ìm-sī すなわち豆豉（干し納豆）と牡蠣を醬油と油で炒めたもの。

◆ sio-chiú-koe［燒酒鷄］米焼酎の中に鶏肉を入れて煮たスープ。飲みすぎると酔うことがある。

◆ hî-oân-thng［魚丸湯］魚団子スープ。

◆ hā-súi-thng［下水湯］豚の内臓スープ。

◆ kòng-oân-thng［摃丸湯］新竹名物肉団子「摃丸」入りスープ。kòng は、棒で撃つ動作。

◆ jūn-piáⁿ-kauh［潤餅卷］台湾風春巻。油で揚げるのではなく、アンとして、肉のほかに各種野菜、海苔、するめ、エビ等、食卓にずらっと並べ、好みのものを各自で巻いて食べる。bé-gê［尾牙］（毎年旧暦十二月十六日、thó·-tē-kong［土地公］のお祭りの日）に家庭で作って食べる風習がある。その年の不吉なことをみんな包んで食べてしまうとか。

应用篇

第20課　Gōa-kok-ōe [外国語]

3-72▶ A: Án-chóaⁿ? Kūn-lâi ē bô-êng bōe?

B: Chha-put-to lah! Lí tiāⁿ-tiāⁿ chhut-tiuⁿ, chiah sī bô-êng leh.

A: Chha-put-to saⁿ-ge̍h-jit chi̍t-pái khì gōa-kok chhut-tiuⁿ.

B: Lóng sī khì tó chi̍t ê kok-ka?

A: Ji̍t-pún kap Bí-kok.

B: Lí gōa-kok-ōe gâu kóng, chin hong-piān, hoⁿ.

A: Tú-chiah khai-sí ê sî, chin kan-khó͘, m̄-koh chit-chūn í-keng lóng koàn-sì ah.

B: Gōa-kok-ōe kah-ná ah-sī kóng koàn-sì siōng iàu-kín.

A: Tong-jiân sī án-ne. Góa siūⁿ tiāⁿ-tiāⁿ thiaⁿ tiāⁿ-tiāⁿ kóng chiah sī iàu-léng. Lí ê Tâi-oân-ōe mā chin ū chìn-pō͘ neh.

B: Bô ah, iáu bē leh.

A: Lí ê Pak-kiaⁿ-ōe mā chin gâu kóng, Tâi-oân-ōe kap Pak-kiaⁿ-ōe tó chi̍t khoán khah pháiⁿ-o̍h?

B: Nn̄g chióng lóng pháiⁿ-o̍h, tān-sī Pak-kiaⁿ-ōe ê kàu-chhâi kap lāu-su lóng chin choân, só͘-í lūn-chin--khí-lâi kah-ná sī Pak-kiaⁿ-ōe khah hó-o̍h.

A: Choan-kang lâi-kah Tâi-oân ah, Tâi-oân-ōe mā tio̍h phah-piàⁿ o̍h khah gâu kóng ê.

B: Sī, góa mā ū teh siūⁿ-beh kè-sio̍k phah-piàⁿ tha̍k Tâi-oân-ōe.

第20課

3-73 ▶ ■単語■

gōa-kok-ōe [外國話]	外国語
chha-put-to [差不多]	まあまあだ
chhut-tiuⁿ [出張]	出張する, 出張
gōa-kok [外國]	外国
kok-ka [國家]	国家
gâu kóng [□講]	じょうずに話す
hong-piān [方便]	便利だ, ＝lī-piān
tú-chiah [抵□]	ちょうど, ちょうど今
khai-sí [開始]	開始する, 始める
sî [時]	時
kan-khó· [艱苦]	苦しい, 悲惨だ
chit-chūn [□陣]	いま
koàn-sì [慣勢]	慣れている
kóng koàn-sì [講慣勢]	言い慣れる
iàu-léng [要領]	要領, こつ
chìn-pō· [進步]	進歩
Pak-kiaⁿ-ōe [北京話]	北京語
pháiⁿ-o̍h [□學]	学びにくい
pháiⁿ- [□]	～しにくい
chióng [種]	種, 種類
kàu-châi [教材]	教材
choân [全]	揃っている, ＝chiâu
lūn-chin--khí-lâi [論眞起來]	本当のことを言うと, 実は
lūn-chin [論眞]	実のところ, 本当は
hó-o̍h [好學]	学びやすい
hó- [好]	～しやすい
o̍h [學]	学ぶ, 習う
kè-sio̍k [繼續]	継続する, 続ける
tha̍k [讀]	勉強する

応用篇

〈外國話〉

A: 按怎？近來/會無閑/--bōe？
どうです。近頃はお忙しいでしょう。

B: 差不多/啦！汝定定出張, chiah 是無閑/leh。
まあまあですね。あなたこそ出張が多くてお忙しいですね。

A: 差不多三月日/一 pái/去外國出張。
3ヶ月に1度ぐらい外国出張があります。

B: 攏是去何一個國家？
おもにどこの国へいらっしゃるのですか。

A: 日本/kap 美國。
日本とアメリカです。

B: 汝外國話/gâu 講，眞方便/hō·ⁿ。
あなたは外国語が堪能だから便利ですね。

A: 抵 chiah 開始/的時，眞艱苦，唔 koh chit 陣/已經攏慣勢/ah。
最初は苦労しましたが，今ではもうすっかり慣れてしまいました。

B: 外國話/及若抑是講慣勢/尙要緊。
外国語はやはり慣れが大切のようですね。

A: 當然/是按呢。我想定定聽/定定講/chiah 是要領。汝的臺灣話/mā 眞有進步/neh。
そうですとも。しょっちゅう聞いて，しょっちゅう話すことがこつだと思います。あなたの台湾語もたいへん進歩しましたね。

B: 無/ah，猶未/leh。
いいえ，まだまだですよ。

A: 汝的北京話/mā 眞 gâu 講，臺灣話/kap 北京話/何一款/較 pháiⁿ 學？
あなたは北京語もたいへんお上手ですが，台湾語と北京語とではどちらが難しいですか。

B: 兩種/攏 pháiⁿ 學，但是北京話/的教材/及老師/攏眞全，所以論眞--起來/及若是北京話/較好學。
どちらも難しいですが，北京語は教材も先生もよく揃っているから，どちらかと言えば北京語のほうが比較的学び易いような気がします。

A: 專工來及臺灣/ah，臺灣話/mā 著拍 piàⁿ 學較 gâu 講/--的。
せっかく台湾にいらしたのだから，台湾語も頑張ってマスターして下さい。

B: 是，我/mā 有著想 beh 繼續拍 piàⁿ 讀臺灣話。
ええ，わたしもがんばって台湾語の勉強を続けたいと思っているのです。

第 20 課

| 注意 |

1) pháiⁿ- = phái-
2) kàu-châi = kàu-chhâi

■補充単語■

tio̍h-siong［著傷］　　　　　　怪我をする

【練習】

1 「～こそ～である」と言ってみましょう。

例：Tiāⁿ-tiāⁿ kóng <u>chiah</u> sī iàu-léng.（しょっちゅう話すことこそこつである。）

(1) それ(án-ne)でこそ正しい。
(2) あなたが言ったからこそ，ぼくはやったんです。
(3) 気をつけない(bô sòe-jī)からこそ，怪我をした(tio̍h-siong)のだ。
(4) 高いからこそ，僕は買わないんだ。
(5) 君だからこそ，かまわないんだ。

2 "hó-, pháiⁿ-" を使って，「～しやすい，～しにくい」と言ってみましょう。

(1) 食べる→美味しい，不味い
(2) 飲む　→美味しい，不味い
(3) 見る　→美しい，見苦しい
(4) 聞く　→美しい，聞き苦しい
(5) 歩く

3 台湾語で言ってみましょう。

(1) どうですか。
(2) まあまあです。
(3) まだですよ。
(4) もちろんそうです。
(5) がんばって。

⟨コ⟩⟨ラ⟩⟨ム⟩ 台湾語の擬声語，擬態語

どの言語にも擬声語，擬態語は存在するが，その重要度は言語によってまちまちのようである。本書では取り上げるチャンスがなかったけれども，台湾語は擬声語，擬態語が豊富な言語の部類に入るのではないかと思う。少なくとも同じ漢語系の北京語などに比べればずっと豊かである。たとえば，

kôⁿ-kôⁿ kiò ［□□叫］

といえば，ぐうぐういびきをかく(kiò は，～と音がすることを表す動詞)様を表し，擬声語である。

ko-ko lìn ［□□□］

といえば，ころころ転がる(lìn は転がる，転がす意味の動詞)様を表し，音を写しているようでもあり，様態を描写しているようでもある。

kiâⁿ-lō͘ khô-khô ［行路□□］

といえばのそりのそりと歩く様を表わす擬態語である。この種の擬声擬態語は当然のことながら無数に見出すことができるが，ここで紹介したいのは，

形容詞(動詞) +□□

の形式をもつ擬態語である。形容詞の後ろの2つの音節は韻律的な響きのよさを伴って，形容されるものの様態がどのようなものかを具体的に眼前してくれるようである。たとえば同じ「白い」といっても，

pe̍h-chhang-chhang

と聞けば，雪のような真っ白な情景が脳裏に浮かぶし，

pe̍h-kî-kî

と言えば，銀などが曇りなくぴかぴかしている様を，

pe̍h-koah-koah

と言えば，人の肌や顔が白い様を形容していることが知られるのである。

ランダムに紹介するのも手間なので，以下は，Sio̍k-gú-tiāu ［俗語調］という童謡の歌詞を挙げて紹介に替えたい。ついでに形容詞をたくさん覚えられるというわけである。台湾語のオノマトペアの調子の魅力を十分に味わってもらいたい。曲は，

Ang ê sī âng-kì-kì, pe̍h ê sī pe̍h-chhang-chhang,

というように進行する。以下全て同じなので，擬態語の部分だけ掲げる。

âng-kì-kì	［紅□□］	赤い
pe̍h-chhang-chhang	［白□□］	白い
n̂g-phî-phî	［黄□□］	黄色い

chhiⁿ-piàng-piàng	[青□□]	青い
o͘-mà-mà	[烏□□]	黒い
tēng-khok-khok	[定□□]	硬い
ńng-siô-siô	[軟□□]	柔らかい
khoah-long-long	[闊□□]	広い
oeh-chiⁿ-chiⁿ	[□□□]	狭い
kiâm-tok-tok	[鹹□□]	塩辛い
sng-ngiù-ngiù	[酸□□]	酸っぱい
tiⁿ-but-but	[甜□□]	甘い
khó͘-tè-tè	[苦□□]	苦い
siap-koaiⁿ-koaiⁿ	[澀□□]	渋い
tn̂g-long-long	[長□□]	長い
té-khok-khok	[□□□]	短い
phang-kòng-kòng	[芳□□]	香りがいい
chhàu-hiang-hiang	[臭□□]	臭い
chhiò-bi-bi	[笑□□]	にこにこ笑う
khàu-thih-thih	[哭□□]	しくしく泣く
pháiⁿ-chhēng-chhēng	[□□□]	悪い
hó-si-si	[好□□]	良い
hiâu-pài-pài	[□□□]	みだらだ
kiau-tì-tì	[嬌□□]	女性がつんと澄ましている
súi-tang-tang	[□□□]	美しい
bái-kô͘-kô͘	[□□□]	醜い
khì-chhoah-chhoah	[氣□□]	ぷんぷんおこる
chēng-chuh-chuh	[靜□□]	静かだ
nōa-kô͘-kô͘	[爛□□]	ぐちゃぐちゃだ
khiū-tè-tè	[□□□]	ねばねばだ
sóng-oaiⁿ-oaiⁿ	[爽□□]	気持ちがいい
ku̍t-liu-liu	[滑□□]	つるつるしている
chho͘-peh-peh	[粗□□]	荒い
iù-mi-mi	[幼□□]	細かい
ióng-kiaⁿ-kiaⁿ	[勇□□]	丈夫だ
bān-sô-sô	[慢□□]	のろのろしている

語句のまとめ

本書基礎篇・応用篇に出てきた語句を音節の発音順に並べた。末尾の数字は課数(イタリック体の場合は応用篇)を示す。なお、固有名詞は後ろにまとめた。

A

a-bú [阿母] おかあさん		32
a-chí [阿姉] 姉		8
a-hiaⁿ [阿兄] 兄		8
ah [抑] あるいは、または		2
ah [□] 文末の助詞		26
ah-bô [抑無] さもないと		43
ài [愛] いる、好きだ		17
ài [愛] かかる		23
ài [愛] 〜せねばならない		32
ài-khùn [愛睏] 眠い		39
àm [暗] 夜、晩		45
àm-hō [暗號] 暗号、暗証コード		*12*
àm-sî [暗時] 夜、夕食		27
an-chēng [安靜] 静かだ		26
án-chóaⁿ [按怎] どのようにして		23
án-ne [按呢] それならば、そのように		5
an-sim [安心] 安心する		*9*
ang [翁] 夫		45
âng [紅] 赤い		38
āu-chhiú [後手] 余り、あと		*16*
āu-jit [後日] 後日、いつか		25
āu-lé-pài [後禮拜] 来週		28
āu-lé-pài-jit [後禮拜日] 次の日曜		34
āu-pái [後□] こんど、次回、いつか		41, *9*
āu-pang [後□] 次の便		*17*
āu-pang-chhia [後□車] 次の列車		*17*

B

bá-suh [□□] バス		23
bah [肉] 肉		17
bah-chàng [肉粽] 肉ちまき		24
bái [□] 悪い、醜い		10
bān [萬] 万		6
bān [慢] 遅い		25
bān-bān-á [慢慢仔] ゆっくりと		7
bān-hun [慢分] 時間に遅れる		*1*
bān-liân-pit [萬年筆] 万年筆		4
bāng [夢] 夢、夢を見る		45
bāng-kìⁿ [夢見] 夢を見る		45
bat [□] 知っている		18
bat [□] かつて〜したことがある		41
bē [未] まだ〜ない		29
bē-hiáu [□曉] できない		22
beh [□] 〜したい		20
beh [□] 〜するつもり		34
beh-tih [□□] 欲しい		*4*
bī [味] 味		5
bí-hún-chhá [米粉炒] 焼きビーフン		33
bì-luh [□□] ビール		*4*
bián-kióng [勉強] 無理に、強いて		*9*
bīn [面] 顔		40
bîn-á-chài [明仔再] あす		12
bîn-bāng [眠夢] 夢を見る、夢		45
bîn-chhn̂g [眠床] ベッド		1
bīn-kun [面巾] タオル		17
bô [無] そうならば、では		3
bô [無] 〜ではない		10
bô [無] 持っていない、無い		13
bô kāng [無共] 同じでない、異なる		5
bō-á [帽仔] 帽子		1
bó-ōe [母語] 母語		21
bô-êng [無閑] 忙しい		10

bô-iáⁿ-bô-liah-chiah [無影無掠跡] なんの根拠もない　45
bô-iáⁿ-bô-chiah [無影無跡] なんの根拠もない　45
bô-iàu-kín [無要緊] 大丈夫, 構わない　40, 1
bô-làt [無力] ぐったりする　16
bô-lé [無禮] 無礼だ　32
bô-m̄-tio̍h [無唔著] 間違いない　12
bô-tiāⁿ-tio̍h [無定著] ひょっとすると　2
bó· [□] 妻　24
bō·-e̍k [貿易] 貿易　24
bōe [□] 〜ではない　10
bóe [買] 買う　20
bōe [賣] 売る　30
bóe [尾] 魚の量詞　43
bōe-bái [□□] 悪くない, まあまあだ　10
bōe-ēng--tit [□用得] 〜してはいけない　31
bōe-hiáu--tit [□曉得] 〜できない　29
bōe-iàu-kín [□要緊] 大丈夫だ　1
bóe-khì [買去] 買ってしまう　43
bōe-kì--tit [□記得] 忘れる, 憶えていない　1
bóe-mi̍h [買物] 買物する　20
bóe-pang-chhia [尾□車] 最終列車　17
bōe-sái(--tit) [□使得] 〜してはいけない　31
bōe-tàng [□□] 〜できない　30
-bōe-tiâu [□□] 〜していられない, 持ちこたえられない　8
bóe-tio̍h [買著] 買って手に入れる　15
bo̍k-chêng [目前] いま, 現在　19
bú-jio̍k [侮辱] 辱める　9
būn-tôe [問題] 問題, 質問　31
bu̍t-kè [物價] 物価　4

C

chá [早] 早い　35
cha-bó· [□□] 女　11
cha-hng [昨昏] きのう　12
cha-hng-àm [昨昏暗] 昨晩　2
chá-khí [早起] 朝, 朝食　27
cha-po· [□□] 男　11
chá tio̍h [早著] とっくの昔に　40
chai [知] 知っている　18
chài-chiàn [再見] さようなら　19
chai-iáⁿ [知影] 知っている　18
chāi-lāi [在內] 中に含んで　6
cha̍p [十] 十　6
cha̍p-chì [雜誌] 雑誌　2
cha̍p-ge̍h [十月] 十月　12
cha̍p-it-ge̍h [十一月] 十一月　12
cha̍p-jī-ge̍h [十二月] 十二月　12
cháu [走] 走る, 避ける　30
cháu [找] お釣りを出す, お釣りを貰う　17
cháu-kha [灶脚] 台所　33
che [□] これ(は)　1
chē [坐] 座る, 乗り物に乗る　23
chē-bōe-tio̍h [坐□著] 間に合わなくて乗れない　3
chèng [種] 植える　38
cheng-ka [増加] 増加する　14
cheng-sîn [精神] 目を覚ます　45
chhá [吵] 騒々しい, 騒がしくする　26, 19
chhâ [査] 調べる　17
chha-put-to [差不多] およそ, だいたい, ほとんど　20, 2
chha-put-to [差不多] だいたい同じである　37
chha-put-to [差不多] まあまあだ　20
chhài [菜] 料理, おかず, 野菜　24
chhài-chhī-á [菜市仔] 市場　15
chhài-toaⁿ [菜單] メニュー　4
chham-ka [参加] 参加する　34
chham-siông [参詳] 相談する　31

語句のまとめ

chhåt-á [賊仔] どろぼう　43
chhē [□] 捜す　23
chheⁿ-chhau [□□] ご馳走, ご馳走だ　5
chheng [千] 千　6
chhēng [穿] 着る　7
chheng-chhó [清楚] はっきりしている　23
chhì-chhēng [試穿] 試着する　7
chhiⁿ [鮮] 新鮮な, 新しい　5
chhiⁿ [青] 青, 紺　7
chhiⁿ-chhài [青菜] 野菜　15
chhia [車] 車　9
chhia-chām [車站] 駅　18
chhia-phiò [車票] 汽車・バスの切符　1
chhia-thâu [車頭] 駅　23
chhiáⁿ [請] どうぞ　25
chhiáⁿ [且] しばらく, ちょっと　26
chhiáⁿ [請] 招く, ご馳走する　34, 5
chhiáⁿ ēng [請用] どうぞ召し上がれ　5
chhiáⁿ-mn̄g [請問] お伺いいたします　19
chhiau-kip-chhī-tiûⁿ [超級市場] スーパーマーケット　15
chhiau-tāng [超重] 重量が超過する　11
chhih [□] 演奏する　22
chhim [深] 深い　14
chhìn [秤] 目方を量る　11
chhin-chhiūⁿ [親像] 似ている　39
chhiò [笑] 笑う　26
chhit [七] 7　6
chhit [拭] 拭く　42
chhit-thô [迫迌] 遊ぶ　24
chhiu-chhìn [秋清] 風があって涼しい　10
chhiu-thiⁿ [秋天] 秋　10
chhiùⁿ [唱] 歌う　38
chhiūⁿ [像] のような　45
chhōa [炁] 連れる　24
chhōa [娶] 嫁を娶る　45
chhoe-chåp [初一] 十日　12
chhoe-chhit [初七] 七日　12
chhoe-gō· [初五] 五日　12
chhoe-it [初一] ついたち　12
chhoe-jī [初二] 二日　12
chhoe-káu [初九] 九日　12
chhoe-kúi [初幾] 何日　12
chhoe-låk [初六] 六日　12
chhoe-poeh [初八] 八日　12
chhoe-saⁿ [初三] 三日　12
chhoe-sì [初四] 四日　12
chhòng [創] する, 作る　24
chhòng [創] ～にする　11
chhù [厝] 家　14
chhù-bī [趣味] 面白い, 興味深い　20
chhù-lāi [厝內] 家, 家の中　8
chhù-piⁿ [厝邊] 隣り, 近所　8
chhù-sè [厝税] 家賃, 部屋代　6
chhùi-khí [嘴歯] 歯　40
chhùi-ta [嘴□] 喉が渇く　4
chhun [□] 残す, 残る　16
chhùn-chhioh [寸尺] サイズ, 寸法　7
chhun-thiⁿ [春天] 春　10
chhut [齣] 映画演劇などの出し物に用いる量詞　14
chhut-hoat [出発] 出発する　18
chhut-khì [出去] 出ていく, 出かける　24
chhut-miâ [出名] 有名な　19
chhut-sì [出世] 生まれる　29
chhut-tiuⁿ [出張] 出張する, 出張　20
chí-bē [姉妹] 姉妹　39
chí-kàu [指教] 指導する　19
chí-sàu [止嗽] 咳を止める, 咳止め　16
chîⁿ [銭] お金　15
chîⁿ-giåh [銭額] 金額　12
chia [□] ここ(に)　14
chiâⁿ [成] とても, 非常に　40
chiàⁿ-chhiú-pêng [正手旁] 右側　4
chiàⁿ-káng [正港] 本物の　5

語句のまとめ

chiah ［隻］動物に添える量詞　9
chiah ［卽］〜したばかり　*6*
chiah ［□］〜こそ　15
chiȧh ［食］食べる　17
chiȧh thâu-lō· ［食頭路］職に就く　24
chiȧh--ê ［□□］これら　11
chiȧh-chhò· ［食醋］やきもちを焼く, やきもち　45
chiȧh-hun ［食薰］タバコを吸う　31
chiȧh-kú ［□久］このごろ, 最近　39
chiȧh-nih ［□□］こんなに　26
chiȧh-pá ［食飽］食べ終わる　40
chiȧh-pn̄g-thiaⁿ ［食飯廳］ダイニング・ルーム　*5*
chiām-chiām ［漸漸］だんだんと　*14*
chiȧp ［捷］しょっちゅう〜する　39
chiap ［接］出迎える　*1*
chiap ［接］受け取る　*1*
chiap ［接］電話をつなぐ　*10*
chiap-tio̍h ［接著］受け取る　*1*
chiat ［節］授業を数える量詞　15
chiat-bo̍k ［節目］番組　*18*
chiâu ［□］揃っている, 打ち揃う　*7*
chiáu-á ［鳥仔］小鳥　30
chin ［眞］とても　9
chin ［眞］ほんとうの　45
chīn-liōng ［儘量］できる限り, 思う存分　*18*
chìn-pō· ［進步］進步　*20*
chió ［少］少ない　26
chioh ［借］借りる, 貸す　40, *12*
chioh-su-chèng ［借書證］貸出カード　*13*
chioh-mn̄g ［借問］おうかがいいたします　19
chiok ［足］とても, 非常に　26
chióng ［種］種, 種類　*20*
chióng-lūi ［種類］種類　15
chit ［一］1　6
chit ［□］この　8
chit-chōa ［一□］一回　*16*

chit-chūn ［□陣］いま　13
chit-ē ［一下］ちょっと　25
chit-kho·-ûi ［□□圍］このあたり, このまわり　*6*
chit-kóa ［一□］少々, いくらか　*19*
chit-kù ［一句］ひとこと　29
chit-má ［□□］いま　10
chit-pái ［一□］一回　25
chit-pái ［□□］今回　25
chit-pang-chhia ［□□車］この列車　*17*
chit-sut-á ［一□仔］ほんのちょっぴり　22
chit-tiám-á ［一點仔］ちょっぴり, ほんの少し　37, *2*
chit-ūi ［□位］この方　8
chiú ［酒］酒　20
chiū ［就］〜するとすぐに　45
chò ［做］する, 作る　22
chò-siⁿ-ji̍t ［做生日］誕生日をやる　34
chò-tīn ［做陣］いっしょに　*14*
chò· ［租］賃貸しする, 賃借りする　*6*
chóa ［紙］紙　2
chōa ［□］〜回　*16*
choân ［全］全然　28
choân ［全］揃っている　*20*
choan-kang ［專工］わざわざ　*1*
choân-phiò ［全票］大人の切符　*17*
choán-ta̍t ［轉達］伝達する　*10*
chōe ［多］多い　15
chōe bāng ［做夢］夢を見る　45
chōe lâng ［多人］混んでいる　*4*
chōe-hè ［多歲］年上である　37
chōe-kūn ［最近］最近　15
chōe-liáu ［做了］やり終わる　28
chōe-tīn ［做陣］いっしょに　31
chok-phín ［作品］作品　*14*
chóng-sī ［總是］しかしながら, 要するに　11
chu ［書］本　1
chú ［煮］煮る　40

語句のまとめ

chū-chí [住址] 住所	18
chu-pau [書包] 学生鞄, 書類入れ鞄	4
chù-siā [注射] 注射する, 注射	16
chu-tiàm [書店] 本屋	9
chùi [醉] 酔う	3
chúi-liȯk [水陸] 船便	11
chúi-tiān-chîⁿ [水電錢] 水道電気代	6
chún [準] 正確だ	35
chún [准] 許す	45
chûn-khoán [存款] 預金, 預金する	12
chûn-khoán-phō· [存款簿] 預金通帳	12
chún-pī [準備] 準備する, 準備	5
chún-sî [準時] 時間にきっちり合っている	1

E

ê [的] ～の	4
ê [個] 丸いもの, 人間などの量詞	7
ē [會] ～だ	10
ē [會] ～だろう	28
ē-chit-pang [下一□] 次の一便	17
ē-ēng-tit [會用得] してよい	31
ē-hiáu [會曉] できる	18
ē-hiáu--tit [會曉得] できる	29
ē-kha [下脚] 下	14
ē-po· [下晡] 午後	15
ē-sái--tit [會使得] してよい	31
ē-tàng [會□] できる	30
ēng [用] 使う, ～で	31, 41
eng-àm [□暗] 今晩	34
èng-chhài [甕菜] オウサイ	5
Eng-gú [英語] 英語	18
èng-kai [應該] ～すべきだ	32
èng-kai sī [應該是] 当然～であるはずだ	10

G

gâu [□] ～に秀でている	21
gâu kóng [□講] じょうずに話す	20
gâu o-ló [□□□] 褒めるのがうまい	5
geh [月] 月	12
geh-jit [月日] ～ケ月	20
gêng-géng [龍眼] 龍眼	3
giâ [□] 大きなものを両手で持つ	30
giâm-tiōng [嚴重] 程度が酷い	16
gín-á [囝仔] 子供	9
gō· [五] 5	6
gō·-geh [五月] 五月	12
go·-lú-huh [□□□] ゴルフ	34
góa [我] わたくし	4
gōa-kháu [外口] そと, 外側	15
gōa-kok [外國] 外国	20
gōa-kok-ōe [外國話] 外国語	20
goân-chú-pit [原子筆] ボールペン	1
gōng [戇] ばかだ, おろかだ	4
gû-bah [牛肉] 牛肉	35
gû-leng [牛□] 牛乳	17
gū-tiȯh [遇著] 出会う	43
gûi-hiám [危險] 危険だ	26
gún [阮] われわれ	8
gûn-hâng [銀行] 銀行	12

H

hā-khò [下課] 授業を終える	27
hā-pan [下班] 退勤する	27
hah [合] 合う	5
hah chhùi [合嘴] 口に合う	5
hái-koan [海關] 税関	1
hȧk-hāu [學校] 学校	16
hȧk-seng [學生] 学生	8
hâm-bān [含慢] 下手だ, 不器用だ	21
Hân-kok-lâng [韓國人] 韓国人	21
Hân-kok-ōe [韓國話] 韓国語	21
hān-sî [限時] 速達	11
hāng [項] 事柄に添える量詞, 件	18, 4
hâng-khong-sìn [航空信] 航空便	11
he [□] あれ(は)	1
hè [貨] もの, 品物	14
hē [會] 詫びる	32

hè [歲] 年齢	37
hē-m̄-tio̍h [會唔着] 謝る	32
hē-sit-lé [會失禮] 謝る	32
hêng [還] 返す	40
hêng-lí [行李] 荷物	30
hêng-thé [形體] かたち	7
hî [魚] 魚	17
hia [□] あそこ(に)	14
hiaⁿ-tī [兄弟] 兄弟	39
hiah--ê [□□] あれら	11
hiah--ni̍h [□□] あんなに	26
hiān-chāi [現在] 現在	14
hioh [□] ええ,うん	14
hioh-khùn [歇睏] 休む	31
hip-siòng-ki [□相機] カメラ	9
hit [□] あの	8
hn̄g [遠] 遠い	23
hó [好] 良い	8
hó- [好] ～しやすい	20
-hó [好] 行為が満足すべき状態で終わることを表す動詞語尾	12
hō [號] ～番	23
hō [號] たぐい,て(量詞)	45
hô [河] 川	19
hó piáu-ta̍t [好表達] 表現伝達し易い	14
hō-bé [號碼] 番号	10
hó-chia̍h [好食] 美味しい	10
hó-hó-á [好好仔] ちゃんと,よく	16
hó-kè [好過] 過ごし易い	2
hó-khòaⁿ [好看] 見易い,読み易い,きれいだ,見て面白い	10
hó-kiâⁿ [好行] 歩き易い	36
hó-o̍h [好學] 学びやすい	20
hó-sè [好勢] 都合がいい	38
hó-sńg [好損] 面白い	9
hō͘ [雨] 雨	28
hō͘ [□] ～される	43
hō͘ [□] ～させる	44
hō͘-chiàu [護照] パスポート	18
hō͘ⁿ [□] ～ね,～な	10
hoaⁿ-hí [歡喜] 喜ぶ,嬉しがる,機嫌がいい	45
hoan-hù [吩咐] 申しつける,いいつける	18
hoân-ló [煩惱] 心配する,気をもむ	9
hoat [發] ～発,出発する	17
hoat-sio [發燒] 熱が出る	16
hoe [花] 花	38
hoe-hn̂g [花園] 花壇	38
hōe-siā [會社] 会社	23
hông [□] hō͘ lâng の縮約形式, 人に～される	5
hong-piān [方便] 便利だ	20
hong-thai [風篩] 台風	2
hu [赴] 時間に間に合う	18
hū-kūn [附近] 付近	24
hui-ki [飛機] 飛行機	1
hui-lêng-ki [飛行機] 飛行機	1
hun [薰] タバコ	31
hun [分] ～分	13
hut-jiân-kan [忽然間] 突然に	45

I

i [伊] 彼,彼女	4
í-á [椅仔] 椅子	1
í-aū [以後] 以後	19
í-chêng [以前] ～のまえに	28
í-keng [已經] すでに	29
i-seng [醫生] 医師	24
iⁿ-á [嬰仔] 赤ん坊	29
iā [也] もまた	2
iá-kiû [野球] 野球	22
iân-pit [鉛筆] 鉛筆	1
iáu [猶] まだ,なお,ほかに	9, 17, 29
iau [□] お腹が空いている	3
iàu-kín [要緊] 重要だ,大事だ	10
iáu-koh [猶□] まだ	35
iàu-léng [要領] 要領,こつ	20
im-ga̍k [音樂] 音楽	17
in [□] かれら	8
ìn-á [印仔] 印鑑	12
ìn-siōng [印象] 印象	14
in-ūi [因爲] なぜなら	21

語句のまとめ

iô [揺] 揺する	45
io̍h-á [藥仔] 薬	44
iok-hōe [約會] デートする	34
iōng [用] 用いる	*14*
it [一] 1	6
it-ge̍h [一月] 一月	12
it-tēng [一定] かならず	25
iú-hàu [有孝] 孝行する	32
iū-koh [又□] また	*5*
iû-phiò [郵票] 切手	*11*
iû-piān-kio̍k [郵便局] 郵便局	*11*
iù-tī-hn̂g [幼稚園] 幼稚園	*9*
iú-ūi [有爲] 有爲である	*14*

J

jī [二] 2	6
jī [字] 字	18
jî-chhiáⁿ [而且] しかも, そのうえ	*2*
jī-ge̍h [二月] 二月	12
jiân-āu [然後] それから, そのあとで	25
jih [□] 演奏する	22
jip [入] 入る	31
jip-ha̍k [入學] 入学する	*12*
jip-hōe [入會] 入会する	*12*
jip--khì [入去] 入って行く	31
jip--lâi [入來] 入ってくる	31
Ji̍t-pún-cha-bó͘ [日本□□] 日本女性	11
Ji̍t-pún-cha-po͘ [日本□□] 日本男性	11
Ji̍t-pún-lâng [日本人] 日本人	11
Ji̍t-pún-ōe [日本話] 日本語	18
Ji̍t-pún-sek [日本式] 日本風	*5*
joā-chōe [若多] いくつ	15
jōa-chōe-chîⁿ [若多錢] いくら	15
jōa-kú [若久] どのくらいの時間	20
joa̍h [熱] 暑い	10
joa̍h-thiⁿ [熱天] 夏	10
jú…jú… [愈…愈…] ~すればするほどますます~だ	*14*
jú lâi jú… [愈來愈…] ますます~だ	*14*

K

kā [□] ~に, ~してやる	20, 42
kà [教] 教える	20
kā [咬] 口にくわえる	43
kâ [□] kā góa の縮約形式	*10*
ka-khū [家具] 家具	14
ka-kī [家己] 自分で, 自分	22
ka-lé-pn̄g [□□飯] カレーライス	41
káⁿ [敢] おそらく, たぶん~らしい	*10*
káⁿ [敢] 勇気をもって~する, あえて~する	45
kah [及] ~するまで, するほど	45
kah [合] 付け加える, 添える	*6*
-kah-beh-sí [□□死] 死にそうだ, 死ぬほど~である	*16*
kah-chhin-chhiūⁿ [及親像] まるで~のようだ	39
kah-ì [合意] 気に入る	38
kah-ná [及若] まるで~のようだ	39, *7*
kài-siāu [介紹] 紹介する	*19*
kái-soeh [解說] 解説する, 説明する	42
kám [敢] ~かしらん, まさか~だろうか	13
kám m̄-sī [敢唔是] まさか…では?	12
kam-á [柑仔] みかん	3
kám-chêng [感情] 感情	*14*
kan-khó͘ [艱苦] 苦しい, 悲惨だ	20
kán-tan [簡單] 簡単だ	30
kang [工] 日を数える量詞	20
kâng [共] 同じだ	*5*
kang-gia̍p [工業] 工業	*19*
kāng-khoán [共款] 同じだ	15
kap [□] ~と	11, 20
káu [九] 9	6
káu [狗] 犬	9
kàu [夠] 到着する	23

káu-á-kiáⁿ [狗仔囝] 小犬 9	khiâ [騎] 跨がって乗る 29
kàu-chhâi [教材] 教材 *20*	khioh [□] 拾う 30
káu-ge̍h [九月] 九月 12	khò [課] 授業 15
kàu-taⁿ [到□] とっくの昔に 40	khó-sioh [可惜] 惜しい,残念だ 40
kau-tài [交代] 言いつける *10*	kho· [箍] 円 15
ke [加] 増やす 37, *11*	khòaⁿ [看] 見る,読む 17
kè [過] 〜したことがある 41	khòaⁿ i-seng [看醫生] 医者にみせる, 医者に見てもらう *16*
kē [□] 低い *2*	khòaⁿ-liáu [看了] 読み終わる 30
kē--lo̍h-lâi [□落來] 低くなる,下がる *2*	khòaⁿ-māi [看□] 〜してみる *6*
kè-siàu [價數] 値段 *7*	khòaⁿ-tio̍h [看著] 目にする,見える 43
kè-sio̍k [繼續] 継続する,続ける *20*	khoah [闊] 広い *6*
kè-thêng-chhia [計程車] タクシー 23	khoán [款] 種類に用いる量詞 14
keng [間] 家,部屋に用いる量詞 14	khoân-kéng [環境] 環境 *19*
keng-á [間仔] 軒 *19*	khòng [□] ゼロ *6*
kéng-chhat [警察] 警察 43	khui--khí-lâi [開起來] 開ける 9
keng-chio [芎蕉] バナナ 3	khui-cháu [開走] 発車する 17
keng-lí [經理] 支配人 *10*	khùn [睏] 寝る 27
kha [脚] 籠や荷物などの量詞 *7*	khùn-tio̍h [睏著] 寝付く *2*
kha [脚] 足 30	ki [枝] 棒状の細長い物の量詞 *7*
kha-kiû [脚球] サッカー 22	kî-thaⁿ [其他] そのほか *18*
kha-ta̍h-chhia [脚踏車] 自転車 9	kìⁿ-bīn [見面] お見にかかる,面会する *10*
khah [較] 比較的,割に 9	kià [寄] 郵便物を送る *7*
khai-sí [開始] 始める 25	kià-khì [寄去] 郵送する *11*
khang-khòe [工課] 仕事 24	kiâⁿ [行] 歩く 23
khang-pâng [空房] 空き部屋 *6*	kiaⁿ [驚] 恐れる 45
khàu [哭] 泣く 26	kiaⁿ [驚] 驚かす *19*
khe [溪] 川 34	kiaⁿ bó· ê lâng [驚妻的人] 妻を恐がる人,恐妻家 45
khè [□] かじる 41	kiàⁿ-tâi [鏡臺] 鏡台 14
kheh-khì [客氣] 遠慮する 23	kiám [減] 減らす 37
Kheh-ōe [客話] 客家語 29	kiám-cha [檢查] 検査,検査する *1*
kheh-thiaⁿ [客廳] 応接室,客間 16	kiám-chió [減少] 減少する 14
khì [去] 行く 23	kín [緊] 速い,速く 26, *3*
khí [起] 〜から 45	kin-á-ji̍t [今仔日] きょう 12
khí [起] 建てる *6*	kin-nî [今年] 今年 35
khí-bín [齒□] 歯ブラシ 17	kiò [叫] 〜させる 44
khí-chhn̂g [起床] 起床する 27	kiò [叫] 呼ぶ 44
khì-hāu [氣候] 気候 *2*	kiò [叫] 料理を取る *4*
khì-hō· [去□] 〜される 43	kiò [叫] 起こす *18*
khí-lâi [起來] 起きる,あげる 27, 30	
khì-un [氣溫] 気温 *2*	

語句のまとめ

kiong-hí [恭喜] おめでとう　34
kiû [球] ボール　1
kiú [九] 9　6
kiú-gióng-tāi-bêng [久仰大名] かねがねお名前を伺っておりました　19
kiú-kiàn [久見] 久しぶりに会ったときに交わす挨拶　*1*
kng [光] 明るい　*6*
kǹg-khîm [鋼琴] ピアノ　22
kó-chiap [果汁] ジュース　17
kó·-chá [古早] 昔　45
kó·-chui [□□] 可愛らしい　9
koa [歌] 歌　38
kòa-hō [掛號] 番号を控える, 書留にする, 書留　11
kòa-hō [掛號] 病院で受付をする　*16*
koa-kó [瓜果] りんご　14
kôaⁿ [寒] 寒い　10
kôaⁿ-kín [趕緊] 急ぐ, 急いで　33, 43
kôaⁿ-thiⁿ [寒天] 冬　10
kôaⁿ--tio̍h [寒著] 風邪をひく　*16*
koaiⁿ [關] 閉める　42
koân [懸] 高い　36
koan-kong [觀光] 観光　19
koàn-sì [慣勢] 慣れている　20
koe-bah [鷄肉] 鶏肉　36
koh [□] また, 更に　23
koh-khah [□較] さらに, もっと　35
koh-khah…mā… [□較…□…] たとえどんなに〜でも〜だ　45
kok-chè tiān-ōe [國際電話] 国際電話　*12*
kok-gú-phiⁿ [國語片] 北京語映画　14
kok-ka [國家] 国家　*20*
kóng koàn-sì [講慣勢] 言い慣れる　*20*
kong-chhia [公車] バス　23
kong-hn̂g [公園] 公園　30
kong-hun [公分] センチ　37
kong-khek [公克] グラム　*11*
kong-lō·-kio̍k [公路局] 交通部公路局　38

kong-si [公司] 会社　16
kū [舊] 古い　9
kú [久] 時間が長い　21
kù [句] 言葉を数える量詞　29
kúi [幾] いくつ　37
kùi [貴] 値がたかい　10
kui- [規] 全〜　*16*
kúi-ā [幾仔] 何〜, 幾〜　37
kúi-ā-pái [幾仔□] 何回も, 何度も　*2*
kúi-ā-pē [幾仔倍] なん倍　37
kui-ē [歸下] ひっくるめて, 総て　*2*
kúi-goe̍h [幾月] 何月　12
kúi-hè [幾歳] なん歳　37
kúi-îⁿ [幾圓] いくら, 何円　23
kùi-sìⁿ [貴姓] 姓はなんと申されますか　18
kui-sin-khu [規身軀] 全身　*16*
kúi-tiám [幾點] 何時　13
kuiⁿ [關] 閉める, 閉まる　9
kuiⁿ--khí-lâi [關起來] 閉まる　9
kun [斤] 重さの斤　42
kūn [近] 近い　23
kūn-nî-lâi [近年來] 近年来　*14*

L

lah-sap [垃圾] 汚い　*19*
lâi [來] 来る　23
lâi chē [來坐] いらっしゃい　*9*
lāi-bīn [內面] なか　15
lâi-khì [來去] 行く　23
lāi-té [內底] なか, 奥　14
lāi-té ê lâng [內底的人] なかの人→係りの人　*13*
la̍k [六] 6　6
lâm-pō· [南部] 南部　32
lán [咱] わたしども　11
lâng [人] ひと　4
lāu [老] 年老いた　9
lāu-bú [老母] 母　8
lāu-jia̍t [鬧熱] 賑やかだ　35
lāu-káu [老狗] 老犬　9
lāu-pē [老父] 父　8

292

lāu-su [老師] 先生	18
lé-māu [禮貌] 礼儀	32
lé-pài-jit [禮拜日] 日曜日	12
leh [□] 〜は(いかがですか)?	10
leh [□] 〜なさい	26
léng [冷] 冷たい	39
lēng-gōa [另外] 別に,別の	6
lí [汝] あなた	4
lī [離] 〜から	14
lī-hāi [厲害] ひどい	19
lī-piān [利便] 便利だ	23
liàh [掠] 捕まえる	43
liàh-chòe [掠做] 憶測する,想像する	45
liàh-kiò [掠叫] 憶測する,想像する	45
liân [連] 〜さえも	29
liâng [涼] 気温が下がって涼しい	10
liàp [粒] 球状の物の量詞	7
-liáu [了] 完成を表す動詞語尾	22
-liáu [了] 〜し終る,動詞語尾	28
liáu-āu [了後] 〜のあとで,〜の終っったあと	28
liāu-lí [料理] 料理	41
liāu-lí-tiàm [料理店] 料理屋	15
lim [飲] 飲む	17
lín [□] あなたがた	8
liòk [六] 6	6
liú-teng [□丁] オレンジ	36
lō· [路] 道	23
lō·-iōng [路用] 使い道	19
ló·-làt [努力] ありがとう,ご苦労さま	5
lō·-nih [路裏] 道で	32
lō·-piⁿ [路邊] 道端	19
lō·-piⁿ tàⁿ-á [路邊擔仔] 道端の屋台	19
loàh-á [□仔] 櫛	17
lòh [落] 落ちる,降りる	28
lòh-chhia [落車] 下車する	32
lòh-hō· [落雨] 雨が降る	28
lo·h [□] 〜だよ,断定を表す	11
lòk-iáⁿ-tòa [錄影帶] ビデオテープ	40
lòk-im-ki [錄音機] テープレコーダー	4
lóng [攏] みな,すべて	11
lóng-bān [浪漫] ロマンチックだ	19
lóng-chóng [攏總] 全部で,あわせて	15
lù [鑢] 磨く	40
lúi [蕊] 花の量詞	38
lūn-bûn [論文] 論文	33
lūn-chin [論眞] 実のところ,本当は	20
lūn-chin--khí-lâi [論眞起來] 本当のことを言うと,実は	20

M

m̄-káⁿ [唔敢] よう〜しない	45
m̄ tiòh hó lah? [唔着好□] いいだろう?	45
m̄-bián [唔免] 〜するには及ばない	23
m̄-koh [唔□] しかし	9
m̄-sī [唔是] 〜ではない	1
m̄-thang [唔通] 〜すべきではない	32
m̄-tiòh [唔著] 間違っている	35
mā [□] 〜もまた	2
mā [罵] 叱る	43
mâ-hoân [麻煩] 面倒をかける	23
ma-ma [□□] おかあさん	44
mài [□] 〜しない,〜する必要はない	3
mài [□] するな	26
mī [麵] うどん	33
mí-so·h-thng [□□湯] 味噌汁	5
miâ [名] 名前を〜という	19
mih [物] もの	31
mih-kiāⁿ [物件] もの,荷物	5
mn̄g [問] 聞く,尋ねる	31
mn̂g [門] ドア,門	42

293

語句のまとめ

múi［每］～あたり，～ごとに	11

N

nā［若］もし～なら	25
ná［那］どうして	26
ná［若］まるで～のようだ	39
ná ū［那有］どうしてあるのか→そんなことない	5
nâ-á［籃仔］籠，バスケット	14
nâ-âu［□喉］喉	16
ná-chhin-chhiūⁿ［若親像］まるで～のようだ	39
nāi-chi［荔枝］レイシ	3
nāu-cheng［鬧鐘］目覚まし時計	13
neh［□］～よ，～ね，文末助詞	33, 5
ngó͘［五］5	6
nî［年］年	12
nî-khin［年輕］若い	14
niá［領］衣服に添える量詞	9
niá［領］受け取る	12
niā-niā［□□］～だけ，～のみ	22
niau［貓］猫	9
--nih［裏］の中に，中で	14
nn̄g［兩］2	6

O

ô-á［蚵仔］牡蠣	19
ô-á-chian［蚵仔煎］オーアーチェン	19
o-ló［□□］褒める	43
o͘-jí-sáng［□□□］おじさん	9
o͘-pang［烏枋］黒板	2
oàⁿ［晏］遅い，遅く	26
oe［□］演奏する	22
ōe［畫］絵を描く	35
ôe［喂］もしもし	10
o̍h［學］習う，学ぶ	20
ông-lâi［□萊］パイナップル	35

P

pa-pa［□□］おとうさん	44
pah［百］百	6
pah-hè-kong-si［百貨公司］デパート	34
pái［□］回数の量詞	23
pài-gō͘［拜五］金曜日	12
pài-it［拜一］月曜日	12
pài-jī［拜二］火曜日	12
pâi-kiû［排球］バレーボール	22
pài-kúi［拜幾］何曜日	12
pài-la̍k［拜六］土曜日	12
pài-la̍k lé-pài［拜六禮拜］週末	2
pài-saⁿ［拜三］水曜日	12
pài-sì［拜四］木曜日	12
pài-thok［拜託］頼む，依頼する	12
pâi-tūi［排隊］列をなして並ぶ	4
Pak-kiaⁿ-ōe［北京話］北京語	20
pak-pō͘［北部］北部	2
pak-tó͘［腹肚］お腹	3
pān［辦］処理する，作る	12, 13
pān chhiú-sio̍k［辦手續］手続きする	12
pān-kong-sek［辦公室］事務室	16
pâng［房］部屋	14
pang［□］列車や飛行機の便数，番	17
pâng-keng［房間］部屋	14
pat［八］8	6
pa̍t-［別］ほかの	45
pa̍t-khoán［別款］ほかの種類	45
pa̍t-lâng［別人］ほかの人	44
pa̍t-ūi［別位］よそ	32
pau［包］包みを数える量詞	17
pau--khí-lâi［包起來］包む	7
pe［飛］飛ぶ	30
pē［倍］～倍	37
pē-bú［父母］両親	32
peh--khí-lâi［爬起來］起きる	3
peh--bōe--khí-lâi［爬□起來］起きられない	3
peng［冰］氷	39
pêng-iú［朋友］友達	8
pêng-siông-sî［平常時］ふだん	15
phah［拍］打つ，プレーする	22

phah [拍] たたく, ぶつ	43
phah-chiat [拍折] 割り引きする	*18*
phah-piàⁿ [拍□] 精を出す, 頑張る	32
phah-sǹg [拍算] ～するつもりだ, ～する予定だ	34, *18*
pháiⁿ [□] ～しにくい	*20*
pháiⁿ-chiȧh [□食] 不味い	10
pháiⁿ-miā [□命] 不幸だ, 不運だ	35
pháiⁿ-ōe [□話] 悪口	43
pháiⁿ-ȯh [□學] 学びにくい	*20*
pháiⁿ-sè [□勢] 申し訳ない, 恐縮だ, 具合が悪い	32, *1*
pháng [□] パン	40
phàu [泡] お茶を入れる	*10*
phê-pau-á [皮包仔] バッグ, 鞄	4
phín-chit [品質] 品質	7
phiò [票] 切符, チケット	31
phō·-á [簿仔] ノート	1
phó·-thong [普通] 普通, 普段	24
phó·-thong [普通] ふつうの, 一般の, ありふれた	5
phòa-piⁿ [破病] 病気になる	39
phoe [批] 手紙	33
pí [比] ～より	36
pí-kàu [比較] 比較的	*2*
pì-su [秘書] 秘書	*10*
pîⁿ [平] 同じである	37
pīⁿ-īⁿ [病院] 病院	26
pîⁿ-pîⁿ [平平] 同じく, 同様に	11
piàⁿ [□] 掃く, 掃除する	24
piàn [變] 変わる	*2*
piàn-kah [變及] ～に変わる	*15*
piàn-liáu [變了] ～に変わる	*2*
piān-só· [便所] トイレ	19
piáu-tȧt [表達] 表現し伝達する	*14*
pin-nn̂g [檳榔] ビンロウ	41
pió [表] 用紙, 申込用紙	*12*
pió-á [錶仔] 腕時計, 懐中時計	3
pit [筆] ペン, 筆	1
pn̄g [飯] 御飯	29
pn̄g-chhài [飯菜] 食事	5
png-tiàm [飯店] 旅館, ホテル	24
pò-chóa [報紙] 新聞	5
pò-kò [報告] 報告する, 告げる	*2*
pòaⁿ [半] 半	13
pôaⁿ [盤] 乗り換える	32
pôaⁿ [盤] 皿	*19*
pòaⁿ-phiò [半票] 子供の切符	*17*
pòaⁿ-sió-sí [半小死] 半死半生になる	45
poȧt-á [□仔] グアヴァ	3
poe [杯] コップ, グラスなどの量詞	23
poeh [八] 8	6
poeh-geh [八月] 八月	12
pōng [□] 量る	*16*
pún [本] 冊子状の物の量詞	7
pún-lâi [本來] もともと, 元来	45
put-chí [不止] ～にとどまらない	*19*

S

sa-sí-mih [□□□] 刺身	*15*
saⁿ [三] 3	6
saⁿ [衫] 服	9
saⁿ-geh [三月] 三月	12
saⁿ-tâng [相同] 同じだ	*15*
sái [駛] 運転する	23
sai-pak-hō· [西北雨] 夕立, スコール	*2*
sam [三] 3	6
sàng [□] ～さん	5
sat-bûn [雪文] 石鹼	17
sàu [嗽] 咳が出る, 咳	*16*
sé [洗] 洗う	32
sé seng-khu [洗身軀] 風呂にはいる	6
sé-seng-khu-keng [洗身軀間] バスルーム	6
sek [色] 色	7
sek-sāi [熟似] 懇意である	21
seng [先] さきに, まず	25
sêng [成] 似ている	39
sêng-chek [成績] 成績	43

語句のまとめ

seng-lí［生理］商売 24
seng-lí-lâng［生理人］ビジネスマン, 商売人 8
sī［是］〜です 1
sì［四］4 6
sî［時］時 20
sī--bô［是無］〜ですか, 〜でしょう？ 2
sí--khì［死去］死んでしまう 10
sî-cheng［時鐘］置き時計, 掛け時計 3
sî-chūn［時陣］時 28
sì-geh［四月］四月 12
sî-kan［時間］時間 28
sī-tōa-lâng［序大人］父母, 親 32
sìⁿ［姓］姓を〜という 18
siⁿ-jit［生日］誕生日 28
siá［寫］書く 20
siá-chuh［□□］シャツ 7
siá-hó［寫好］書き終わる 12
siaⁿ［聲］音, 声 39
siáⁿ［甚］たいして 10
siáⁿ-khoán［啥款］どんな様子ですか 7
sian-siⁿ［先生］さん(Mr.), 先生, 夫 8
siáng［誰］だれ 9
siāng［像］同じだ 15
siāng-khoán［像款］同じだ 15
siàu-liân［少年］若い 9
siáu-soat［小説］小説 4
sím-mih［啥物］なに 3
sím-mih-lâng［啥物人］だれ 4
sim-sek［心適］面白い 14
sin［新］新しい 9
sìn［信］信じる 45
sin-bûn［新聞］ニュース, 新聞 44
sin-chhéng［申請］申請する 12
sin-hūn-chèng［身份證］身分証明書 18
sìn-iōng［信用］信用する 40
sió［小］ちょっと, 少し 1
sió-chiá［小姐］〜嬢(Miss) 8

sió-chiah［小食］軽食 19
sio-joah［燒熱］暖かい 10
sió-khóa［少許］少しばかり, わずかに 15
sió-mōe［小妹］妹 8
sió-pau［小包］小包 11
sió-sî［小時］時間 20
sió-sìⁿ［小姓］私の姓は〜という 19
sio-siāng［相像］同じだ 15
sio-tâng［相同］同じだ 15
sió-thê-khîm［小提琴］バイオリン 22
sió-tī［小弟］弟 8
sio̍k［俗］安い 10
siōng［尚］最も, 一番 38
siōng-khò［上課］授業に出る 27
siōng-pan［上班］勤める, 出勤する 24
siong-siā［商社］商社 10
sip-khì［濕氣］湿気 2
sit-bōng［失望］失望する 19
sit-chāi［實在］まったく, 本当に, 実際 9
sit-lé［失禮］失礼する 23
sit-lé［失禮］失礼だ 1
siû［泅］泳ぐ 29
siû-chúi［泅水］泳ぐ, 泳ぎ 29
siū-hāi［受害］被害, 害を被る 2
siu-im-ki［收音機］ラジオ 4
siū-khì［受氣］怒る 45
siuⁿ［傷］あまりに〜すぎる 26
siūⁿ［想］思う, 考える 38
siūⁿ-beh［想□］〜したい 15
sǹg［算］数える, 計算する 6
sńg［損］遊ぶ, ふざける 8
só-sî［鎖匙］鍵 18
só͘-chāi［所在］場所, ところ 16
só͘-í［所以］だから 26
só͘-ū［所有］あらゆる 19
soán［選］選ぶ 4
sòe［細］小さい 9

sòe-î [細姨] 妾	45	tàu-kha-chhiú [鬥脚手] 手伝う	32
sòe-jī [細膩] 気をつける	26	tàu-tīn [鬥陣] いっしょに, つれだって	4
sóng-khoài [爽快] 気持ちがよい, 快適だ	38	tê [茶] お茶	20
sù [四] 4	6	tè [塊] 塊状のもの, 机, 椅子などの量詞	7
su-sióng [思想] 思想	14	tè [□] に従って, ついて	25
súi [□] 美しい, 綺麗だ	9	tē-hā-ke [地下街] 地下街	19
sûi [隨] すぐに	3	tē-it [第一] 第一の	19
sûi…sûi… [隨…隨…] ～次第ただちに～する	10	teh [著] ～している	24
sūn-sòa [順□] ついでに	12	teh-beh [□□] もうすぐ, まもなく～するであろう	39, 10

T

ta [□] 乾く	10	tek-khak [的確] 確かに, 必ず	42
tāⁿ-á [擔仔] 屋台	19	tėk-piat [特別] 特に, 特別に	2
tah [貼] 貼る	11	téng [頂] 帽子, 寝台などの量詞	7
tâi [臺] 機器類の量詞	7	téng [頂] 上に, 上で	14
tâi [臺] 車に添える量詞	9	téng-jit [頂日] 先日	43
tāi-chì [事誌] 事柄, 出来事, 用事	18	téng-koân [頂懸] 上	14
Tâi-gú-phiⁿ [臺語片] 台湾語映画	14	téng-po· [頂晡] 午前	15
tāi-hak [大學] 大学	24	thài-thài [太太] 妻, 奥さん (Mrs.)	8
tāi-hak-seng [大學生] 大学生	8	thak [讀] 読む	21
tāi-khài [大概] たぶん, おそらく, およそ, だいたい	39, 11	thak [讀] 勉強する	20
Tâi-oân-chè [臺灣製] 台湾製	7	thak-chheh [讀冊] 勉強する	21
Tâi-oân-lâng [臺灣人] 台湾人	11	thak-chu [讀書] 勉強する	21
tak- [逐] おのおのの, ひとつひとつの, 毎～	45, 13	thang [通] ～すべき	40
tak-àm [逐暗] 毎晩	45	that [□] 蹴る	22
tak-ê [逐個] みなさん	26	thau [偸] 盗む	43
tak-kang [逐工] 毎日	20	thâu- [頭] 初めから幾つを表す接頭辞	19
tak-pái [逐□] 毎回	45	thâu-chêng [頭前] 前	19
tak-tāⁿ [逐擔] 各屋台, それぞれの屋台	19	thâu-chit-pái [頭一□] 最初の1回	19
tām-poh-á [淡薄仔] すこし	29	thâu-ke [頭家] 親方, 主人	9
tán [等] 待つ	25	thâu-khak [頭殼] 頭	15
tān-sī [但是] しかし, でも, ただし	15	thâu-lō· [頭路] 職	24
tâng-chôe [同齊] いっしょに	34	thâu-pang-chhia [頭□車] 始発列車	17
tang-sî [當時] いつ	12	the-nih-suh [□□□] テニス	22
tau [兜] 家, 家庭	15	thè-sio [退燒] 熱が下がる, 解熱	16
tàu [罩] お昼, 昼御飯	4	theh [提] 手に取る	30
		theh [□] 貰う	42
		theh--khí-lâi [提起來] 取り上げる, 持	

語句のまとめ

ち上げる	30
thèh-khóan-khah [提款卡] 銀行カード	12
thiⁿ-kì [天氣] 天気	4
thiⁿ-kng [天光] 夜明け	45
thiaⁿ [聽] 聞く	17
thiàⁿ [痛] 痛む	30
thiaⁿ-kìⁿ-kóng [聽見講] だそうだ	34
thiam [添] 書類に書き込む	13
thiàu-bú [跳舞] 踊る, 踊り	9
thng [湯] スープ	4
thńg-á [糖仔] キャンディー, 飴	43
thoah-á [□仔] 引き出し	16
thong [通] 旨い, ものごとが巧妙適切である	7
tī [□] 〜に, 〜で	14, 24
tī [□] 〜にある, いる	16
ti [箸] 箸	41
ti-bah [猪肉] 豚肉	36
tī--leh [□□] 在宅している, おる	16
tī-sî [底時] いつ	27
tiāⁿ-tiāⁿ [定定] いつも, しょっちゅう	23
tiám [點] 時	13
tiám [點] 料理を注文する	4
tiám [點] 点検する	12
tiàm [站] 〜において	36
tiàm [店] お店	19
tiám-cheng [點鐘] 時間	20
tiám-sim [點心] お菓子	10
tiān-iáⁿ [電影] 映画	17
tiān-iáⁿ-kài [電影界] 映画界	14
tiān-ōe [電話] 電話	6
tiān-ōe hō-bé [電話號碼] 電話番号	10
tiān-ōe-chîⁿ [電話錢] 電話代	6
tiān-sī [電視] テレビ	17
tian-tò [顛倒] 却って, 逆に	2
tiâu [條] 細長いものに添える量詞	17
tiâu [條] 道の量詞	36
-tiâu [□] 付着して離れない感じを表す動詞語尾	8
tiâu-kiāⁿ [條件] 条件	6
tiò [釣] 釣る	34
tio̍h [著] 正しい	23
tio̍h [著] かかる	23
tio̍h [著] 〜せねばならない	32
tio̍h [著] 〜すると	2
tio̍h [著] 正しい, そのとおりだ	14
tio̍h-ài [著愛] かかる	23
tio̍h-ài [著愛] 〜せねばならない	32
tio̍h-sī [著是] 〜するだけのことだ, するまでだ	45
tio̍h-sī [著是] つまり〜だ, ほかでもない〜だ	38
tio̍h-sī [著是] ただ〜だけだ	7
tio̍h-siong [著傷] 怪我をする	20
Tiong-bûn [中文] 中国語	21
tiōng-iàu [重要] 重要だ	19
tiong-kan [中間] 間	38
tiong-tàu [中罩] 正午, 昼御飯	27
tiuⁿ [張] 紙などの量詞	7
tiuⁿ [張] 通, 手紙に用いる量詞	11
tńg [轉] 帰る	27
tńg [長] 長い	30
tǹg [頓] 食事の回数を数える量詞	3
tǹg [□] 捺印する	12
tńg--lâi [轉來] 帰って来る	27
to [都] 少しも, さっぱり	15
to [都] 〜でさえも	29
tó [何] どれ	11
tó [何] どこ	13
tó-chi̍t-ūi [何一位] どちらさま	37
tó-chi̍t-ê [何一個] どの	11
tó-chi̍t-kok [何一國] どの国	19
tó-ūi [何位] どこ	11
tò-chhiú-pêng [倒手旁] 左側	4
tō-ián [導演] 映画監督	14
to-siā [多謝] ありがとう	10
to-to [多多] たくさん, おおいに	19
tô· [圖] 絵	35
tō· [度] 〜度	16
to·-chhī [都市] 都市	19

tô·-su-koán [圖書館] 図書館	13
tōa [大] 大きい	9
tòa [□] 〜で，〜において	1
tòa [□] 泊まる，住む	21, 18
tōa-bōe-tiâu [□□□] じっとしていられない	8
tōa-chhiò-khí-lâi [大笑起來] 大笑いし始めた	45
tōa-hàn [大漢] 体つきが大きい	37
tōa-hiaⁿ [大兄] 長兄	34
tōa-lâng [大人] おとな	39
tōa-miâ [大名] お名前	18
tōa-pō·-hūn [大部份] 大部分，ほとんど	19
tôaⁿ [彈] 弾く，演奏する	22
toh-á [卓仔] 机，テーブル	1
tông-ha̍k [同學] クラスメート，同級生	11
tong-jiân [當然] 当然，もちろん	30
tú-á-hó [抵仔好] ちょうど，今し方	4
tú-chiah [抵□] ちょうど，ちょうど今	20
tú--tio̍h [抵著] 出会う	44
tú-tú [抵抵] ちょうど	28
tùi [對] 〜に対して	32
tùi [對] 〜から	36

U

ū [有] 確認の助動詞	10
ū [有] 持っている，有る	13
ū-chit-àm [有一暗] ある晩	45
ū-lō·-iōng [有路用] 役に立つ	19
ū-êng [有閑] 暇だ	10
ū-iáⁿ [有影] 本当に	12
ū-iáⁿ [有影] ほんとう？	5
ù-jiám [汚染] 汚染する，汚染	19
ū-sî [有時] 時には，たまに	24
ū-tang-á [有當仔] たまに，時に	5
ūi [位] 人間に用いる量詞	8
ūi [位] 席，座席	4
ûi-chí [為止] 〜まで	11
ūn-tōng [運動] スポーツ	22

固有名詞

Chhòa [蔡] 姓	18
Gô· [吳] 姓	19
Iûⁿ [楊] 姓	34
Keh [郭] 姓	33
Khó· [許] 姓	19
Lí [李] 姓	8
Lîm [林] 姓	8
N̂g [黃] 姓	10
Tân [陳] 姓	8
Tiuⁿ [張] 姓	8
A-Eng [阿英] 人名	9
A-Hàu [阿孝] 人名	39
A-Hiông [阿雄] 人名	38
A-Kiok [阿菊] 人名	37
A-Lân [阿蘭] 人名	37
A-Soat [阿雪] 人名	33
A-Tiat [阿哲] 人名	38
A-Tiong [阿忠] 人名	39
Bí-hūi [美惠] 人名	36
Bûn-hiông [文雄] 人名	19
Bûn-lông [文郎] 人名	34
Iú-si̍t· [有實] 人名	19
Lē-hôa [麗華] 人名	19
Bí-kok [美國] アメリカ	19
Hân-kok [韓國] 韓国	21
Ji̍t-pún [日本] 日本	11
Tâi-oân [臺灣] 台湾	10
Ko-hiông [高雄] 高雄	17
Tâi-lâm [臺南] 台南	17
Tâi-pak [臺北] 台北	10
Tâi-tiong [臺中] 台中	18
Tang-kiaⁿ [東京] 東京	10
Báng-kah [萬華] 万華，台北の地名	35
Thian-bú [天母] 天母，台北の地名	25
Tiong-san-pak-lō· [中山北路] 中山北路，台北の地名	24
Lô·-su-hok-lō· [羅新福路] ルーズベルト通り，台北の地名	24

語句のまとめ

Se-mñg-teng［西門町］西門町, 台北の地名　23
Ài-hô［愛河］川名　*19*
Gio̍k-san［玉山］山名　36
Hù-sū-san［富士山］山名　36
Iông-bêng-san［陽明山］山名　32
Khún-teng kong-hn̂g［墾丁公園］墾丁公園, 公園名　*18*

Chū-kiông-hō［自強號］自強号, 列車名　38
Kú-kong-hō［莒光號］莒光号, 列車名　*17*
Kok-kong-hō［國光號］国光号, バス名　38
Tiong-heng-hō［中興號］中興号, バス名　*1*

練習解答例

基礎篇

第1課

(1) Che sī pit.
　 Che m̄-sī pit.
　 He sī pit.
　 He m̄-sī pit.
(2) Che sī chu.
　 Che m̄-sī chu.
　 He sī chu.
　 He m̄-sī chu.
(3) Che sī bō-á.
　 Che m̄-sī bō-á.
　 He sī bō-á.
　 He m̄-sī bō-á.
(4) Che sī f-á.
　 Che m̄-sī f-á.
　 He sī f-á.
　 He m̄-sī f-á.
(5) Che sī kiû.
　 Che m̄-sī kiû.
　 He sī kiû.
　 He m̄-sī kiû.

第2課

1

(1) Che sī o·-pang ah m̄-sī?
　 Sī, che sī o·-pang.
　 M̄-sī, che m̄-sī o·-pang.
(2) Che sī kiû ah m̄-sī?
　 Sī, che sī kiû.
　 M̄-sī, che m̄-sī kiû.
(3) Che sī bō-á ah m̄-sī?
　 Sī, che sī bō-á.
　 M̄-sī, che m̄-sī bō-á.
(4) Che sī goân-chú-pit ah m̄-sī?
　 Sī, che sī goân-chú-pit.
　 M̄-sī, che m̄-sī goân-chú-pit.
(5) Che sī f-á ah m̄-sī?
　 Sī, che sī f-á.
　 M̄-sī, che m̄-sī f-á.

2

(1) He sī phō·-á sī--bô?
　 Sī, he sī phō·-á.
　 M̄-sī, he m̄-sī phō·-á.
(2) He sī bîn-chhn̂g sī--bô?
　 Sī, he sī bîn-chhn̂g.
　 M̄-sī, he m̄-sī bîn-chhn̂g.
(3) He sī chóa sī--bô?
　 Sī, he sī chóa.
　 M̄-sī, he m̄-sī chóa.
(4) He sī cha̍p-chì sī--bô?
　 Sī, he sī cha̍p-chì.
　 M̄-sī, he m̄-sī cha̍p-chì.
(5) He sī toh-á sī--bô?
　 Sī, he sī toh-á.
　 M̄-sī, he m̄-sī toh-á.

3

(1) He sī chu ah m̄-sī?
　 Sī, he sī chu.
　 Che iā sī chu sī--bô?
　 M̄-sī, che m̄-sī chu, sī phō·-á.
(2) He sī iân-pit ah m̄-sī?
　 Sī, he sī iân-pit.
　 Che iā sī iân-pit sī--bô?
　 M̄-sī, che m̄-sī iân-pit, sī goân-chú-pit.
(3) He sī bîn-chhn̂g ah m̄-sī?
　 Sī, he sī bîn-chhn̂g.
　 Che iā sī bîn-chhn̂g sī--bô?

M̄-sī, che m̄-sī bîn-chhn̂g, sī o͘-pang.
(4) He sī cha̍p-chì ah m̄-sī?
Sī, hē sī cha̍p-chì.
Che iā sī cha̍p-chì sī--bô?
M̄-sī, che m̄-sī cha̍p-chì, sī chu.
(5) He sī chóa ah m̄-sī?
Sī, he sī chóa.
Che iā sī chóa sī--bô?
M̄-sī, che m̄-sī chóa, sī pit.

4
(1) He sī chu ah m̄-sī?
Sī, he sī chu.
Che mā sī chu sī--bô?
M̄-sī, che m̄-sī chu, sī phō͘-á.
(2) He sī iân-pit ah m̄-sī?
Sī, he sī iân-pit.
Che mā sī iân-pit sī--bô?
M̄-sī, che m̄-sī iân-pit, sī goân-chú-pit.
(3) He sī bîn-chhn̂g ah m̄-sī?
Sī, he sī bîn-chhn̂g.
Che mā sī bîn-chhn̂g sī--bô?
M̄-sī, che m̄-sī bîn-chhn̂g, sī o͘-pang.
(4) He sī cha̍p-chì ah m̄-sī?
Sī, he sī cha̍p-chì.
Che mā sī cha̍p-chì sī--bô?
M̄-sī, che m̄-sī cha̍p-chì, sī chu.
(5) He sī chóa ah m̄-sī?
Sī, he sī chóa.
Che mā sī chóa sī--bô?
M̄-sī, che m̄-sī chóa, sī pit.

第 3 課
(1) Che sī sím-mi̍h?
Che sī nāi-chi.
Che sī gêng-géng.
Che sī pa̍t-á.
Che sī kam-á.
Che sī keng-chio.
(2) He sī sím-mi̍h?
He sī nāi-chi.

He sī gêng-géng.
He sī poa̍t-á.
He sī kam-á.
He sī keng-chio.

第 4 課
(1) Che sī lí ê bān-liân-pit sī--bô?
Sī, sī góa ê.
M̄-sī, m̄-sī góa ê, sī i ê.
(2) Che sī lí ê siáu-soat sī--bô?.
Sī, sī goá ê.
M̄-sī, m̄-sī góa ê, sī i ê.
(3) Che sī lí ê siu-im-ki sī--bô?
Sī, sī góa ê.
M̄-sī, m̄-sī góa ê, sī i ê.
(4) Che sī lí ê lo̍k-im-ki sī--bô?
Sī, sī góa ê.
M̄-sī, m̄-sī góa ê, sī i ê.
(5) Che sī lí ê phō͘-á sī--bô?.
Sī, sī góa ê.
M̄-sī, m̄-sī góa ê, sī i ê.

第 5 課
1
(1) Che sī cha̍p-chì ah sī pò-chóa?
Che sī cha̍p-chì.
Che sī pò-chóa.
(3) Che sī pió-á ah sī si̍-cheng?
Che sī pió-á.
Che sī si̍-cheng.
(3) Che sī gêng-géng ah sī nāi-chi?
Che sī gêng-géng.
Che sī nāi-chi.

2
He sī lí ê mi̍h-kiāⁿ ah sī i ê mi̍h-kiāⁿ?
He sī góa ê.

第 8 課
省略

第 9 課
(1) Chit tâi hip-siòng-ki sī kū ê.
Hit tâi kha-ta̍h-chhia sī sin ê.
(2) Chit chiah káu chin tōa.
Hit chiah niau chin sòe.

(3) Chit ê ha̍k-seng iáu siàu-liân.
　　Hit ê lâng khah lāu.
(4) 省略

第10課

1 Tâi-oân ê chhun-thi^n ē joa̍h bōe?
　　Tâi-oân ê chhun-thi^n bōe joa̍h.
　　Tâi-oân ê chhun-thi^n bô siá^n joa̍h.
　　Tâi-oân ê joa̍h-thi^n kôa^n bōe?
　　Tâi-oân ê joa̍h-thi^n bōe kôa^n.
　　Tâi-oân ê chhiu-thi^n ē sio-joa̍h bōe?
　　Tâi-oân ê chhiu-thi^n bōe sio-joa̍h.
　　Tâi-oân ê chhiu-thi^n bô siá^n sio-joa̍h.
　　Tâi-oân ê kôa^n-thi^n ē liâng bōe?
　　Tâi-oân ê kôa^n-thi^n bōe liâng.

2
(1) Lí ká^n chin bô-êng hō͘^{n}?
　　Lí ká^n chin êng hō͘^{n}?
(2) Chit pún siáu-soat ká^n chin hó-khòa^n hō͘^{n}?
　　Chit pún siáu-soat ká^n chin phái^n-khòa^n hō͘^{n}?
(3) Chit tè tiám-sim ká^n chin hó-chia̍h hō͘^{n}?
　　Chit tè tiám-sim ká^n chin phái^n-chia̍h hō͘^{n}?
　　Chit tè tiám-sim ká^n bōe phái^n-chia̍h hō͘^{n}?
(4) Hit ki iân-pit ká^n chin kùi hō͘^{n}?
　　Hit ki iân-pit ká^n bô kùi hō͘^{n}?
　　Hit ki iân-pit ká^n chin sio̍k hō͘^{n}?

3
(1) Chit pún leh?
(2) Hit ê leh?
(3) Tang-kia^n leh?
(4) Lí leh?
(5) N̂g sió-chiá leh?

第11課

1
(1) Chiah--ê lóng sī gún-ê.
　　Chiah--ê lóng m̄-sī gún-ê.
　　Hiah--ê lóng sī gún-ê.
　　Hiah--ê lóng m̄-sī gún-ê.
(2) Chiah--ê lóng sī lín-ê.
　　Chiah--ê lóng m̄-sī lín-ê.
　　Hiah--ê lóng sī lín-ê.
　　Hiah--ê lóng m̄-sī lín-ê.
(3) Chiah--ê lóng sī in-ê.
　　Chiah--ê lóng m̄-sī in-ê.
　　Hiah--ê lóng sī in-ê.
　　Hiah--ê lóng m̄-sī in-ê.

2
(1) Lín sī Ji̍t-pún cha-po͘, gún sī Ji̍t-pún cha-bó͘, lán lóng sī Ji̍t-pún-lâng.
(2) Lín sī Tâi-oân-lâng, gún sī Ji̍t-pún lâng, lán lóng sī pêng-iú.

第12課

1
(1) Kin-á-ji̍t sī lé-pài-ji̍t sī--m̄?
　　Sī, kin-á-ji̍t sī lé-pài-ji̍t.
(2) Kin-á-ji̍t sī pài-la̍k sī--m̄?
　　M̄-sī, kin-á-ji̍t m̄-sī pài-la̍k, sī lé-pài-ji̍t.
(3) Kin-á-ji̍t kám m̄-sī pài-gō͘?
　　M̄-sī, kin-á-ji̍t m̄-sī pài-gō͘, sī lé-pài-ji̍t.
(4) Bîn-á-chài pài-kúi?
　　Bîn-á-chài sī pài-it.
(5) Cha-hng sī pài-kúi?
　　Cha-hng sī pài-la̍k.

2
(1) Kin-á-ji̍t tang-sî?
　　Kin-á-ji̍t cha̍p-jī-ge̍h sa^n-cha̍p-it.
(2) Kin-á-ji̍t cha̍p-jī-ge̍h chhoe-kúi?
　　Kin-á-ji̍t cha̍p-jī-ge̍h sa^n-cha̍p-it.
(3) Kin-á-ji̍t kám m̄-sī cha̍p-jī-ge̍h sa^n-cha̍p?
　　M̄-sī, kin-á-ji̍t m̄-sī sa^n-cha̍p, sī sa^n-cha̍p-it.
(4) Bîn-á-chài tang-sî?

Bîn-á-chài sī it-ge̍h chhoe-it.
(5) Cha-hng tang-sî?
Cha-hng sī cha̍p-jī-ge̍h saⁿ-cha̍p.

第13課
1
問
Lí	pió-á
I	nāu-cheng
Lāu-pē ū	khì-chhia bô?
Lāu-bú	kha-ta̍h-chhia
A-hiaⁿ	hip-siòng-ki
A-chí	lo̍k-im-ki

肯定
Góa	pió-á
I	nāu-cheng.
Lāu-pē ū	khì-chhia.
Lāu-bú	kha-ta̍h-chhia.
A-hiaⁿ	hip-siòng-ki.
A-chí	lo̍k-im-ki.

否定
Góa	pió-á
I	nāu-cheng.
Lāu-pē bô	khì-chhia.
Lāu-bú	kha-ta̍h-chhia.
A-hiaⁿ	hip-siòng-ki.
A-chí	lo̍k-im-ki.

2 Chit-má kúi-tiám?
(1) Chit-má cha̍p-tiám-pòaⁿ.
(2) Chit-má cha̍p-jī-tiám jī-cha̍p-hun.
(3) Chit-má chi̍t-tiám gō·-cha̍p-hun.
(4) Chit-má gō·-tiám saⁿ-cha̍p-hun.
(5) Chit-má káu-tiám cha̍p-gō·-hun.

第14課
1 次頁参照
2
A: Lí ū siáⁿ khoán chhia?
B: Góa ū chit khoán chhia.
A: Lí ū hit khoán chhia bô?
B: Bô, góa bô hit khoán chhia.
3
(1) Chia ū sím-mi̍h?
Hia ū siáⁿ hè?
(2) Chia ū kúi liap koa-kó?
Hia ū kúi liap koa-kó?
(3) Chia ū nn̄g liap koa-kó.
Hia ū nn̄g liap koa-kó.
(4) Chia bô koa-kó.
Hia bô koa-kó.

第15課
1
(1) Ū chin chōe.
Ū sió-khóa.
(2) Ū chi̍t-chheng kho·.
Chi̍t kho· to bô.
2
(1) i (2) bîn-á-chài (3) ē-po·
(4) In tau (5) gōa-bīn (6) hia
3 省略

第16課
(1) I ū tī-leh.
I bô tī-leh.
(2) I tī chhù-lāi.
I tī kong-si.
I tī ha̍k-hāu.
(3) Góa ê kiû tī toh-á ê téng-koân.
Góa ê kiû tī í-á ê ē-kha.
Góa ê kiû tī thoah-á ê lāi-té.

第17課
1
(1) Lí ài loa̍h-á ah bô ài?
Góa ài loa̍h-á.
Góa bô ài loa̍h-á.
(2) Lí ái thiaⁿ im-ga̍k ah bô ài?
Góa ái thiaⁿ im-ga̍k.
Góa bô ái thiaⁿ im-ga̍k.
2
(1) Góa ài chi̍t-ban kho·.
(2) Góa ài chíⁿ.
(3) Góa ài khòaⁿ tiān-sī.
(4) Góa ài thiaⁿ im-ga̍k.
(5) Góa bô ài khòaⁿ tiān-iáⁿ.
(6) Góa bô ài thiaⁿ siu-im-ki.

第14課

1

問

| Tī | í-á
bîn-chhn̂g
kiàn-tâi
chhù
nâ-á | ê | téng-koân
ē-kha
lāi-té | ū | siàn-mih? |

答

| Tī | í-á
bîn-chhn̂g
kiàn-tâi
chhù
nâ-á | ê | téng-koân
ē-kha
lāi-té | ū | chi̍t lia̍p kiû.
nn̄g ki iân-pit.
san keng pêng-keng.
sī pún phō·-á.
gō· lia̍p koa-kó. |

第18課

1

(1) Lí bat hit ūi sió-chiá bô?
　　Góa m̄ bat hit ūi sió-chiá.
(2) Lí chai-iáⁿ hit ūi sió-chiá sī sím-mi̍h lâng?
　　Góa m̄ chai-iáⁿ hit ūi sió-chiá sī sím-mi̍h lâng?
(3) Lí chai-iáⁿ chit hāng tāi-chì bô?
　　Góa m chai-iáⁿ chit hāng tāi-chì.
(4) Lí chai-iáⁿ in chhù tī tó-ūi bô?
　　Góa m̄ chai-iáⁿ in chhù tī tó-ūi?

2

(1) Lí bat jōa-chōe jī?
　　Góa bat saⁿ-chheng jī.
(2) Lí chai-iáⁿ che sī sím-mi̍h?
　　Góa chai-iáⁿ che sī sím-mi̍h.
(3) Lí chai-iáⁿ i ài chia̍h siáⁿ-hè?
　　Góa m̄ chai-iáⁿ i ài chia̍h siáⁿ-hè.
(4) Lí chai-iáⁿ in sī tó-ūi ê lâng?
　　Góa m̄ chai-iáⁿ in sī tó-ūi ê lâng.
(5) Lí bat Ji̍t-pún-oē bô?
　　Góa m̄ bat Ji̍t-pún-oē.

3 省略

第19課

1

(1) Lí sī tó-ūi lâng?
(2) Góa sī Ji̍t-pún-lâng.
(3) Ji̍t-pún tó-ūi?
(4) Tang-kiaⁿ.

2

(1) Chhiáⁿ-mn̄g lí kùi-sìⁿ?
(2) Chhiáⁿ-mn̄g lí sī tó-chi̍t-kok ê lâng?
(3) Chhiáⁿ-mn̄g piān-só· tī tó-ūi?

第20課

1

(1) Lí ài o̍h Tâi-oân-oē bô?
(2) O̍h Tâi-oân-oē ū chhù-bī bô?
(3) Siáng kā lí kà Tâi-oân-oē?
(4) Lí ta̍k-kang lóng o̍h jōa-kú Tâi-oân-oē?

2

(1) Góa beh/ài o̍h Tâi-oân-oē.
(2) Góa beh/ài lim sio-chiú.
(3) Lí beh/ài khoàn jōa-kú tiān-sī?
(4) Góa beh/ài bóe mi̍h-kiāⁿ.

第21課

1

問: Lí/lín/i/in lóng kóng siáⁿ-khoán ê oē?

答: Góa/goán/i/in (lóng) kóng

練習解答例

Tâi-oân-ōe/Ji̍t-pún-ōe/Hân-kok-ōe/Eng-gú/Tiong-kok-ōe.

2

Góa/goán/i/in (lóng) chin gâu kóng Tâi-oân-ōe/Ji̍t-pún-ōe/Hân-kok-ōe/Eng-gú/Tiong-kok-ōe.

3

(1) Chit-má chin joa̍h, in-ūi chit-má sī joa̍h-thiⁿ.
(2) Chit-má chin kôaⁿ, in-ūi chit-má sī kôaⁿ-thiⁿ.

4

(1) Góa tòa-tī Tâi-oân ū saⁿ-kang.
(2) Góa tòa-tī Tâi-oân ū nn̄g-ge̍h-ji̍t.
(3) Góa tòa-tī Tâi-oân ū pòaⁿ-nî.
(4) Góa tòa-tī Tâi-oân ū chi̍t-nî.
(5) Góa tòa-tī Tâi-oân ū chin kú.

第22課

1 Lí ài sím-mi̍h ūn-tōng?
(1) Góa ài phah iá-kiû.
(2) Góa ài phah the-nih-suh.
(3) Góa ài phah pâi-kiû.
(4) Góa ài that kha-kiû.

2 Lí kn̂g-khîm tôaⁿ-liáu chin hó sī--m̄?
Lí sió-thê-khîm oe-liáu chin hó sī--m̄?

(1) Góa kn̂g-khîm tôaⁿ-liáu chin hó.
   Góa sió-thê-khîm oe-liáu chin hó.
(2) Góa kn̂g-khîm tôaⁿ-liáu bô siáⁿ hó.
   Góa sió-thê-khîm oe-liáu bô siáⁿ hó.
(3) Góa kn̂g-khîm tôaⁿ-liáu chin hâm-bān.
   Góa sió-thê-khîm oe-liáu chin hâm-bān.
(4) Góa kn̂g-khîm ē-hiáu tôaⁿ chit-sut-á niā-niā.
   Góa sió-thê-khîm ē-hiáu oe chit-sut-á niā-niā.

3

(1) Chia̍h chit-sut-á niā-niā.
(2) Khòaⁿ chit-sut-á niā-niā.
(3) Tha̍k chit-sut-á niā-niā.
(4) Kóng chit-sut-á niā-niā.
(5) Lim chit-sut-á niā-niā.

第23課

1

(1)
① Góa chē bá-suh lâi chia.
② Góa chē kè-thêng-chhia lâi chia.
③ Góa kiâⁿ lō͘ lâi chia.
④ Góa sái chhia lâi chia.

(2)
① Góa chē bá-suh khì hia.
② Góa chē kè-thêng-chhia khì hia.
③ Góa kiâⁿ lō͘ khì hia.
④ Góa sái chhia khì hia.

(3)
① Góa chē bá-suh khì chhia-thâu.
② Góa chē kè-thêng-chhia khì chhia-thâu.
③ Góa kiâⁿ lō͘ khì chhia-thâu.
④ Góa sái chhia khì chhia-thâu.

(4)
① Khì chhia-thâu tio̍h jī-cha̍p hun.
② Khì chhia-thâu tio̍h pòaⁿ sió-sî.
③ Khì chhia-thâu tio̍h chi̍t tiám-cheng.

(5)
① Bóe chit tâi chhia tio̍h saⁿ-cha̍p bān kho͘.
② Bóe chit tâi chhia tio̍h sì-cha̍p-gō͘ bān kho͘.
③ Bóe chit tâi chhia tio̍h gō͘-cha̍p bān kho͘.

(6)
① Chit-má góa beh khì chhia-thâu.
② Chit-má góa beh khì hōe-siā.
③ Chit-má góa beh khì ha̍k-hāu.

2

(1) Chit ê mi̍h-kiāⁿ bô siáⁿ kùi.
(2) Lán beh án-chóaⁿ?
(3) Góa beh lâi-khì.
(4) Koh lâi chi̍t-pái.
(5) Lí thiaⁿ ū bô? Góa thiaⁿ bô.

第24課

1 Lí tòa-tī tó-ūi?

(1) Góa tòa-tī Tang-kiaⁿ.
(2) Góa tòa-tī Tâi-pak.
(3) Góa tòa-tī pn̄g-tiàm.
(4) Góa tòa-tī Tiong-san-pak-lō·.
(5) Góa tòa-tī Se-mn̂g-teng.

2 Lí teh chia̍h sím-mi̍h thâu-lō·?

(1) Góa tī chi̍t keng kong-si siōng-pan.
(2) Góa teh chò seng-lí.
(3) Góa sī lāu-su.
(4) Góa sī ha̍k-seng.
(5) Góa sī i-seng.

3 Lí chit-má teh chhòng sím-mi̍h?

(1) Góa chit-má teh chò tāi-chì.
(2) Góa chit-má teh chhit-thô.
(3) Góa chit-má teh tha̍k-chu.
(4) Góa chit-má teh tha̍k-chu.
(5) Góa chit-má teh thiaⁿ im-ga̍k.
(6) Góa chit-má teh khòaⁿ tiān-sī.
(7) Góa chit-má teh chò chhài.
(8) Góa chit-má teh phah iá-kiû.
(9) Góa chit-má teh sái chhia.
(10) Góa chit-má teh tôaⁿ kn̂g-khîm.

第25課

1

(1) Chhiáⁿ koh kóng chi̍t-pái.
(2) Chhiáⁿ kóng khah bān chi̍t-ē.
(3) Chhiáⁿ koh chia̍h khah chōe chi̍t-ē.
(4) Chhiáⁿ chē bá-suh lâi.
(5) Chhiáⁿ chhōa góa khì chhit-thô.

2

(1) Tán chi̍t-ē.
(2) Kiâⁿ chi̍t-ē.
(3) Chē chi̍t-ē.
(4) Khòaⁿ chi̍t-ē.
(5) Thiaⁿ chi̍t-ē.

3

(1) Góa bîn-á-chài it-tēng beh tha̍k-chu.
(2) Góa bîn-á-chài it-tēng beh bóe mi̍h-kiāⁿ.
(3) Góa bîn-á-chài it-tēng beh khì ha̍k-hāu.
(4) Góa bîn-á-chài it-tēng beh siōng-pan.
(5) Góa bîn-á-chài it-tēng beh piàⁿ pâng-keng.

4

Chit-má lí chai-iáⁿ bô? Nā chai-iáⁿ, lí seng tha̍k chi̍t-pái. Jiân-āu, koh tè góa tha̍k chi̍t-ē.

第26課

1

(1) Lí mài oàⁿ lâi.
(2) Lí mài sái siuⁿ kín.
(3) Lí mài chhiò.
(4) Lí mài khàu.
(5) Lí mài chia̍h chōe.

2

(1) chin chōe
chiok chōe
khah chōe
siuⁿ chōe
(2) chin chió
chiok chió
khah chió
siuⁿ chió
(3) chin kùi
chiok kùi
khah kùi
siuⁿ kùi
(4) chin sio̍k
chiok sio̍k

khah siok
siuⁿ siok
(5) chin hn̄g
chiok hn̄g
khah hn̄g
siuⁿ hn̄g
(6) chin kūn
chiok kūn
khah kūn
siuⁿ kūn
(7) chin tōa
chiok tōa
khah tōa
siuⁿ tōa
(8) chin sòe
chiok sòe
khah sòe
siuⁿ sòe
(9) chin kín/chá
chiok kín/chá
khah kín/chá
siuⁿ kín/chá
(10) chin bān/oāⁿ
chiok bān/oāⁿ
khah bān/oāⁿ
siuⁿ bān/oāⁿ

3

(1) Ná chiah/hiah chōe?
(2) Ná chiah/hiah chió?
(3) Ná chiah/hiah kùi?
(4) Ná chiah/hiah siok?
(5) Ná chiah/hiah hn̄g?
(6) Ná chiah/hiah kūn?
(7) Ná chiah/hiah tōa?
(8) Ná chiah/hiah sòe?
(9) Ná chiah/hiah kín/chá?
(10) Ná chiah/hiah bān/oāⁿ?

第27課

Lí kúi-tiám khí-chhn̂g?
　Góa_____khí-chhn̂g.
Lí kúi-tiám khùn?
　Góa_____khùn.
Lí kúi-tiám siōng-pan/siōng-khò?
　Góa_____hā-pan/hā-khò.
Lí kúi-tiám chiah chá-khí?
　Góa_____chiah chá-khí.
Lí kúi-tiám chiah tàu?
　Góa_____chiah tàu.
Lí kúi-tiám chiah àm?
　Góa_____chiah àm.

第28課

1

(1) Lí sím-mih sî-chūn khòaⁿ tiān-sī?
　Góa chiah àm-sî liáu-āu khòaⁿ tiān-sī.
(2) Lí sím-mih sî-chūn tha̍k-chu?
　Góa beh khùn í-chêng tha̍k-chu.
(3) Sím-mih sî-chūn ē lo̍h hō·?
　Ē-po· ē lo̍h hō·.
(4) Lí ê seng-ji̍t sī sím-mih sî-chūn?
　Góa ê seng-ji̍t sī _____.
(5) Chit pún siáu-soat sím-mih sî-chūn ē khòaⁿ-liáu?
　Bîn-á-chài it-tēng ē khòaⁿ-liáu.

2

(1) Góa kin-á-ji̍t àm-sî it-tēng beh khì khòaⁿ tiān-iáⁿ.
(2) Lí nā ū lâi, i tio̍h it-tēng ē lâi.
(3) Lí chit ê lé-pài it-tēng beh khì Tâi-pak sī--bô?
　Bô it-tēng.
(4) Chit pún chu bîn-á-chài it-tēng ē khòaⁿ-liáu.
(5) M̄ chai bîn-á-chài ē lo̍h hō· bōe?
　It-tēng ē lo̍h hō·.
　Bô it-tēng.

第29課

1

(1) Góa ē-hiáu--tit sái chhia.
　Góa bōe-hiáu--tit sái chhia.
(2) Góa ē-hiáu--tit siá jī.
　Góa bōe-hiáu--tit siá jī.

(3) Góa ē-hiáu--tit khiâ kha-ta̍h-chhia.
Góa bōe-hiáu--tit khiâ kha-ta̍h-chhia.
(4) Góa ē-hiáu--tit tha̍k chu.
Góa bōe-hiáu--tit tha̍k chu.
(5) Góa ē-hiáu--tit siû-chúi.
Góa bōe-hiáu--tit siû-chúi.

2

(1) Góa ē-hiáu--tit sái tām-po̍h-á chhia.
(2) Góa ē-hiáu--tit siá tām-po̍h-á jī.
(3) Góa ē-hiáu--tit khiâ tām-po̍h-á kha-ta̍h-chhia.
(4) Góa ē-hiáu--tit tha̍k tām-po̍h-á chu.
(5) Góa ē-hiáu--tit siû tām-po̍h-á chúi.

3

(1) Góa liân chhia to bōe-hiáu--tit sái.
(2) Góa liân jī to bōe-hiáu--tit siá.
(3) Góa liân kha-ta̍h-chhia to bōe-hiáu--tit khiâ.
(4) Góa liân chu to bōe-hiáu--tit tha̍k.
(5) Góa liân siû to bōe-hiáu--tit.

第30課

(1) Lí ē-tàng khì bōe?
Góa ē-tàng khì.
Góa bōe-tàng khì.
Lí án-chóa^n bōe-tàng khì?
In-ūi góa ū tāi-chì.
(2) Lí ē-tàng lâi bōe?
Góa ē-tàng lâi.
Lí bōe-tàng lâi.
Lí án-chóa^n bōe-tàng lâi?
In-ūi góa ū tāi-chì.
(3) Lí ē-tàng kiâ^n bōe?
Góa ē-tàng kiâ^n.
Góa bōe-tàng kiâ^n.
Lí án-chóa^n bōe-tàng kiâ^n?
In-ūi góa ê kha ū teh thià^n.
(4) Lí ē-tàng cháu bōe?
Góa ē-tàng cháu.
Góa bōe-tàng cháu.
Lí án-chóa^n bōe-tàng cháu?
In-ūi góa ê kha ū tām-po̍h-á thià^n.
(5) Lí ē-tàng chò-liáu bōe?
Góa ē-tàng chò-liáu.
Góa bōe-tàng chò-liáu.
Lí án-chóa^n bōe-tàng chò-liáu?
In-ūi góa chit-má chin bô-êng.

第31課

(1) Góa ē-sái/ē-ēng--tit khòa^n tiān-sī bōe?
Ē-sái/ē-ēng--tit.
Bōe-sái/bōe-ēng--tit.
(2) Góa ē-sái/ē-ēng--tit tiā^n im-ga̍k bōe?
Ē-sái/ē-ēng--tit.
Bōe-sái/bōe-ēng--tit.
(3) Góa ē-sái/ē-ēng--tit chhiu^n koa bōe?
Ē-sái/ē-ēng--tit.
Bōe-sái/bōe-ēng--tit.
(4) Góa ē-sái/ē-ēng--tit chia̍h chiú bōe?
Ē-sái/ē-ēng--tit.
Bōe-sái/bōe-ēng--tit.
(5) Góa ē-sái/ē-ēng--tit kā i kóng bōe?
Ē-sái/ē-ēng--tit.
Bōe-sái/bōe-ēng--tit.
(6) Góa ē-sái/ē-ēng--tit kap Tiu^n sian-si^n chham-siông bōe?
Ē-sái/ē-ēng--tit.
Bōe-sái/boe-ēng--tit.
(7) Góa ē-sái/ē-ēng--tit tī hia lim chúi bōe?
Ē-sái/ē-ēng--tit.

Bōe-sái/bōe-ēng--tit.
(8) Góa ē-sái/ē-ēng--tit hioh-khùn chit-ē bōe?
Ē-sái/ē-ēng--tit.
Bōe-sái/bōe-ēng--tit.
(9) Góa ē-sái/ē-ēng--tit ēng chit ê bōe?
Ē-sái/ē-ēng--tit.
Bōe-sái/bōe-ēng--tit.
(10) Góa ē-sái/ē-ēng--tit kap i chòe-tīn khì chhit-thô bōe?
Ē-sái/ē-ēng--tit.
Bōe-sái/bōe-ēng--tit.

第32課
1
(1) Lí tio̍h-ài tha̍k Tâi-oân-ōe bô?
Góa tio̍h-ài tha̍k Tâi-oân-ōe.
(2) Lí tio̍h-ài kin-á-ji̍t chòe-liáu bô?
Góa tio̍h-ài kin-á-ji̍t chòe-liáu.
(3) Lí tio̍h-ài kā a-bú tàu-kha-chhiú bô?
Góa tio̍h-ài kā a-bú tàu-kha-chhiú.
(4) Lí tio̍h-ài tī Tâi-pak chhiā-thâu lo̍h chhia bô?
Góa tio̍h-ài tī Tâi-pak chhiā-thâu lo̍h chhia.
(5) Lí tio̍h-ài khah phah-piàn bô?
Góa tio̍h-ài khah phah-piàn.

2
(1) Bô it-tēng tio̍h siōng-pan.
(2) Bô it-tēng tio̍h tha̍k-chu.
(3) Bô it-tēng tio̍h chò tāi-chì.
(4) Bô it-tēng tio̍h pôaⁿ chhia.
(1) Bô it-tēng tio̍h sé saⁿ.

3
(1) M̄-bián siōng-pan.
(2) M̄-bián tha̍k-chu.
(3) M̄-bián chò tāi-chì.
(4) M̄-bián pôaⁿ chhia.
(5) M̄-bián sé saⁿ.

第33課
A: A-Soat tī tó-ūi?
B: Tī chàu-kha.
A: I tī-leh chhòng sím-mi̍h?
B: I tī-leh kā a-bú tàu-kha-chhiú.
A: I tī-leh chú chhài sī-m̄?
B: Sī, i tī-leh chò àm-pn̄g.
A: I tī-leh chò sím-mi̍h chhài?
B: I tī leh chò bí-hún-chhá.

第34課
1 Bîn-á-chài lí phah-sǹg beh chhòng sím-mi̍h?
(1) Góa beh chhit ê lâng tī chhù tha̍k Tâi-oân-ōe.
(2) Góa beh kap gín-á khì khe tiò hî.
(3) Góa beh kap i tī kong-hn̂g io̍k-hōe.
(4) Góa beh kap thâu-ke phah go·-lú-huh.
(5) Góa beh kap bó· khì pah-hòe-kong-si bóe mi̍h-kiāⁿ.

2
(1) Thiaⁿ-kìⁿ-kóng i beh chhit ê lâng tī chhù tha̍k Tâi-oân-ōe.
(2) Thiaⁿ-kìⁿ-kóng i beh kap gín-á khì khe tiò hî.
(3) Thiaⁿ-kìⁿ-kóng i beh kap i tī kong-hn̂g io̍k-hōe.
(4) Thiaⁿ-kìⁿ-kóng i beh kap thâu-ke phah go·-lú-huh.
(5) Thiaⁿ-kìⁿ-kóng i beh kap bó· khì pah-hòe-kong-si bóe mi̍h-kiāⁿ.

第35課
1
(1) Lí chin súi, m̄-koh i koh-khah súi.
(2) Góa khí chin chá, m̄-koh i koh-khah chá.
(3) Chia bô siáⁿ lāu-jia̍t, Báng-kah chiah koh-khah lāu-jia̍t.

(4) Tâi-oân ê ông-lâi chin hó-chia̍h, m̄-koh keng-chio koh-khah hó-chia̍h.

(5) Lí kóng lí chin pháiⁿ-miā, m̄-koh góa chiah koh-khah pháiⁿ-miā.

2 省略

第36課

(1) Gio̍k-san khah koân Hù-sū-san.
Gio̍k-san pí Hù-sū-san khah koân.
Hù-sū-san bô Gio̍k-san hiah-nih koân.

(2) Tiuⁿ Bí-hūi khah súi Gô· Lē-hôa.
Tiuⁿ Bí-hūi pí Gô· Lē-hôa khah súi.
Gô· Lē-hôa bô Tiuⁿ Bí-hūi hiah-nih súi.

(3) Gô· Lē-hôa khah siàu-liân Tiuⁿ Bí-hūi.
Gô· Lē-hôa pí Tiuⁿ Bí-hūi khah siàu-liân.
Tiuⁿ Bí-hūi bô Gô· Lē-hôa hiah-nih siàu-liân.

(4) Ji̍t-pún khah tōa Tâi-oân.
Ji̍t-pún pí Tâi-oân khah tōa.
Tâi-oân bô Ji̍t-pún hiah-nih tōa.

(5) Tâi-oân liāu-lí khah hó-chia̍h Ji̍t-pún liāu-lí.
Tâi-oân liāu-lí pí Ji̍t-pún liāu-lí khah hó-chia̍h.
Ji̍t-pún liāu-lí bô Tâi-oân liāu-lí hiah-nih hó-chia̍h.

第37課

A : Lí kap A-Lân tó-chi̍t-ūi khah koân?
B : M̄ chai, i jōa koân?
A : Thiaⁿ-kìⁿ-kóng i chi̍t-pah la̍k-cha̍p kong-hun.
B : Góa chi̍t-pah gō·-cha̍p káu kong-hun.
A : Án-ne lí kap A-Lân chha-put-to pîⁿ koân.
B : Sī, góa pí i kiám chi̍t kong-hun hō·ⁿ.

第38課

1
A : Lán lāi-tóe siáⁿ-lâng chàu siōng kín?
B : Bô chheng-chhó, m̄-koh góa siūⁿ sī A-Hiông.
A : Ā-Tiat siáⁿ khoán?
B : Sī, A-Tiat mā chin kín. I kap A-Hiông pîⁿ kín.

2
A : Góa bîn-á-chài tio̍h-ài khì Ko-hiông. Tó chi̍t khoán hóe-chhia siōng hó?
B : Chū-kiông-hō siōng hó-sè, in-ūi siōng kín. M̄-koh siōng kùi.
A : Ū bá-suh bô?
B : Ū, ū kong-lō·-kio̍k ê bá-suh.
A : Tó chi̍t khoán siōng hó?
B : Lóng bōe-bái, m̄-koh Kok-kong-hō siōng sóng-khoài.

第39課

1
A : Lín gín-á sī cha-po·-kiáⁿ ah-sī cha-bó·-kiáⁿ?
B : Sī cha-po·-kiáⁿ.
A : I kó·-chui kah-chhin-chhiūⁿ sī cha-bó·-gín-á.
B : I sêng in ma-ma.

2
A : Kin-á-ji̍t chin sio-joa̍h.
B : Ū-iáⁿ, si̍t-chāi kah-ná sī chhun-thiⁿ.
A : Chhin-chhiūⁿ teh-beh lâi chhun-thiⁿ ê khóan.
B : Ē kín lâi tio̍h hó.

第40課

1
(1) Chú pn̄g bōe?
Í-keng chú pn̄g ah.

練習解答例

Iáu bōe chú pn̄g.
(2) Sé bīn bōe?
Í-keng sé bīn ah.
Iáu bōe sé bīn.
(3) Lù chhùi-khí bōe?
Í-keng lù chhùi-khí ah.
Iáu bōe lù chhùi-khí.
(4) Bóe mi̍h-kiāⁿ bōe?
Í-keng bóe mi̍h-kiāⁿ ah.
Iáu bōe bóe mi̍h-kiāⁿ.
(5) Siōng-pan bōe?
Í-keng siōng-pan ah.
Iáu bōe siōng-pan.

2
(1) Cha-hng ū lo̍h hō· bô?
Cha-hng ū lo̍h hō·.
Cha-hng bô lo̍h hō·.
(2) Cha-hng ū khòaⁿ pò-chóa bô?
Cha-hng ū khòaⁿ pò-chóa.
Cha-hng bô khòaⁿ pò-chóa.
(3) Cha-hng ū siōng-pan bô?
Cha-hng ū siōng-pan.
Cha-hng bô siōng-pan.
(4) Cha-hng ū bóe mi̍h-kiāⁿ bô?
Cha-hng ū bóe mi̍h-kiāⁿ.
Cha-hng bô bóe mi̍h-kiāⁿ.
(5) Cha-hng ū siû-chúi bô?
Cha-hng ū siû-chúi.
Cha-hng bô siû-chúi.

3
(1) Chia bô mi̍h-kiāⁿ thang chia̍h.
(2) Góa beh bóe, m̄-koh bô chîⁿ thang bóe.
(3) Chit-má bô tiān-iáⁿ thang khòaⁿ.
(4) Lí ū chîⁿ thang hêng.
(5) Góa ū chin chōe chu thang tha̍k.

第41課
(1) Lí bat khòaⁿ Tâi-oân tiān-iáⁿ m̄?
Lí ū khòaⁿ-kè Tâi-oân tiān-iáⁿ bô?
Góa bat khòaⁿ Tâi-oân tiān-iáⁿ.
Góa m̄ bat khòaⁿ Tâi-oân tiān-iáⁿ.
Góa ū khòaⁿ-kè Tâi-oân tiān-iáⁿ.
Góa bô khòaⁿ-kè Tâi-oân tiān-iáⁿ.
(2) Lí bat khè pin-nn̄g m̄?
Lí ū khè-kè pin-nn̄g bô?
Góa m̄ bat khè pin-nn̄g.
Góa ū khè-kè pin-nn̄g.
Góa bô khè-kè pin-nn̄g.
(3) Lí bat tha̍k Tâi-oân-oē m̄?
Lí ū tha̍k-kè Tâi-oân-oē bô?
Góa bat khè pin-nn̄g.
Góa bat tha̍k Tâi-oân-oē.
Góa m̄ tha̍k Tâi-oân-oē.
Góa ū tha̍k-kè Tâi-oân-oē.
Góa bô tha̍k-kè Tâi-oân-oē.
(4) Lí bat tī Tâi-oân chia̍h Tâi-oân liāu-lí m̄?
Lí ū tī Tâi-oân chia̍h-kè Tâi-oân liāu-lí bô?
Góa bat tī Tâi-oân chia̍h Tâi-oân liāu-lí.
Góa m̄ bat tī Tâi-oân chia̍h Tâi-oân liāu-lí.
Góa ū tī Tâi-oân chia̍h-kè Tâi-oân liāu-lí.
Góa tī Tâi-oân bô chia̍h-kè Tâi-oân- liāu-lí.
(5) Lí bat ēng tī chia̍h ka-lé-pn̄g.
Lí ū ēng tī chia̍h-kè ka-lé-pn̄g?
Góa bat ēng tī chia̍h ka-lé-pn̄g.
Góa m̄ bat ēng tī chia̍h ka-lé-pn̄g.
Góa ū ēng tī chia̍h-kè ka-lé-pn̄g.
Góa bô ēng tī chia̍h-kè ka-lé-pn̄g.

第42課
(1) Chhiá^n lī kā góa kái-soeh chit-ē.
(2) Lí nā ài, góa sím-mih to kā lí bóe.
(3) Kā lí kà chit-ē.
(4) Lí kā i chhòng.
(5) Chhiá^n kā góa koai^n mn̂g.
(6) Kā lín bóe chit kun bah.
(7) Kā góa theh chit-ē.
(8) Góa kā lí theh.
(9) Chit hāng tāi-chì kā sím-mih lâng thia^n ê.
(10) Góa kā i chioh chit-pah bān kho·.

第43課
(1) Lí án-chóa^n hō· i phah leh?
(2) Nā sī án-ne, lí ē hō· lâng chhiò.
(3) Góa ê pió-á hō· chhát-á thau-theh-khì ah.
(4) Lí ná chò hó-sū, it-tēng ē hō· lâng o-ló.
(5) Cha-hng hō· ma-ma mā bô?
(6) Góa m̄ bat hō· lâng kóng phái^n-ōe.
(7) Hit ê chhát-á hō· kéng-chhat liah-khì ah.
(8) Hit nn̄g ê hō· lâng khòa^n-tioh ah.
(9) Hit hāng tāi-chì í-keng hō· lâng chai ah.
(10) Chit bóe hî hō· niau kā-khì ah.

第44課
(1) Lí siá, hō· góa khòa^n hó bô?
(2) Keng-chio hō· gín-á chiah.
(3) M̄ sī góa hō· i jip-lâi.
(4) Kiò siá^n-lâng khì chiah hó?
(5) Lí ka-kī chhòng. M thang hō· lâng chhòng.
(6) Lí hō· siá^n lâng kiò chhòng?
(7) I iáu bōe lâi, hō· sím-mih lâng khì kiò.
(8) I kóng mài chiah, hō· pat-lâng chiah.
(9) Hō· góa hioh-khùn chit-ē.
(10) Chhiá^n koh hō· góa khùn chit tiám-cheng.

応用篇

第1課
1
(1) Sió tán chit-ē! / Sió tán leh!
(2) Sió khòa^n chit-ē! / Sió khòa^n leh!
(3) Sió thia^n chit-ē! / Sió thia^n leh!
(4) Sió kiâ^n chit-ē! / Sió kiâ^n leh!
(1) Sió chiah chit-ē! / Sió chiah leh!

2
(1) To-siā!
(2) M̄-bián kheh-khì!
(3) Bô-iàu-kín! / Bōe iàu-kín!
(4) Phái^n-sè, phái^n-sè!
(5) Sit-lé!

第2課
1
(1) In-ūi hia chin joah, só·-í bô siá^n hó-kè.
(2) In-ūi chit tiâu lō· chhia khah chió, só·-í pí-kàu khah hó-kiâ^n.
(3) In-ūi cha-hng àm khùn-tioh ū hó, só·-í kin-á-jit chá-khí chin sóng-khoài.
(4) In-ūi bô chî^n, só·-í bē-tàng khì chhit-thô.
(5) In-ūi oa^n lâi, só·-í bô khòa^n-tioh i.

2
(1) Nā khòa^n-tioh i tioh hó ah.
(2) Nā ū chî^n tioh hó ah.
(3) Nā bô loh hō· tioh hó ah.
(4) Nā i bōe-kì-tit tioh hó ah.
(5) Nā hong-thai bô lâi tioh hó ah.

第3課
1
(1) I í-keng tńg--khì ah.

(2) Chhùi-khí í-keng lù-hó ah.
(3) I-keng chá-khí ah.
(4) Sî-kan í-keng oà^n ah.
(5) Góa í-keng peh--khí-lâi ah.

2
(1) Án-ne bōe-ēng--tit.
(2) Bô án-ne chhòng bōe-ēng--tit.
(3) Chiah chōe sī bōe-ēng--tit.
(4) Bōe-ēng--tit chiah chōe.
(5) Sī góa bōe-ēng--tit.
(6) M̄ sī lí bōe-ēng--tit.

3
(1) Chiah pá tioh sûi khùn.
(2) Lâi tioh sûi tńg--khì.
(3) Khòa^n-liáu tioh sûi bōe-kì-tit.
(4) Lim tioh sûi chùi.
(5) Khòa^n tioh sûi khòa^n ū.

第 4 課

1
(1) Thi^n-khì ná ē chiah-ni̍h bái.
(2) Tâi-pak ê bu̍t-kè ná ē hiah-ni̍h kùi.
(3) I chá-khí ná ē hiah-ni̍h kín khí-lâi.
(4) Hit ê gín-á ná ē hiah-ni̍h gōng.
(5) Chia ê liāu-lí ná ē chiah-ni̍h phái^n-chiah.

2
(1) Góa chit-má tú-á-hó lâi ah.
(2) I ê ūi tú-tú-ho sī góa ê ūi ê chià^n-chhiú-pêng.
(3) Tò-chhiú-pêng tú-á-hó sī gún kong-si.
(4) Góa tú-á-hó beh phah tiān-oē.
(5) Che tú-á-hó.

3
(1) Lán tàu-tīn chiah png hó bô?
(2) Lán tàu-tīn lâi-khì hó bô?
(3) Lán tàu-tīn thak-chu hó bô?
(4) Lán tàu-tīn khòa^n tiān-sī hó bô?
(5) Lán tàu-tīn tńg--khì hó bô?

第 5 課

1 省略

2
(1) Ló·-la̍t! (To-siā!)
(2) Ló·-la̍t!
(3) M̄-bián kheh-khì!
(4) Ná ū? / Bô hit-hō tāi-chì.
(5) Ū-iá^n?

第 6 課

1
(1) Chiah khòa^n-māi.
(2) Chia siá khòa^n-māi.
(3) Kā lāu-su mn̄g khòa^n-māi.
(4) Thak chi̍t pái khòa^n-māi.
(5) Kā góa kóng khòa^n-māi.

2
(1) koh, koh
(2) Thia^n-kì^n-kóng
(3) Lēng-gōa
(4) seng
(5) ka-kī

第 7 課

1
(1) chhēng
(2) chiah
(3) thak
(4) chē
(5) thia^n

2
(1) Chit-má kā lí pau--khí-lâi.
(2) Chit niá sa^n góa kā lí sé.
(3) Chit tiu^n phoe góa kā lí kià--khì.
(4) Lí nā bōe-hiáu siá, góa kā lí siá.
(5) In-ūi lí bô sî-kan, só·-í góa kā lí khì chiap he.

第 8 課

1
(1) Hit ê gín-á lóng tòa-bōe-tiâu.
(2) Kha chin thià^n, khiā-bōe-tiâu.
(3) Góa lóng lún-bōe-tiâu.

(4) Chit tè í-á chin tēng, chē-bōe-tiâu.
(5) Kin-á-jit chin joa̍h, tǹg-bōe-tiâu.

2

(1) Sió hioh-khùn mā hó.
(2) Lim chi̍h pōe mā hó.
(3) Bîn-á-chài khì mā hó.
(4) Sàng hit ūi mā hó.
(5) Góa chia̍h mā hó.

3

(1) Góa í-keng tio̍h lâi-khì.
(2) Góa tio̍h siá pò-kò.
(3) Lí tio̍h kín tńg--khì.
(4) Thài-thài chhut--khì, sō·-í góa tio̍h chò pn̄g-chhài.
(5) Tio̍h kóaⁿ-kín pān chhiú-sio̍k.

第9課

1

(1) Hō· lí khòaⁿ.
(2) Hō· gín-á chia̍h.
(3) I hō· góa bú-jio̍k.
(4) M̄-thang hō· pē-bú hoân-ló.
(5) Èng-kai tio̍h hō· pē-bú an-sim.

2

(1) Bô tńg--khì bōe-sái.
(2) Bô peh--khí-lâi bōe-sái.
(3) Bô kuiⁿ--khí-lâi bōe-sái.
(4) Bô khui--khí-lâi bōe-sái.
(5) Bô tha̍k-chu bōe-sái.

3

(1) Lâi chē!
(2) Bōe-sái!
(3) Tńg--lâi ah!
(4) Án-ne o̍h!
(5) Bān-bān-á sī!

第10課

1

(1) Mâ-hoân lí kiò Lí sió-chiá.
(2) Mâ-hoân lí (kā góa) piàⁿ pâng-keng.
(3) Mâ-hoân lí (kā góa) phàu tê.

(4) Mâ-hoân lí khì bóe mi̍h-kiāⁿ.
(5) Mâ-hoân lí (kā góa) sé saⁿ.

2

(1) Hui-ki teh-beh kàu Tâi-oân ah.
(2) Teh-beh saⁿ tiám ah.
(3) Hit ê lâng teh-beh sí--khì ah.
(4) Chit niá saⁿ teh-beh ta ah.
(5) Lí ê pīⁿ teh-beh hó ah.

第11課

1

(1) いくらかかりますか。
(2) いくらの切手を貼らなくてはなりませんか。
(3) 44元の切手を貼らなくてはなりません。
(4) どのくらい(の時間)かかりますか。
(5) 二日かかります。

2

(1) Che beh kià hâng-khong ê.
(2) Che beh kià kòa-hō ê.
(3) Che beh kià hān-sî ê.
(4) Chhiáⁿ chhìn chit ê khòaⁿ-māi.
(5) Chit tè sió-pau kā góa chhòng chúi-lio̍k ê.

第12課

1

(1) Beh án-chóaⁿ chiah ē-sái niá chîⁿ?
(2) Beh án-chóaⁿ chiah ē-sái sin-chhéng?
(3) Beh án-chóaⁿ chiah ē-sái ji̍p-ha̍k?
(4) Beh án-chóaⁿ chiah ē-sái ji̍p-hōe?
(5) Beh án-chóaⁿ chiah ē-sái phah kok-chè tiān-ōe?

2

(1) Án-ne ē-sài bōe?
(2) Bô, pài-thok lí.
(3) Pháiⁿ-sê hō· lí tán chin kú.
(4) Sió tán chi̍t-ē.

(5) Bô m̄-tio̍h.

第13課

1 省略

2
(1) Góa beh lâi-khì tô·-su-koán chioh chu.
(2) Góa beh lâi-khì tô·-su-koán hêng chu.
(3) Góa beh lâi-khì tô·-su-koán khòaⁿ chu.
(4) Góa beh lâi-khì tô·-su-koán chhē chu.
(5) Góa beh lâi-khì chu-tiàm bóe chu.

第14課

1
(1) I kám m̄-sī iáu-koh siàu-liân?
(2) Chit tiuⁿ kám m̄-sī chhiau-tāng?
(3) Lí kám m̄-sī iau pak-tó·?
(4) Iû-piān-kio̍k kám m̄-sī lī chia khah hn̄g?
(5) Hit chhut tiān-iáⁿ kám m̄-sī bô sim-sek?

2
(1) Tha̍k Tâi-oân-ōe ê lâng chiām-chiām teh cheng-ka.
(2) I teh chin phah-piàⁿ.
(3) I chit-má teh hioh-khùn.
(4) Tang-kiaⁿ chiām-chiām teh kiám-chió an-chēng ê só·-chāi.
(5) Chòe-kūn Tâi-pak ê bu̍t-kè jú lâi jú kùi.

3
(1) 学べば学ぶほどできるようになる。
(2) 多ければ多いほどよい。
(3) 新鮮であれば新鮮であるほど美味しい。
(4) ますますよくなる。
(5) ますます安くなる。

第15課

1
(1) わたしのは彼のと同じだ。
(2) わたしのは彼のと同じだ。
(3) これは必ずしも同じではない。
(4) これは日本のとは異なる。
(5) これらはみな違う。

2
(1) Hī bōe sī bōe, m̄-koh kè-siàu khah kùi.
(2) Tâi-oân-ōe ē-hiáu sī ē-hiáu, m̄-koh bô siáⁿ hó.
(3) I súi sī súi, m̄-koh thâk-khak khah pháiⁿ tām-po̍h-á.
(4) Kin-á-ji̍t thiⁿ-khì hó sī hó, m̄-koh hong chin tōa.
(5) Góa ài lim chiú· sī ài lim, m̄-koh bōe-hiáu--tit lim chin chōe.

3
(1) Ū-iáⁿ piàn-kah chin lī-piān.
(2) Ū-iáⁿ piàn-kah bô lī-piān.
(3) Ū-iáⁿ piàn-kah chin kùi.
(4) Ū-iáⁿ piàn-kah chin sio̍k.
(5) Ū-iáⁿ piàn-kah chin liâng.

第16課

1
(1) Thâu-khak thiàⁿ.
(2) Ū hoat-sio.
(3) Ū sàu.
(4) Nâ-âu thiàⁿ.
(5) Kui-seng-khu bô-la̍t.

2
(1) Chhiáⁿ koh lâi chi̍t-chōa.
(2) Chhiáⁿ koh khòaⁿ chi̍t-chōa.
(3) Chhiáⁿ koh chhōe chi̍t-chōa.

第17課

1
(1) Thâu-pang-chhia kúi-tiám beh hoat?
(2) Bóe-pang-chhia kúi-tiám beh hoat?
(3) Āu-pang-chhia kúi-tiám beh hoat?
(4) Chit-pang-chhia kúi-tiám kàu

Ko-hiông.
(5) Chit-pang-chhia ē kàu Tâi-lâm bōe?

2
(1) Hō͘ góa chi̍t tiuⁿ choân-phiò.
(2) Hō͘ góa nn̄g tiuⁿ pòaⁿ-phiò.
(3) Hō͘ góa chi̍t poe tê.
(4) Hō͘ góa saⁿ tiuⁿ iû-phiò.
(5) Hō͘ góa chi̍t pau hun.

第18課
1
(1) Ū pâng-keng bô?
(2) Góa beh tòa chi̍t àm.
(3) Chi̍t àm jōa-chē-chîⁿ?
(4) La̍k-tiám pòaⁿ kā góa kiò.
(5) Ū phah-chiat bô?

2
(1) Bîn-á-chài phah-sǹg beh lâi-khì Tâi-tiong.
(2) Ē-po͘ phah-sǹg beh chhòng sím-mi̍h?
(3) Phah-sǹg beh tòa siáⁿ-mi̍h pn̄g-tiàm?
(4) Phah-sǹg beh khòaⁿ siáⁿ-mi̍h chiat-bo̍k?
(5) Góa phah-sǹg beh chē Chū-kiong-hō khì.

第19課
1
(1) これを人に見られてしまった。
(2) あの件は人に知られてしまった。
(3) この川は人に汚された。
(4) あなたはほんとに人を怒らせる（ほんとに腹が立つ）。
(5) あの件には失望した。

2
(1) Chhiáⁿ lí kā góa siāu-kài i.
(2) Góa kā lí kài-siāu i.
(3) Chhiáⁿ kā góa kài-siāu chi̍t-ē siáⁿ-mi̍h hó-chia̍h ê.
(4) Kā lí siāu-kài chi̍t pún chin ū lō͘-iōng ê chu.
(5) Siāu-kài chi̍t-ē, che sī Lí sian-siⁿ.

第20課
1
(1) Án-ne chiah tio̍h.
(2) Lí kóng, góa chiah chhòng ah.
(3) Bô sòe-jī, chiah ū tio̍h-siong.
(4) Khah kùi, góa chiah bô ài bóe.
(5) Sī lí, chiah bô-iàu-kín.

2
(1) hó-chia̍h, pháiⁿ-chia̍h
(2) hó-lim, pháiⁿ-lim
(3) hó-khòaⁿ, pháiⁿ-khòaⁿ
(4) hó-thiaⁿ, pháiⁿ-thiaⁿ
(5) hó-kiâⁿ, pháiⁿ-kiâⁿ

3
(1) Án-chóaⁿ / Siáⁿ-khoán?
(2) Chha-put-to lah!
(3) Iáu bōe leh.
(4) Tong-jiân sī án-ne.
(5) Khah phah-piàⁿ leh.

編著者略歴

樋口　靖（ひぐち　やすし）
1945年三重県生まれ。東京教育大学大学院博士
課程単位取得退学。現在東京外国語大学教授。
台湾語学専攻。
訳書・論文『現代漢語方言』（光生館）「台湾鹿港
方言的一些語音特点」他。

■別売CDをご利用ください。
　3枚組/定価（本体4500円＋税）

台湾語会話　第二版

1992年7月30日	初　版第1刷発行	
2000年2月25日	第二版第1刷発行	
2002年1月31日	第二版第2刷発行	

編著者●樋口　靖
発行者●神崎勇夫
発行所●株式会社東方書店
　　　　　東京都千代田区神田神保町1-3　〒101-0051
　　　　　電話(03)3294-1001　振替東京00140-4-1001
　　　　　営業電話(03)3233-1003
装　帳●株式会社知覧俊郎事務所
組　版●有限会社　加東
印　刷●株式会社平河工業社
製　本●協栄製本株式会社

定価はカバーに表示してあります

© 1992　樋口　靖　　　　Printed in Japan
ISBN 4-497-20004-3 C3087
乱丁・落丁本はお取り替えいたします。恐れ入りますが直接小社までお
送りください。
Ⓡ本書の全部または一部を無断で複写複製（コピー）することは、著作権
法上での例外を除き禁じられています。本書からの複写を希望される場
合は日本複写権センター(03-3401-2382)にご連絡ください。
小社ホームページ〈中国・本の情報館〉で小社出版物のご案内をしており
ます。http://www.toho-shoten.co.jp/

とことん中国語、実用本位の独習書シリーズ！

新編・東方中国語講座 全6巻

発音から会話・文法の基礎まで体系的に指導！

第1巻 総合基礎篇

伊地智善継監修／伊地智善継・沢田啓二編著／A5判／360頁／2900円(税別)
カセットテープ2本別売3883円(税別)
入門者から中級者まで、中国語の発音から会話・文法の基本を、体系的に徹底指導。副教材あるいは自習用に最適の総合学習書。中国語基本文240を収録。

ニュース・小説等さまざまな教材で文章読解力を養成！

第2巻 読物篇

大原信一監修／大原信一・荒屋勧・釜屋修編著／A5判／244頁／2600円(税別)
ニュースから小説までさまざまな教材を使って、初級から上級への文章読解力を向上させる参考書。やさしい読物から新聞・雑誌の記事や小説までを収録。

中国語で自己表現をするための基本文型と作文実例集！

第3巻 作文篇

大原信一監修／小林立・呉大綱編著／A5判／216頁／2400円(税別)
「書く」「話す」、中国語で自己を表現するための基本文型と練習問題および作文実例集を豊富に収める。

中国語翻訳の必須テクニックを直伝！

第4巻 翻訳篇

大原信一監修／遠藤紹徳・武吉次朗編著／A5判／216頁／2400円(税別)
ある程度の基礎を具えた人を対象に、加訳・減訳・反訳・変訳・倒訳・分訳・合訳など、日本語から中国語へ、中国語から日本語へ翻訳する技術を集中特訓。

さまざまなケースを収めた日中通訳実例集！

第5巻 式辞あいさつ篇

伊地智善継監修／待場裕子・能勢良子編著／A5判／184頁／1900円(税別)
カセットテープ2本別売3883円(税別)
イベント・宴会などで想定されるさまざまなケース41例を収めた日中通訳実例集。あいさつに盛り込むべきポイントや、通訳の心得などのコラムも収録。

日中貿易のノウハウを実例を挙げて解説！

第6巻 商業通信文篇

伊地智善継監修／藤本恒・伊井健一郎編著／A5判／344頁／2900円(税別)
実際に使用されてきた文書をモデルに取り上げながら、日中貿易に不可欠な手紙・覚書・契約書作成のノウハウを豊富な実例とともに、ていねいに解説。

東方書店ホームページ〈中国・本の情報館〉http://www.toho-shoten.co.jp/

本格的通訳養成虎の穴！〔CDブック〕
中国語通訳トレーニング講座
逐次通訳から同時通訳まで

神崎多實子・待場裕子編著／A5判／424頁＋CD3枚／9800円（税別）
臨場感あふれる音声素材を使い、プロの通訳になるために、実践的かつシステマティックに指導。

「中国語の舌」を徹底訓練！〔カセットブック〕
中国語の発音レッスン

武雲霞著／雅坤・方明吹込
A5判／128頁＋カセットテープ2本／3689円（税別）
北京放送局アナウンサーが韻母、声母、声調などの発音の基本を徹底指導。トレーニング篇10課、実践篇7課。なぞなぞ、早口ことばなどヴァラエティに富んだ練習も。分売不可。

中国語音声弁別能力を高める聞き取りテスト！〔カセットブック〕
中国語入門ヒヤリング・テスト

長谷川良一著／呉志剛吹込
B6判／カセットテープ1本＋解答付解説書＋テスト用紙3回分
1942円（税別）
初級段階学習者の中国語音声聞き分け能力を高めるためのヒヤリング教材。中国語を聞いて理解するために必要な、有気音・無気音の対立、前鼻音・奥鼻音の対立、声調などの弁別能力を、3段階のテストによって測定する。自習にも教室でのテストにも最適。

中日対照ビジネス文書大全

藤本恒・張黎・胡士雲著／A5判／648頁／4660円（税別）
ビジネスに必要な各種通信文・ビジネス文書300例を中日対照で収録。レファレンス機能充実。常用書信語彙や慶弔電報例など、便利な付録も収録。

ポケット判日中・中日辞典の決定版、待望の改訂！
精選日中・中日辞典 改訂版

姜晩成・王郁良編（北京・商務印書館版）
ポケット判／1408頁／2500円（税別）
日中辞典約2万語、中日辞典約2万2,000語の語彙を収録。学習に旅行にビジネスに携帯便利なポケット辞典。一部の語彙・語義・例文を修訂し、完全新組でさらに使いやすく変身。

東方書店ホームページ〈中国・本の情報館〉http://www.toho-shoten.co.jp/

初学者から中級者まで常用語を確実にものにする学習辞典!
中国語基本語辞典
輿水優監修／康玉華・許秋寒・鍾清編著／豊嶋裕子校閲
B6判変型／520頁／3800円(税別)
常用語彙約2,300語を厳選収録。豊富な例文、類義表現や日本語との比較など、解説部分が充実。初級者から中級者まで、常用語を確実にものにしたい人のための学習辞典。

中国で最も愛用されている中中辞典の最新版!
新華字典 改訂版
北京・商務印書館編／B7判／800頁／1800円(税別)
1957年初版出版以来、中国では数多くの人が使用しているスタンダードな中中字典。本書は全面的改訂が行われた1998年修訂版の日本版であり、収録文字数は繁体字・異体字を含め1万余字を数える。

ポケッタブル中国語同音字字典!
中国語発音字典 新装版
中山時子・戸村静子編／東方書店発売／B7判／368頁／2000円(税別)
中国語は、発音と声調の正確さが命。本辞典は中国語の文字、異体字・繁体字を含め約11,000字を発音ごとに分類。携帯便利な発音と声調のみの字典。部首と総画で引く索引を同時収録。

作文に読解に役立つ常用動詞辞典!
中国語動詞活用辞典
王硯農・焦龐顒・編著／林芳編集監訳／四六判／304頁／2816円(税別)
『漢語常用動詞搭配詞典』(外語教学與研究出版社刊)をもとに日本人学者向けに再編集。収録した動詞は約1200語、例文数は約1万で全ての例文に日本語訳を付す。初・中級者から研究者まで対象の中国語学習辞典。

日本語の擬音語と比較!
中国語擬音語辞典
野口宗親編著／四六判／200頁／1942円(税別)
中国語を母国語としない者にとって把握しにくい擬音語400余りを、説明や例文を使ってわかりやすく解説する辞典。具体的使用例をできるだけ多く取り上げ、例文には日本語訳をつけ、日本語の擬音語と比較する試みをした。

技術者・通訳者必携、最新版用語辞典!
日中・中日 機電技術用語辞典 ポケット版
岡垣篤幸編(東方書店発売)／新書判／224頁／1900円(税別)
機械・電機・自動車など、さまざまな分野で、現場の使用頻度の高い語彙を厳選。日本語→中国語、中国語→日本語各約6000語を収録。双方向から引ける索引付き。

東方書店ホームページ〈中国・本の情報館〉http://www.toho-shoten.co.jp/

小型軽量携帯便利内容充實經濟價格的廣日辞典!!
広東語辞典 ポケット版

香港萬里機構・東方書店編／ポケット判／432頁／2900円(税別)

広東経済圏の共通語をマスターしてキャリアアップ！「香港映画の過激なギャグを楽しみたい！」「香港カラオケはやっぱり広東語で歌いたい！」「日本人向けでない、本当の広東料理を注文にしたい！」……そんなあなたのニーズにこたえる辞典です。
[特徴]広東語音から引けるアルファベット配列／親文字方式を採用、広東語の造語力の高さに対応／漢字の意味から単語の意味が想像できます)／親文字約2800字、単語見出し数約8400語！例文も豊富で実用本位／日本語から引ける音訓索引が画期的！

待望の日本語引き広東語辞典！
日本語広東語辞典

孔碧儀・施仲謀編／新書判／464頁／3800円(税別)

日常生活で使用される語彙を主に、多岐の分野に渡る7,000余条の見出し語に、常用のフレーズや用例、量詞の情報、さらには慣用語や参考語を適宜収録。日本人学習者向けに編纂され、10年にわたり香港大学広東語短期学習コースや各種学校等で採用され、親しまれてきた『日広辞典』、今回改訂を経て待望の決定版、日本で刊行。なお、広東語ローマ字表記はエール式を採用。

見出し字にすべて広東語音・北京語音・日本語音を付す！
粤京日注音 漢日字典

藤塚将一編著(東方書店発売)／A5判／920頁／12000円(税別)

1万500余の見出し字に広東語音・北京語音・日本語音を併記した待望の南北綜合漢日字典。漢字の意味・用法を浮き彫りにする用例と、理解を助ける図版を豊富に収録。

香港がもっと近くなる！〔CD付〕
香港広東語会話 新装版

千島英一編／四六判／224頁+CD／2002年春刊行予定

日本の広東語学習の流れを決定づけた定番の広東語入門テキスト。発音・文法・基本的な会話から、ビジネス・観光などに実践力をアップする旅行会話までを収録する。

香港熱愛指南！
香港に行こう！ 広東語旅行会話

千島英一著／四六判／200頁／1553円(税別)
カセットテープ1本別売1942円(税別)／CD1枚別売1942円(税別)

初めての人からリピーターまで、飲茶や買い物、コンサート、ドライブなど香港旅行のさまざまなシーンを収録。語句・ポイント索引も付いて学習に便利。

東方書店ホームページ〈中国・本の情報館〉http://www.toho-shoten.co.jp/

広東語学習者必携！
標準広東語同音字表
千島英一編著／四六判／256頁／2200円（税別）
日本での学習人口が急増している広東語。その日常的に使われる文字の発音を分類表記。日本語常用漢字音からの索引付き。

香港人のエスプリを知る広東語おもしろエッセイ！
広東語の風景 中国語方言の多彩な世界
丘学強著／千島英一訳／四六判／176頁／1700円（税別）
広い中国では広東語をはじめとする方言の差がさまざまなトラブルやギャグを生み出す。エピソードを通じて、中国の言語現象を浮き彫りにする語学エッセイ。原著は香港中華書局刊『妙語方言』。

ひとことコミュニケーション広東語
香港便利店

馬健全・吉沢弥生著／文庫判／124頁／1200円（税別）
カセットテープ1本別売 1800円（税別）
CD1枚別売 1800円（税別）
食事とショッピング、アミューズメントにしぼった簡単実用ひとこと会話集。カタカナ発音付き、香港旅行必携！

広東語口語文法の決定版！
広東語文法
スティーブン＝マシューズ・ヴァージニア＝イップ著／千島英一・片岡新訳
A5判／592頁／5200円（税別）
広東語のことばしくみや文の構造をわかりやすく解説した広東語文法書の決定版。近年体系的にまとまった広東語文法書がないなかで、香港で現在実際に使われている広東語を題材として、その口語の文法を解き明かし、広東語学界に話題を呼んだきわめてエポックメイキングな名著 Cantonese: A Comprehensive Grammar (Routledge, 1994) の全訳。日本版では、例文にすべて漢字を表示、日本人にわかりやすくした。

麗しき島・台湾へ行こう！
台湾語会話 第二版 CD
樋口靖著
CD3枚組／4500円（税別）
ちょっとやっかいな台湾語の発音に親しむ「発音編」、基本的な台湾語をひととおり学ぶ「基礎編」、台湾旅行で圧倒的な威力を発揮する実践的な「応用編」の三部構成からなる現代台湾語の本格的テキストに対応したCD。本CDを併用して台湾語をマスターしよう！

東方書店ホームページ〈中国・本の情報館〉http://www.toho-shoten.co.jp/